中國学術思想 研究輯刊

四十編

林慶彰 主編

第 9 冊

中國音樂美學思想史論（修訂版）（上）

劉承華 著

花木蘭文化事業有限公司

國家圖書館出版品預行編目資料

中國音樂美學思想史論（修訂版）（上）／劉承華 著 -- 初版
-- 新北市：花木蘭文化事業有限公司，2024〔民113〕
序 8+ 目 6+192 面；19×26 公分
（中國學術思想研究輯刊 四十編；第 9 冊）
ISBN 978-626-344-773-8（精裝）
1.CST：音樂美學 2.CST：中國
030.8   113009260

ISBN-978-626-344-773-8

9 786263 447738

中國學術思想研究輯刊
四十編 第 九 冊   ISBN：978-626-344-773-8

中國音樂美學思想史論（修訂版）（上）

作　　　者	劉承華
主　　　編	林慶彰
總 編 輯	杜潔祥
副總編輯	楊嘉樂
編輯主任	許郁翎
編　　　輯	潘玟靜、蔡正宣　美術編輯　陳逸婷
出　　　版	花木蘭文化事業有限公司
發 行 人	高小娟
聯絡地址	235 新北市中和區中安街七二號十三樓
	電話：02-2923-1455 ／傳真：02-2923-1452
網　　　址	http://www.huamulan.tw 信箱 service@huamulans.com
印　　　刷	普羅文化出版廣告事業
封面設計	劉開工作室
初　　　版	2024 年 9 月
定　　　價	四十編 15 冊（精裝）新台幣 40,000 元

中國音樂美學思想史論（修訂版）（上）

劉承華　著

作者簡介

劉承華，南京藝術學院音樂學院教授、博士生導師，周口師範學院音樂舞蹈學院特聘教授；中國藝術學理論學會常務理事，中國音樂美學學會理事。曾任南京藝術學院藝術學研究所副所長、音樂學院副院長、人文學院院長等職。研究方向：音樂美學、琴學、藝術美學。著有《中國傳統音樂美學論綱》、《〈溪山琴況〉：文本、結構與思想》、《中國音樂美學思想史論》、《中國音樂的神韻》、《中國音樂的人文闡釋》、《傾聽弦外之音——音樂美的文化之維》、《古琴藝術論》等10餘部，發表論文140餘篇，主編教材《音樂美學教程》等。

提　要

　　本書為中國古代音樂美學思想史的專題研究，包括以「修身」為目的的儒家音樂美學、以「物我交融」為旨歸的道家音樂美學、以「心傳妙悟」為核心的禪宗音樂美學等三家主流美學思想，以及秦漢之際建立在「感應論」基礎上的音樂美學、魏晉時嵇康以「聲無哀樂」為標誌的自律論音樂美學、唐宋時以「明心見性」為宗旨的文人音樂美學等特色美學理論，再加上音樂表演的兩大分支——演奏美學（琴論）和演唱美學（唱論）的音樂美學思想，共八個專題，基本上涵蓋了中國古代音樂美學史上最為重要、最具原創性、最能體現中國音樂美學特色的理論成果。作者立足歷史文獻的深度釋讀和原始含義的辨析探尋，以每種理論的整體為對象，既勾勒其歷史演進的軌跡，亦闡發其思想理論的內涵，並通過歷史語境的呈現和文化意蘊的透視，立體地再現其理論體系和深層邏輯，展示其學理所在。其中禪宗音樂美學、感應論音樂美學、文人音樂美學為該學科研究中的全新內容，其他各專題也都由作者重新挖掘、梳理和闡釋，有獨到的視角和新的見解。

序

韓鍾恩

　　承華兄新作《中國音樂美學思想史論》即將出版，可喜可賀！囑我作序，誠惶誠恐！考慮到史論的寫作範式一直是我關注的問題，欣然接受！

　　可喜可賀。相關中國音樂美學史以及專題研究的著述，自蔡仲德先生扛鼎之作《中國音樂美學史》1995 年出版之後，不斷有新的著述問世，據不完全統計有，修海林：《中國古代音樂美學》（2004）、葉明春：《中國古代音樂審美觀研究》（2007）、龔妮麗、張婷婷：《樂韻中的澄明之境——中國傳統音樂美學思想研究》（2009）、陳四海：《中國古代音樂思想》（2010）、隴菲：《文經·樂道》（2011）、軒小楊：《先秦兩漢音樂美學思想研究》（2011）、羅藝峰：《中國音樂思想史五講》（2013）、王維：《「無中生有」與「心聲合一」——魏晉與晚明時期的士人樂論思想研究》（2014）、何豔珊：《生命·心靈·音樂——走進古代音樂美學》（2015）、楊賽：《中國音樂美學原範疇研究》（2015），等等。加上承華兄這一本，雖然不能說已經很多，但畢竟是薪火不斷、持續出新。

　　誠惶誠恐。我自 1982 年入學上海音樂學院音樂學系就讀本科，隨即在 1983 年選定音樂美學專業，之後，一直參與親歷組織主持音樂美學諸多研究、教學活動與學科建設，前前後後 35 年，中國音樂美學史以及相關研究，始終沒有佔據我的主位。要給一本深思熟慮、精耕細作的著述寫序，實在是力不從心。蒙承華兄錯愛，也只能是抱著學習的態度，談談我的體會，並通過請教討論些許相關學識、學術、學科問題。我跟承華兄的緣分已有 20 多年，應該是在 1995 年夏天，在呼和浩特參加「走向 21 世紀：藝術與當代審美文化」學術研討會期間相識，當時我印象他在中國科技大學教學。1996 年我約請他去淄博參加

第五屆全國音樂美學學術研討會。後來聯繫逐漸多了起來，至少，每一屆全國音樂美學學術研討會能夠見面。承華兄為人有禮，從不誇誇其談。對問題的看法很到位，討論起來針鋒相對毫不含糊，尤其在相關中國音樂美學方面的諸多見解，頗有一些傳統文人風範。前些年，他的弟子王曉俊博士畢業後不久就來上海音樂學院進入博士後流動站與我合作，更是加深了我跟承華兄的這一緣分。

欣然接受。歷史只有一個，但書寫的歷史可以無數。相異之處，有些是偏重史料的，有些是強調史識的。相應的，學界以往較多注意並訴諸的，基本上也是資源不充分如何彌補？史論不平衡如何糾偏？或者，又過度反思因觀念參與導致的邏輯先行而自行陷入到純粹方法論的討論甚至於爭辯之中。恰恰疏略了對寫作範式的關注與重視。相比較而言，資源匱乏是外在條件的限制問題，學識偏見是內在條件的悟性問題。之所以在此強調對寫作範式的關注與重視，依我看，則在於作者治學本身的自覺性與否。初覽承華兄大作，八個章節所闡述的八個問題，正是相關古代中國音樂美學思想的八個重要主題。分而觀之是八個史論，和合一體則就是一部歷史。私下裏，承華兄問我：到底是以《中國音樂美學思想史論》命題？還是以《中國音樂美學思想史》命題？我的看法都可以，依前者，就是作者對中國音樂美學思想史相關問題的討論，依後者，則就是作者對自己眼裏或者心中的中國音樂美學思想史的書寫。如何定位？相當程度上，則有賴於甚至取決於寫作範式。

從書稿的整體結構看，這是作者置於思想史範疇中間並主體重心略有所偏的一份學術作業。思想史範疇，無疑，就是作者意圖凸顯的中國音樂美學之理論特點：理論的性質重在意義闡釋而非規律揭示，思維規則重在內涵邏輯而非外延邏輯，審美判斷重在互文性而非獨創性，理論目的重在導向實踐而非單純認知。主體偏重心，顯然，就是作者通過相關歷史理論所編織的一部具主題且多層面的中國音樂美學思想史，其中，有歷史時段的標示，比如先秦儒道、秦漢魏晉；有理論取向的標示，比如中和淡和、他律自律；有人格特性的標示，比如修身養氣、禪悟心志；有審美趣味的標示，比如物我交融、器道感應；等等。

2015 年 6 月 18 日，我在第十屆全國音樂美學學術研討會暨中國音樂美學學會成立三十週年慶的開幕式上所致開幕辭中，以斷代方式對中國音樂美學歷史以及相關問題作如是敘事與陳述：

上千年前,《樂記》《聲無哀樂論》以相關藝術音樂的美學問題並指向逐漸明顯的樂象及其聲音情況的近感性概念,替換了以和為核心的純理性觀念,實現了中國音樂美學的古代轉型。

數百年前,《溪山琴況》以針對並圍繞聲音概念琴況的描寫及其相應的感性經驗表述與意象境界表達,實現了中國音樂美學的近代轉型。

近百年前,《樂學研究法》《樂話》在西方學科範式與人文思潮的影響下以類思辨方式將音樂與人的精神境界直接關聯,實現了中國音樂美學的現代轉型。

近數十年以來,中國音樂美學學術共同體通過思想與作品研究凸顯音樂的藝術問題美學問題哲學問題,並不斷接近音樂美學學科原位,老一代傾力開拓,中生代日益成熟,新生代層出不窮,學術淵源悠遠流長,學科譜系精緻編織,學人風範絢麗斑斕,逐漸形成了中國音樂美學的當代學統。

其中,不同斷代的轉型,從純理性觀念到近感性概念,再到類思辨方式以至於不斷接近學科原位,同樣需要尋求與之合式的研究範式去切入其中並切中目標。眾所周知,史論研究方式在相當長的一個時期內,一直在中國學者的人文科學研究中佔據主位,無論在中國傳統文史哲論域中顯我注六經或者六經注我各有偏重態,還是在現代人文社會科學學科進程中呈史學實證與邏輯思辨此起彼伏狀,都有不曾中斷的歷史和不斷堅固的基礎,尤其在馬克思主義成為中國國家意識形態之後,在歷史與邏輯的關係上,又被注入了新的內涵。其中的一個重要原因,就是人文知識分子所持守的信仰與擔當的職責,都是一種面對特定問題進行公開訴求並訴諸公眾的古典代言。一定程度上說,這已然成為老一代及至中生代學者持守與維護自身價值尊嚴的一種意識形態承諾,進而,又形成一種持續不斷的傳統。那麼,這樣一種史論研究方式,究竟應該是論從史出,還是以論帶史?這是每個具體當事人所不可迴避的學術姿態。

前不久,上海音樂學院學報副主編洛秦教授委約我為《音樂藝術》撰文,之所以接受委約的一個強烈衝動,就是有感於眼下中心顛覆、碎片紛飛、同質凝聚、異象叢生的學術雜況與學科亂局。為此,我特意選擇了《樂記》,意圖通過重讀經典去守護凡事之原位與本體。一定意義上,就是在沒有至上權威與絕對意義的前提下,處在這也不是那也不在究竟還有沒有的極端懷疑的語境

中間，去回應祛魅時代的異象。

興許是杞人憂天，隨著網絡時代的來臨，尤其在 00 後、10 後世代掌握電子操控器進入虛擬真空當中把玩現實的今天，隨著學界諸神宗師大佬紛紛撒手人寰，小鬼當家的局面已然形成，在天馬行空無法無天的狀態下，中國音樂學的資源將如何重新配置？在群雄割據逐鹿中原的情勢中，中國音樂學的勢力又將如何重新布局？

由此，不得不生發這樣的憂患：薪傳代繼的可能性又會在哪裏？真正意義上樂於搞學術，而且能夠坐冷板凳的人還有沒有？一方面是能夠坐得下來有執著敬業精神的，一方面是能夠坐得下去有汲取資源重新配置能力的，並且，還具有學術直覺與學科自覺的新生代究竟在哪裏？

再一個憂患是，學者該不該有一條成熟的學問進階？除了初級進階把原來不甚清楚的事情說清楚之外，還有沒有中級進階，也可以把原來已經講清楚了的事情不說清楚；甚至於再有高級進階，總是把不是問題的問題當做問題提出來。

出於我個人的學術興趣，我的撰寫是以通讀《樂記》全篇的策略，去鉤沉相關作樂之事或者樂之成型過程的文字材料，並按其敘事主題，由本及末，從宏觀敘事到微觀修辭，以重構其相應的邏輯陳述，從而更加深入且深刻地去瞭解古人相關音樂的聲音元素以及音響結構問題的看法。

無疑，我的作業策略與目標以及相應結論不同於承華兄大作所是，但這並不妨礙不同學者通過重讀經典去共同守護凡事之原位與本體的學識、學術、學科目的。

謹以《樂記·樂本篇》相關段落文字為例。

> 凡音之起，由人心生也。人心之動，物使之然也。感於物而動，故形於聲。聲相應，故生變，變成方，謂之音。比音而樂之，及干戚羽旄，謂之樂。

> 樂者，音之所由生也，其本在人心感於物也。是故其哀心感者，其聲噍以殺；其樂心感者，其聲嘽以緩；其喜心感者，其聲發以散；其怒心感者，其聲粗以厲；其敬心感者，其聲直以廉；其愛心感者，其聲和以柔。六者非性也，感於物而後動。

承華兄從音樂本體論出發，認為音樂發生的直接動因在心動；心的不同運動即形成不同的情感，再由不同的情感生成不同的音樂。而這裡的物—心關係

則取決於感應，一種有別於模仿與被模仿、反映與被反映的主體與主體之間的平等關係，各自獨立，又相互接觸交往。

我的看法，作為第一本體論表述：物動→心動→音起，以及聲→音→樂；作為第二本體論描寫：在第一本體論基礎上進行音心對映；進一步，在去第一本體論、第二本體論之後，再及第三、四本體論：針對並圍繞聲音概念的描寫並及相應的感性經驗表述與精神境界想像。至此底問：有沒有本有的聲音？有沒有本有的聽感官？

通過有限作業，我以為，無論是中國音樂美學思想史的寫作，還是中國音樂美學思想史論的研究，以下問題值得關注。特錄此請教承華兄並學界同仁。

一、在學界與學人不斷呼籲依託元典尋求新解的當下，再次強調經典研習的重要性，應該說是非常必要的。一個重要的路徑是，如何通過中國範式的經史子集文史哲與西方範式的人文社會科學進行協同作業，即在互不排他的前提下，進一步鉤沉與考掘沉浮在古典中間的作樂之事與樂之成型過程。

二、重視有別於本體論→認識論→語言論的本體論→現象論→語言論之哲學邏輯。前者本體論→認識論→語言論之哲學邏輯，主要意義在方法的切入；後者本體論→現象論→語言論之哲學邏輯，主要意義則可能真正切中其本體。可以肯定的是，由於受制於中國古典音樂美學思想「大音至樂非聲」之理論邏輯的持久影響，中國古典樂論基本上忽略甚至於完全迴避了聲音的存在。因此，有必要重新調整切入程序：通過藝術方式，面對音響敞開，開掘經驗資源，復原感性直覺；也有必要重新設定關鍵事項：作品事實，經驗實事，意向立義，先驗存在。進一步，通過這樣的路徑——觀念制約→情感介入→聽感官事實→工藝結構→音響結構力——去充分凸顯古典中間的作樂之事，並有效呈現樂之成型過程。

三、針對接受美學指向在古典中間相對明顯的情況，一方面要盡可能排除政樂關係過度強化所產生的干擾，一方面則要不失時機祛除教化傳統過於密集所形成的遮蔽。由此，如何在經驗敘事的斷裂與感性修辭的罅隙中間，探尋與追詢更具藝術學意義的作樂之事與樂之成型過程，甚至於去接近具有哲學意義的聲音本體，以及經由聽感官事實不斷湧現的臨響本體，都應該是重讀經典的重大課題。

四、關注古人在音響敘辭中間所透露的歷史信息和所暗示的人文脈絡，僅就這一特定時段的中國古典樂論而言，除了經史子集中的元典之外，其他相關

材料以及相關文獻，同樣不可忽略。此外，中國音樂思想史中所牽扯的諸多問題，雖然並非與音樂美學問題有直接的關聯，往往是天文地理神話人說交織混雜一起，但仍然可見某些通向聲像問題的可能性。

五、在重讀經典與經典研習的過程中，還需要從理論的高度去充分認識並有效類分民間音樂與文人音樂的關係，以及處於半民間與半文人游移狀態中間的音樂。並進一步考慮，如何通過文人音樂程序與民間音樂習俗，即一方面認知古典範式音樂美學思想，一方面體驗傳統形態音樂審美特徵，將傳統音樂中間的美學問題逐一凸顯出來。

除此之外，與此相關的問題——

一、古代樂論中特定術語概念是否具有現代學科範式的結構意義，並通過規模作業形成獨特範疇？

二、在尋求感性存在本有性與折返理性論域建構相應力場的過程中，能否形成自成一體的學科體系？

進一步延伸擴充——

三、究竟是依據史料懸置理念還原古代史？還是依託史識立足當下書寫當代史？即使滿足了在歷史詮釋學與哲學詮釋學中間尋找平衡點的史學條件前提下，這樣書寫的歷史還是原來那個歷史嗎？

四、如何有效區別古典範式音樂美學思想與傳統音樂的美學問題？諸如禮自樂出並相生成和、道器相依並體用不離、無中生有並心聲本一、直白含蓄並同構完形這樣一些古典範式的音樂美學思想，是否可能在現有的學科範疇與體系中間佔有一席之地？

為此，對處於音樂學論域之中音樂美學學科而言——

首先，必須通過多重關係的觀照去進行學科的定位。無論古今中外，這裡所討論的問題，總是離不開自然與文化的關係、文化與藝術的關係、藝術與音樂的關係、音樂與音樂學的關係、音樂學與音樂美學的關係、音樂美學與音樂美學史的關係。

其次，作為理論家，還要充分關注事實與概念之間的互存互動關係，尤其在學術論域之中兩者實際上存在著的互位現象：概念即意識認定之事實，事實即感官確定之概念。

特別值得注意的是，在具體的作業過程中，需要分清楚什麼是顯在的事實依據，什麼是隱性的理論證據，以及什麼是更為深度的信心確據，最後當然是

凡事或者凡物自在之根據。

　　值得充分肯定的是，近數十年來，古典範式的中國音樂美學思想史研究取得了前所未有的成就，但是從學科發展角度審視，是否就已經成全並圓滿了終極目標？這個問題，似乎應該盡早地進入到成熟且自覺學者的議事日程當中。對此，曾經有學者提出：走出蔡仲德，重審中國音樂美學史。由此，可能遭遇的問題是，如何走出又如何重審？無論是基本理論論斷還是歷史建構，僅僅在史料的發掘和詮釋上有新的開拓？還是只能在方法論上有新的作為？

　　不管怎麼說，承華兄大作，相當意義上，已然對這一提問給出了積極的回應。

　　再次恭賀！

2018.3.20～4.4，初稿

寫在汾陽路上音新教學樓北 605 寫字間並滬西新梅公寓書房

2018.4.5～6，修訂稿

寫在滬西新梅公寓書房

目次

序　韓鍾恩

上　冊

代前言　中國音樂美學的理論特點 ……………… 1
　一、理論的性質重在意義闡釋而非規律揭示 …… 2
　二、思維規則重在內涵邏輯而非外延邏輯 …… 5
　三、審美判斷重在互文性而非獨創性 ……… 8
　四、理論目的重在導向實踐而非單純認知 …… 12

第一章　「修身」張力下的用樂模式——儒家音樂
　　　　美學思想的內在邏輯 ……… 15
　第一節　「修身」：音樂意義的元驅動 ……… 15
　　一、古代文化現實中的「修身」張力 ……… 15
　　二、「修身」與音樂的關聯性 ……… 18
　第二節　對「中和之美」的推崇 ……… 22
　　一、修身的目標：「君子」 ……… 22
　　二、「中道」的學理所在 ……… 27
　　三、「中和之美」的內涵 ……… 30
　第三節　禮、樂修身的不同路徑 ……… 37
　　一、「禮」、「樂」的雙管齊下 ……… 37
　　二、「禮」的修身路徑：由外化內 ……… 39
　　三、「樂」的修身路徑：由內化外 ……… 41
　第四節　修身用樂的本體論論證 ……… 43
　　一、《性自命出》中的「情」本體論 ……… 43
　　二、《樂記》中的「心」本體論 ……… 44
　　三、本體論基礎上的音樂修身模式 ……… 46
　第五節　藝術化生存的終極境界 ……… 47
　第六節　形成與拓展的漸進過程 ……… 51
　　一、原創期的形成軌跡 ……… 51
　　二、拓展期的演進路向 ……… 54

第二章　「物我交融」的審美旨趣——道家音樂
　　　　美學思想的價值取向 ……… 57
　第一節　道家的思路及其對音樂的態度 ……… 58
　　一、道家面對的問題及其解決思路 ……… 58
　　二、對三種音樂的不同態度 ……… 62

第二節 「聽之以氣」的美學內涵…………………… 66

一、「聽」的三個層次 …………………………… 66

二、《咸池》之「聽」的寓意………………………… 69

三、「天籟」：「物我偕忘」的境界………………… 71

第三節 音樂實踐中的「技」與「道」………………… 72

一、「庖丁解牛」中的兩種「道」………………… 73

二、「技中之道」的內涵 ………………………… 75

三、兩種「道」的相通性 ………………………… 78

第四節 音樂的「所以聲」及其意義 ………………… 80

一、對「聲」與「所以聲」的區分 ……………… 80

二、「所以聲」的特點 …………………………… 83

三、由「聲」而至「所以聲」 …………………… 85

第五節 音樂審美標準的相對性 …………………… 88

第六節 道家思想的演變及其對音樂的影響 ……… 90

一、對「道」的不同理解 ………………………… 90

二、「無為」與「無不為」的關係 ……………… 93

三、對音樂觀念的不同影響 ……………………… 94

第三章 「感應」基礎上的論樂理路——感應論
　　　　音樂美學的理論自覺 ……………………… 97

第一節 「感應論」與「音樂感應論」的形成 …… 97

一、感應論的原理與機制 ………………………… 98

二、音樂感應論的早期形態 ……………………… 101

第二節 《呂氏春秋》：以作樂為中心的音樂
　　　　感應論 ……………………………………… 103

一、感應思想的多方表現 ………………………… 104

二、作樂中的感應原理 …………………………… 107

三、從感應凸顯「適音」的重要 ………………… 112

第三節 《淮南子》：以審美為中心的音樂感應論 · 115

一、《淮南子》的感應論模式 …………………… 115

二、「感應」意義上的「君形者」 ……………… 118

三、音樂審美感應的主體因素 …………………… 126

第四節 《樂記》：以功能為中心的音樂感應論 … 131

一、以功能為中心的論樂理路 …………………… 133

二、「感應」基礎上的音樂運行模式 ………… 139

第五節　「感應」的全息論原理 ……………… 144
　　一、全息理論的基本內容 ………………… 144
　　二、從全息理論看「感應」的適用閾 ……… 148
第四章　「聲無哀樂」的學理呈現──嵇康的「自
　　　　律論」音樂美學思想 ………………… 153
第一節　「聲無哀樂論」提出的理論背景 ……… 155
　　一、因儒家樂論的不足而產生的反撥 ……… 155
　　二、此前樂論中另一種聲音的啟發 ………… 157
　　三、自然精神與分析方法的自覺 …………… 160
第二節　對「聲無哀樂」的論證 ………………… 162
　　一、從生成角度所作的論證 ………………… 163
　　二、從感知層面所作的論證 ………………… 165
　　三、從主客關係所作的論證 ………………… 167
第三節　對「音─心」關係的剖析 ……………… 169
　　一、析「聽音知意」的虛妄 ………………… 169
　　二、「躁靜」與「舒疾」的意義 …………… 171
第四節　對「移風易俗」的解釋 ………………… 174
　　一、關於心本體與情本體 …………………… 175
　　二、音樂「移風易俗」的機理 ……………… 177
　　三、對「鄭衛之音」的態度 ………………… 178
第五節　自律論與他律論的區分與學理 ………… 179
　　一、區分他律論與自律論的標準 …………… 179
　　二、自律論與他律論的學理依據 …………… 187

下　冊
第五章　「禪悟」中的音樂妙諦──禪宗哲學
　　　　中的音樂美學思想 …………………… 193
第一節　緣起論的音樂本體論 …………………… 194
　　一、「緣起」與音樂生成 …………………… 194
　　二、「空」與音樂創造 ……………………… 198
　　三、「心」的本體論意義 …………………… 202
第二節　「悟」的音樂心理 ……………………… 205
　　一、禪宗的「不立文字」 …………………… 206
　　二、「悟」：心的顯現 ……………………… 210

三、音樂與「悟」……………………………… 214

第三節　音樂上的「不修之修」……………… 219

一、禪宗的「不修之修」……………………… 219

二、強調「音外之修」………………………… 222

三、既是「無心」，又要「有心」…………… 227

第四節　實踐中的「不二」思維……………… 229

一、禪修中的「不二」思維…………………… 230

二、「不二」的音樂美學表述………………… 233

三、「不二」思維的本土淵源………………… 239

第六章　「明心見性」的音樂理念——文人音樂
　　　　美學思想的價值取向………………… 241

第一節　文人階層及其音樂觀的形成………… 242

一、文人階層的形成與特點…………………… 242

二、文人音樂觀的基點與進階………………… 244

第二節　「明心見性」的功能預設…………… 245

一、標舉心志的「自況」意識………………… 245

二、面向自我的「自娛」精神………………… 248

三、唯求心意的「自釋」精神………………… 252

第三節　「崇古尚淡」的品味辨識…………… 255

一、音樂本體辨識……………………………… 255

二、音樂風格辨識……………………………… 257

三、樂器身份辨識……………………………… 260

第四節　「體幽察微」的意義闡釋…………… 263

一、對聽樂效果的精微體察…………………… 263

二、對音樂表現的文學闡釋…………………… 265

第七章　琴樂演奏的多層義理——古琴美學的
　　　　歷時建構與共時整合………………… 269

第一節　古琴美學的歷時性建構……………… 269

一、古琴美學的功能論起點…………………… 270

二、功能論張力下的歷時建構………………… 272

三、徐上瀛琴論的特色與意義………………… 279

第二節　《溪山琴況》演奏論的理論框架…… 282

一、演奏的三層次及其關係…………………… 283

二、演奏要達到的美學效果…………………… 285

　　　三、演奏者的心理特點……………………………288

　　第三節　《溪山琴況》演奏論的主幹命題………291

　　　一、「重而不虐，輕而不鄙」：中和論………292

　　　二、「靜由中出，聲自心生」：靜心論………295

　　　三、「清以生亮，亮以生采」：清音論………298

　　　四、「音之於遠，境入希夷」：意遠論………300

　　　五、「極其靈活，動必神速」：圓活論………303

　　　六、「俗響不入，淵乎大雅」：大雅論………306

　　第四節　《溪山琴況》演奏論的深層義旨………309

　　　一、「聲音張力」的營構……………………309

　　　二、重視「樂感」的生成……………………315

　　　三、「希聲」之境的呈現……………………322

第八章　聲樂演唱的技術邏輯──聲樂演唱美學

　　　　　命題的歷時展開…………………………329

　　第一節　先秦聲樂演唱美學觀念的萌芽…………329

　　　一、文獻所載事蹟中的聲樂觀念……………330

　　　二、《師乙篇》：古代唱論的源頭…………331

　　第二節　演唱美學命題的歷時展開………………333

　　　一、由「抗墜說」發展出氣本體論…………333

　　　二、由「貫珠說」生發出聲音形態論………335

　　　三、由「矩鉤」說催化出聲音張力論………338

　　　四、由「動己」說孕育出聲情美感論………340

　　第三節　聲樂美學理論軸心的歷史轉換…………342

　　　一、從「志」到「情」………………………342

　　　二、從「情志」到「情節」…………………343

　　　三、「情節」與「情志」之關係……………344

附錄　老子「大音希聲」的深層義理……………347

主要參考書目………………………………………359

後　記………………………………………………365

修訂版後記…………………………………………367

代前言　中國音樂美學的理論特點

　　中國古代音樂美學是一個自成體系的獨特的理論形態，它不同於西方音樂美學，也不同於中國現代音樂美學，甚至也與我們正在建設的中國傳統音樂美學有著不小的差別。但是，我們要建設中國傳統音樂美學乃至中國現代音樂美學，卻不能忽視中國古代音樂美學，不能不借助中國古代音樂美學的理論成果，不能不到中國古代音樂美學理論中獲取資源和靈感。中國古代音樂美學研究，在前輩及當代許多學者的努力下，取得十分可觀的成果。我們有了對孔子、墨子、荀子、《呂氏春秋》、《樂記》、《淮南子》、《聲無哀樂論》、白居易、歐陽修、《唱論》、《溪山琴況》、《樂府傳聲》等一大批音樂理論家和重要論著的微觀研究，有一些還形成較為長期的討論，研究相當細緻；有了對「移風易俗」、「樂而不淫」、「大音希聲」、「以悲為美」、「心物相感」、「聲無哀樂」、「雅與俗」、「聲、腔、韻」、「移情」、「傳神」、「意境」等重要命題和範疇的專題研究，使我們對古代音樂美學的理解達到一定的高度和深度；同時，我們也有了中國古代音樂美學的通史性著作，對中國古代音樂美學的形成、發展與演變做了歷時性的梳理，描述出較為連貫而又完整的歷史發展軌跡。〔註1〕所有這些，都是我們在建設中國音樂美學和中國傳統音樂美學時必須做的工作；而且，中國音樂美學和中國傳統音樂美學的不斷發展，還有待於上述工作的進一步展開與深入。但是，在對中國古代音樂美學的研究中，目前還缺少對它的理論特點作整體的研究。如果僅僅掌握古代音樂美學中的單本著述和單個命題，而看不到

〔註 1〕如蔡仲德《中國音樂美學史》，人民音樂出版社 1995 年；修海林《中國古代音樂美學》，福建教育出版社 2004 年等。

整個音樂美學的理論特點，就好像見木不見林；整體認知不明確，必然會影響到對具體理論命題的理解，使我們難以準確把握古代音樂美學的真諦，因而也難以有效地投入到新的中國音樂美學和中國傳統音樂美學的建設當中。

一、理論的性質重在意義闡釋而非規律揭示

音樂美學屬於人文科學，因而也自然具有人文科學的一般特性。由於音樂美學作為一個學科是在西方形成的，故而必然會打上西方人文科學的烙印。我們知道，西方文化最初是從航海文明和狩獵文明發展起來的，這兩種文明的一個共同特點，便是文明主體（人）和自己的對象（海洋或野獸）都是對立關係，長此以往，便形成西方特有的主客二分的文化模式。這種主客二分的格局和主體對客體的征服關係，又推動了認知行為的發展，強化了對對象內在規律的探究張力，形成以認識論為中心的哲學傳統。正是這一以認識論為中心的哲學傳統，才派生出以探究自然奧秘、揭示事物內部規律為目的的自然科學。儘管西方自然科學存在著前後期的變化，16 世紀以前主要是以形式邏輯為工具，以演繹推理的方式不斷地從公理推導出一系列新的定理和公式，形成各個學科的理論體系；16 世紀起則轉以歸納的方式從具體的事物現象中提取規律性的東西，形成各個學科的理論體系。前者具有思辨性，科學研究仍然在哲學的框架內展開；後者具有實驗性和實證性，科學已經成長壯大，並以其巨大的成就形成對哲學的擠壓，迫使哲學走向科學化的道路。與此同時，人文科學也接受了大量的自然科學的理論和方法，這在早期的現象學哲學、分析哲學等理論中都可以見出。這一趨勢從 19 世紀起愈演愈烈，至今沒有回落的跡象。在這個大潮中，音樂美學也未能免俗，一個最為明顯的標誌，就是 19 世紀中期漢斯立克的音樂美學理論，以及到 20 世紀後的各種科學主義方法的應用。

那麼，自然科學具有什麼樣的特點呢？一個最為突出的特點是，它面對各種事物現象，不僅要從中抽取出普遍的規律，而且要求所抽取的規律具有跨時空的可重複性。這個要求在自然科學中確實做到了，因為它研究的是固定的客體，研究時又努力將它與環境剝離，以作孤立靜止地觀察、實驗。人文科學則不同，它研究的是人的行為和精神現象，它無時無刻不在運動變化之中，我們不可能將它放到實驗室中，不可能將它與環境剝離，因為一旦移位或剝離，它的存在狀態就失去真實性。這是自然科學的研究成果之所以能夠很快被大家認可的原因。人文科學則不然，當人文科學也試圖去揭示現象背後的規律時，

人們就會像對待自然科學的規律一樣去要求它也有普遍性、必然性、可重複性，結果自然令人失望，由此而來的便是對人文科學的失望、輕視乃至遺忘。音樂美學作為人文科學的一員，現狀也是如此，我們對音樂和音樂審美現象研究了幾百年上千年，但揭示了幾條能夠創造音樂美的規律來呢？我們在音樂美學原理課上所分析的音樂美的規律，真的能夠稱得上美的規律嗎？這種訴求方向的偏差，直接導致了音樂美學價值的迷失及學科效用和影響力的退化，其流弊直至今天。

正是在這一背景上，西方有些學者提出人文科學研究的特殊性問題，主張人文科學的研究方法主要是闡釋，其代表人物是 19 世紀後期的狄爾泰。他從人文科學與自然科學的差別分析入手，指出自然科學的對象是一個「自在」的存在，無價值判斷，受普遍性和必然性法則支配，其歷史是無意識、無目的的，其意義只在自身；人文科學則是一種「表達」的存在，其規則乃約定俗成，其歷史是有意識與目的的，其意義指向自身之外。前者的研究方法以觀察與實驗為主，是按照普遍規律來說明特殊事物，而後者則只能以內在的體驗去認識他人的精神。這兩者在方法上的區別，他認為一者是「說明」，一者是「理解」。理解的外部表達，亦即它的學術化、程式化展示，就是「闡釋」。但是，由於自然科學的影響過於強大，在狄爾泰提出人文科學的方法論至今已一百餘年，我們仍未見出根本性的改變，文、史、哲，包括美學和音樂美學，在很大的程度上依然迷失在尋求規律的航道上。

與西方的這種認識論傳統和科學主義精神相比，中國的哲學文化則有很大不同。它的早熟的農耕文明形態將人與自然結為一體，形成主客不分、天人合一的模式和存在方式。人不是以理性去整理自己的對象世界，形成絕對的認識論模式，而是以自己的全部身心去與外界事物相溝通，並傾向於將外部事物看成與自己相類的另一主體，通過與它的交往來感知其精神內涵。這樣一種方法正是狄爾泰所主張的理解和闡釋，它在傳統的文史哲的學術活動中表現得最為淋漓盡致，〔註2〕同時也在美學乃至音樂美學上得到非常突出的體現，那就是對音樂意義的闡釋。

意義的闡釋就是對一事物或現象本身所具有的意義進行描述。我們知道，我們所生活的、與之打交道的世界是一個意義的世界，這個世界並非本來就有

〔註2〕這方面的學術研究成果，可參見李清良《中國闡釋學研究》，湖南師範大學出版社 2001 年；周裕鍇《中國古代闡釋學》，上海人民出版社 2003 年等專著。

的，而就是我們自己所創造的。一首詩，如果沒有人去閱讀，去品味，去領略，它就只是一串串無意義的痕跡；一幅畫，如果沒有人去看，去理解，去欣賞，它就僅僅是一堆線條和顏色，沒有意義；同樣，一首樂曲，如果沒有人去聆聽，去欣賞，並陶醉其中，它也就只是一系列的聲音，甚至連聲音都不是，只是一連串空氣的振動，當然也談不上意義。因此，純粹物理的現象不是藝術，不是音樂，音樂的本質在於由這物理形跡所帶出的意義。正因為此，中國古代哲人對待音樂，不只是著眼於它的音響形式，而是由音響形式所帶出的意義。孔子說：「禮云，禮云，玉帛云乎哉！樂云，樂云，鍾鼓云乎哉！」（《論語·陽貨》）音樂的本質並不在那些樂器上面，不在樂器所發出的聲音本身，而是由它們所帶出的意義。樂器確實重要，但這重要全部來自它的意義。我們只要看看古人對各種樂器所作的闡釋即可明白。荀子說：「鼓大麗，鐘統實，磬廉制，竽笙簫和，筦籥發猛，塤篪翁博，瑟易良，琴婦好，歌清盡，舞意天道兼。」又說：「鼓其樂之君邪。故鼓似天，鐘似地，磬似水，竽笙簫和筦籥，似星辰日月，鞉柷、拊鞷、椌楬似萬物。」（《樂論》）在古代論樂中，對樂器的意義闡發最為突出的是琴，其內容的深刻、聯想的豐富幾乎到了無以復加的地步，以至於常常招致「過度闡釋」的批評。樂器是這樣，樂曲也不例外，古人對樂曲也是重在意義闡釋。他們喜歡採用解題的形式對樂曲內容進行說明，欣賞樂曲不止是聽著悅耳，而要聽出它的意義。伯牙彈琴，意在高山流水，聽者也能夠聽出高山流水，方才稱得上知音；孔子奏《文王操》，一定要領略到樂曲中文王的人格、氣度甚至容貌，才算得上真正把握了這首樂曲。

那麼，音樂的意義是從何產生的？既然音樂去掉意義，它只是一連串的音響，甚至只是一陣空氣的振動，那麼，這附著在音響上的意義是如何產生的？我們的古人可能並未深究過這個問題，但卻是有他們自己的看法的。在他們看來，音樂的所有意義，都來自音樂在人的生存活動中的功能和效用。就好像語言的涵義來自語言的使用一樣，音樂的意義也是源於音樂的效用。我們所生活的並不是一個主客截然二分的世界，而是我與萬物互相關聯，互相涵有，互為激發，共同存在的。對於「我」來說，事物與我發生什麼樣的關係，它就具有什麼樣的意義，音樂也不例外。正因為此，在中國古代，對音樂的理論思考是從功能論開始的。〔註3〕為什麼是功能論？因為古人認識到，音樂的一切，都

〔註3〕 筆者曾分析過中國音樂美學是以功能論為其歷史的、其實也是邏輯的起點，參見劉承華《古琴美學的歷時性架構》，《黃鐘》2001 年第 2 期。

是在其功能的發揮中才成就自身，離開功能，它就什麼也不是。因此，探究音樂，把握音樂，當然也就應該從其功能著手，建立關於音樂的理論，當然也應該從功能論開始了。這一點與西方很不相同，西方音樂美學是從本體論開始，這反映了他們的主客二分、將音樂作為純粹客體進行分析，而不是將其作為與我們共同存在的伴侶進行體認的傾向。注重本體分析，其意在於揭示規律；注重功能把握，其旨則是領會意義。

意義的闡釋之外，古代音樂美學還常常使用一種闡釋，即原因的闡釋。因果關係可能是任何民族文化都很重視的一個現象，但不同的民族文化對它的理解和運用又各有不同。中國人很早就知道區分「然」和「所以然」，並強調知其所以然的重要。《呂氏春秋》說：「人莫不以其生生，而不知其所以生；人莫不以其知知，而不知其所以知。知其所以知，之謂知道；不知其所以知，之謂棄寶。棄寶者，必離（罹）其咎。」（《侈樂》）「生」、「知」都是現象，是「果」，要想真正進入道的境域，就必須進一步深入「所以生」、「所以知」，亦即「因」的環節。古代樂論十分強調「樂以知政」，強調「觀樂」，強調「移風易俗，莫善於樂」，就是因為他們深刻瞭解政治與音樂的因果關係。《淮南子》說：「樂生於音，音生於律，律生於風，此聲之宗也。」「風」就是風俗、政治，是一切音樂的根本和原因，觀樂要看到它，才算觸及最深層的意義。不錯，西方文化特別是科學也重視因果關係，但他們更多地致力於由因到果的過程，追求由因生果的必然性和可重複性；我們則更多地注重由果溯因，通過因來實現對果的理解。所以，由因到果是規律，由果到因是闡釋。

二、思維規則重在內涵邏輯而非外延邏輯〔註4〕

理論離不開邏輯。過去我們講到中國哲學、美學等理論特點，往往簡單地歸之於直覺性、經驗性，或者是實用理性，當我們與西方哲學、美學的理論進行比較時，又往往會說它是非邏輯甚至反邏輯的思維形態。這些說法都是難以令人信服的。理論是思維的高級活動成果，思維既有活動，便有自己的規律，亦會形成自己的邏輯，只不過是不同於西方的、另一種類型的邏輯。

我們知道，邏輯只不過是思維的規律，思維是運用概念進行的，而概念又是由內涵和外延構成的，當思維依據概念的外延進行活動時，它體現的是外延

〔註4〕對這個問題的詳細論述，參見《中國音樂美學的邏輯形態——從外延邏輯與內涵邏輯所作的考察》，載《中國音樂》2007年第3期。

邏輯；當思維依據概念的內涵進行活動時，則應該是內涵邏輯。因此，邏輯也應該有外延邏輯和內涵邏輯之分。外延邏輯借助概念的外延關係進行推理，其代表形式是古希臘亞里士多德在其《工具論》裏總結出來並一直發展至今的形式邏輯；內涵邏輯則借助內涵關係進行推理，長期以來沒有受到人們的重視。到 20 世紀，隨著思維科學的不斷發展，外延邏輯的局限性逐漸顯露，對內涵邏輯的研究開始興起，成為現代邏輯學的一個重要部門。在中國，內涵邏輯實際上充當了理論思維的重要工具，形成與西方不同的傳統，其中也體現在音樂美學上面。

　　中國內涵邏輯對中國音樂美學理論體系的影響首先是通過對內涵的直接「領會」實現的。外延邏輯注意概念的外延變化，利用概念的外延關係進行命題推導，並判定其真假。借助概念外延進行推導自然會留下一個個相互聯繫的環節，構成一張互相聯繫的網絡，故其理論必然在形式上具有系統性即體系性。西方音樂美學乃至美學、哲學的體系性特徵正由此而來。中國的理論思維遵循的是內涵邏輯。內涵邏輯更加注重對語義內涵的「領會」，而領會是一種心靈與外界的貫通和契合，一般不關注事物的外延，不會作橫向衍生，故而有突出的孤立性，在每個領會之間存在著巨大的空際，使思維的成果呈點狀分布，形成「直覺」、「悟性」的思維形態。領會的方法不是建立在單純理性的基礎上，而是將理性融入感性，並直接以感性的方式去把握事物（概念）的內涵。例如《樂記》，在古代樂論著作中，它是相對具有完整體系的著作，但細心一讀，則不難發現，它實際上還是由一個個的單個命題彙集而成。如：「凡音之起，由人心生也。人心之動，物使之然也。」「樂者，音之所（由）生也，其本在人心之感於物也。」「凡音者，生於人心者也；樂者，通倫理者也。」「人生而靜，天之性也；感於物而動，性之欲也。」建立在內涵邏輯基礎上的音樂美學，是更多地訴諸命題的陳述，而較少在命題間進行推理，其理論形態往往呈格言性而非體系性，其內在結構主要是靠概念和命題的內涵貫通起來的。因為不借助外延關係，故沒有形跡外現，是一種隱體系。

　　當然，內涵邏輯也有推理，但不是依據概念外延關係所作的推理，而是憑藉概念間內涵的關聯性所作的推理。較為常見的形式有歸納推理、類比推理和會意推理等。歸納推理是從個別事物的知識推出事物的一般性知識，從個別事物的屬性概括出一般事物的屬性的認識過程。它經過培根的《新工具》的闡發之後，在近代西方科學中得到廣泛應用，促進了實驗科學的快速發展。由於它

在科學研究中的重要作用，人們也將它列入亞里士多德所創立的外延邏輯體系，實際上它是典型的內涵邏輯。中國音樂美學最常用的是列舉式歸納推理，即列舉同一類型中的部分對象進行考察，得出一般性的結論。類比推理是根據兩個對象間的某些方面的相似而推出其他方面的相似。稽康《聲無哀樂論》便是大量運用這一方法來論證他的主張的。該文是中國古代音樂美學中少有的包含大量且系統論證的論著，但推理處多用類比，絕少演繹。即如《樂記》當中，類比推理也隨處可見：「土敝則草木不長，水煩則魚鱉不大，氣衰則生物不遂，世亂則禮慝而樂淫」，就是從「土敝」、「水煩」、「氣衰」的特徵來類推出「世亂」的結果。古代樂論中常常出現的「審聲以知音，審音以知樂，審樂以知政」（《樂記》）的信念，其基礎也就在類比推理。現在，類比推理也因其常用性被納入形式邏輯之中，但由於它的類推並不考慮外延，而只是依據內涵的相似性，所以是典型的內涵邏輯。至於會意推理，可能在邏輯學中還沒有這個稱謂，只是筆者在考察此類推理時依據其特點而提出的。會意推理是指通過語詞涵義上的相近或相通，從一個概念或命題推出另一個概念或命題的方法。筆者曾分析過荀子《樂論》中的一段文字所使用的連鎖推理，其中每一個環節都是通過語義的關聯完成的，而語義的關聯當然是以對其內涵的領會為契機的。再如《樂記》中的「奸聲感人而逆氣應之，逆氣成象而淫樂興焉；正聲感人而順氣應之，順氣成象而和樂興焉」，其中「奸聲──逆氣──淫樂」與「正聲──順氣──和樂」之所以能夠以次相推，連為一體，也都是源於三者內涵上的相通。這種不以概念外延為事，而專注於語義關係的推理方法，正是內涵邏輯的本質特徵。

內涵邏輯不僅體現為理論本身的特點，同時也影響著它的歷史發展，使其歷史軌跡呈現出特別的形態。外延邏輯立足概念或事物的外延變化，易於在外延上形成橫向拓展的張力。因此，西方音樂的歷史發展也多在已有形態的基礎上獲得突破，產生新質形態。例如音樂旋律上的從「單音音樂」到「雙聲部音樂」到「多聲部音樂」到「複調音樂」再到「主調音樂」，音樂思潮上的由「古典樂派」到「浪漫樂派」到「民族樂派」到「印象派」再到「現代主義」和「後現代主義」，音樂形式上的由「調性」到「無調性」再到「微分音」，如此等等。在這一系列的發展過程中，西方音樂都表現出努力向外拓展、創造新質形態的張力，是一種不斷派生新體的「生產型」歷史形態。內涵邏輯則立足概念或事物的內涵，表現出向內拓展的張力，即不斷地對事物和概念的意義內涵進行積

累、提煉和純化。它往往不致力於新事物新形態的創造，而是著眼於對已有事物的內涵、意義作持續的開掘，是一種「生長型」的歷史形態，就好像一個生命體慢慢地長大、成熟，內涵不斷豐富，但外觀形體並無多少變化。所以，中國音樂史常常給人以發展緩慢甚至停滯不前印象，實際上是錯覺，在它表面停滯的背後，潛藏著另一種類型的發展，即內涵拓展式的發展。「生產型」的發展模式強調的是「量」，「生長型」重視的是「質」。在今天，一切都改以量化的方法來對待時，中國古代建立在內涵邏輯基礎上的對質的重視傳統，應該有其積極意義的。

三、審美判斷重在互文性而非獨創性

在現代文化中，「創新」已經成為一個無可置疑的命題，它幾乎就與價值等同。科技要創新，學術要創新，制度要創新，藝術要創新，一切的一切，似乎只有創新一條路可走，只有創新才是價值，只有創新才是真理。因此，一切的歷史——科學發展的歷史、文學發展的歷史、哲學發展的歷史、藝術包括音樂發展的歷史，都只是不斷創新的歷史。應該說，這一判斷沒有錯，但不全面，也欠辯證，它把人們容易看到的一面加以放大，不容易看到的方面則被掩蓋了。例如，一部成功的小說新作或原創論著，我們往往會將「全新的」、「獨特的」、「天才的」等評語加於其身，好像它們真的是一個完全與眾不同的世界，是真正個人獨創的作品。正是針對這種錯覺，在西方 20 世紀中期，互文理論應運而生。

一般認為，互文理論是由法國符號學家、女權主義批評家朱麗婭·克里斯蒂娃創立的，但在她之前，就已經有人在運用這一思想進行文學研究，其中影響最大的是巴赫金，他的「對話」理論即已蘊含著互文思想，他在研究長篇小說的時提出「複調」理論，認為長篇小說具有「多語體、雜語類和多聲部的現象」，小說的最基本的形式就是「鑲嵌體裁」，也體現了互文的思想。但真正提出「互文」概念，並加以理論闡述的，還是克里斯蒂娃，她在《符號學》一書中提出：「任何作品的本文都像許多行文的鑲嵌品那樣構成的，任何本文都是其他本文的吸收和轉化。」這就是說，任何文本都不是一個孤立的存在，都不是作者的所謂獨創，而是對歷史上無數文本片斷的鑲嵌和拼貼，是無數文本相互關聯時的一個「結」。所以文本不是如我們以前理解的那樣，是一個點，一個有明確邊界和固定內涵的東西，而是一個眾多文本共存的空間，一個由眾多

文本所連接而成的「網」。每一個文本都天然地蘊含著歷史上的若干文本，蘊含著歷史上述說過的若干眾多話題。互文性概念主要有兩個基本的含義：一是「一個確定的文本與它所引用、改寫、吸收、擴展、或在總體上加以改造的其他文本之間的關係」〔註5〕；二是「任何文本都是一種互文，在一個文本之中，不同程度地以各種多少能辨認的形式存在著其他的文本，譬如，先時文化的文本和周圍文化的文本，任何文本都是對過去的引文的重新組織。」〔註6〕互文性最早在文學研究中發現，主要指文學形式中所使用的「拼接」、「合併」、「黏貼」、「嵌入」、「編織」等手法，後擴展到其他學科乃至整個文化，不再僅僅局限於文學敘事，一個文本與一個歷史事件、一種社會思潮、一種哲學理論、一個寓言故事等等，都可以形成互文關係；任何一個文本，也都是在同此類文本的關聯中才獲得意義並被理解的。而且，隨著互文性理論研究的不斷拓展，互文也不再僅僅是指對原文本的肯定性吸納，而且包含著對它的否定性議論。你只要接過了某個話題，也就形成了互文關係，因為我們對你的這個文本的理解，是不可能不涉及你所否定的那個文本的。所以，我們看到，我們所創造的任何一個文本，都是以某種方式對其他文本的吸納和編織，都與其他文本形成互文關係，體現出互文性。西方文化，特別是到了近代的西方文化，越來越強調個體的獨特性和原創性，一味地追求創新，以新為唯一價值座標。互文性理論的提出，其意即在糾其偏頗。

　　但是，如果用互文性理論來看中國文化，包括中國文學、藝術和學術，便會發現，中國文化的文本創造中存在著大量顯在的互文性，這說明，中國古代的文本製作者具有較為自覺的互文意識，也更加重視互文的學術價值和美學價值。

　　細究中國古代文化中的互文性，大致有三種類型，而且主要表現在對歷史文本的涵攝上面。

　　首先是對經典的注解。我們知道，中國文化與西方文化都有一個被稱之為「軸心時代」的原創時期，西方是古希臘，中國是先秦。也有學者指出過，西方文化的歷史就是對柏拉圖和亞里士多德不斷解釋的歷史，中國呢，則就是對孔子、老子和莊子不斷解釋的歷史。這大致不錯。但相比較而言，西方文化對

〔註5〕〔英〕特倫斯・霍克斯：《結構主義和符號學》，瞿鐵鵬譯，上海譯文出版社，1987年版。

〔註6〕〔法〕熱拉爾・熱奈特：《熱奈特論文集》，史忠義譯，百花文藝出版社，2000年版。

經典的解釋，其互文性明顯不如中國文化那麼突出和強烈。我們且不說文史哲中普遍存在並延續兩千多年的經典注釋傳統是如何強大，我們的思考幾乎都是在對《論語》、《孟子》、《老子》、《莊子》、《尚書》、《周易》等原典的解讀中進行的，以至於常常給人這樣的印象：離開了這些原典，我們好像就無法思考。再如古代樂論，歷時兩千餘年，但大家關注的焦點，仍然是幾部經典及其核心問題，一代一代的人為它做出自己的解釋。《樂記》是儒家的音樂理論經典，該書自從西漢初年問世以來，一直被後人廣泛注釋、解讀，直到清代，還不斷有新的注釋本和解讀本問世，例如汪烜的《樂經律呂通解》，其中第一卷便是《樂記或問》，是對《樂記》義理的解釋。至於對一些理論或命題的闡釋，如「樂而不淫」、「思無邪」、「移風易俗」、「大音希聲」、「人心之感於物」、「以悲為美」、「琴者，禁也」、「聲無哀樂」等，對它們的復述和闡釋就更是頻繁。

其次是對歷史文本的化用。對歷史文本的注解，其目的還在對這文本本身的閱讀和理解，旨在探究文本本身的意義，其中雖有理解的不同，但針對的都是文本。這裡的「化用」，表達的則是作者自己的思想和觀念。但儘管是表達自己的思想和觀念，也還是要借助歷史的文本來進行，要盡可能豐富地將歷史的文本信息涵攝進來。陶淵明的「但識琴中趣，何勞弦上聲」，所涵攝的就是老子的「大音希聲」；而陶淵明的話語一出，亦成為一個有生發力的文本，緊跟著就有無數關於「無弦琴」的事蹟和作品。所以關於「無弦琴」的任何一個作品，都天然地蘊含著老子、陶淵明以及其他人的種種相關文本，離開它們，任何一個作品都難以得到透徹的理解。再如「琴者禁也」這個命題，自漢代出現之後，即被一代代的文人所不斷地述說著，其中既有簡單的復述，也有進一步的化用。明代李贄提出「琴者心也」，這明顯是在以否定的方式牽涉歷史文本，是要強調自己的文本與「琴者禁也」的差異，但卻在無意中又肯定了歷史的另一個命題，即《樂記》中的「人心之感於物」，同時又暗含著李贄所在時代社會的一些新的信息。作為理解者，我們只有在參照了歷史上的相關文本的情況下，才能比較準確地理解其內涵與意義。

其實，不僅是在理論上，即便在創作上，中國古代音樂也體現出強烈的互文性。例如對一些傳統題材、音樂素材、結構形式等歷史文本信息的反覆使用和變化使用，也是互文性的一種表現。中國古代樂人可以較多地滿足於既有樂曲的演奏，而不去人為追求新曲的創作，其實也是他們互文意識的一個表徵。

互文性是文本自身的特性，它普遍而且客觀地存在著，不以人的意志為轉

移，但又有著程度上（客觀的）和意向上（主觀的）的差別。從程度上說，有的互文性較為明顯，一眼能夠看出，甚至在文本中就表達得清清楚楚，如引文；有的則較為隱晦，需要仔細辨析才能看出。從意向上說，有的是有意識的追求，在寫作過程中努力使自己的文本能夠蘊含更多文本的信息，使內容顯得豐富深厚；有的則不僅不追求互文，而且儘量去避免它，儘量使自己與其他文本劃清界限。當然，我們前面說過，這實際上是不可能的，也許正是在你想與其他文本劃清界限的地方，你與其他文本的互文性也就產生了。這兩種情況，我們可以大致地用來說明中國與西方的不同。西方，特別是近代以來，強調獨創性、唯一性、新異性已成潮流，故在自己的文本中，互文現象較為隱晦；而中國則力求自己的作品與其他文本相關聯，故其文本中互文現象較為明顯。歸結到審美，則西方藝術包括音樂表現出以新為美，以奇為美，以個性和銳氣為美；中國的審美追求則不在新奇特異上，而在其深厚、沉著、大氣和圓融，在其對歷史文化信息的涵攝和積澱上。所以，在中國，故意地或人為地標新立異總是不被看好，總是成為批評的對象。

那麼，中國美學與藝術重視互文性，是不是就必然缺少創造性？回答是否定的。互文現象並不意味著新的文本中沒有創造性，如果是這樣，那麼就無法解釋人類文化的普遍發展這個事實，因為互文性存在於任何文化的文本當中。互文理論只是揭示了這樣一個道理：歷史所提供的材料就這麼多，如何去運用這些材料才是問題的關鍵。打個比方，我們使用的漢字就這麼多，但是一代一代無數文學家卻用它創作出了各不相同的傑出作品；現實中的色彩種類也就那麼多，但用它仍然可以畫出無窮無盡的新的美麗畫卷。對於藝術來說，「新」並不就是美，並不等同於價值。其實，無論在藝術中，還是在生活中，要做到新，做到與眾不同，其實並不難；但要做到有價值的「新」，有意義的「與眾不同」，就不那麼容易了。在西方，那些僅僅在形式上翻新出奇的作品，往往都是曇花一現，一轉身就成過眼煙雲。新而又要有價值，如何才能實現？一個最為可行好像也是唯一可行的辦法，就是通過互文性來支撐自己，使自己的文本能夠從其他文本中獲得意義和價值。中國古代書畫藝術之所以特別重視「臨摹」，強調在自己的作品中要能夠見出王羲之、歐陽詢、黃庭堅、趙孟頫等等名家的影子，道理即在此。音樂也不例外，古代樂人成少伯說：「音不能千曲以上，不足為知音。」（桓譚《新論·琴道篇》）是說音樂創造需要一定量的音樂文本的支持。北宋成玉磵說：「攻琴如參禪，歲月磨煉，豁然省悟，則無所

不通，縱橫妙用而嘗若有餘。」（《琴論》）則是說音樂創造還需要大量非音樂文本的支持。就這個意義上說，中國古代文化對互文性的重視，應該是一份很有意義的遺產；在今天這個一味求新的時代，它顯得更足珍貴。

四、理論目的重在導向實踐而非單純認知

前面講過，美學、音樂美學，作為一個學科，它源自西方。由於西方哲學的認識論中心，使得美學也體現出濃厚的認識論色彩，即：美學的研究緊緊圍繞著對其藝術與美的本質或規律的揭示。其實，這一認識論傳統在歐陸和英美有著不同的表現。歐陸美學屬於理性主義，它主要以思辨的方式把握藝術與美的本質，更多地使用演繹邏輯作為思維的工具，其理論過程遠離藝術與審美的實踐，但其成果表現出特有的深刻和嚴謹。英美美學則屬於經驗主義，它主要採用歸納邏輯進行推理，多用實驗的方法總結藝術與美的屬性和特點，其理論過程比較貼近感性經驗，但較為瑣碎；作為理論，也常常缺少應有的深度和高度。這兩大傳統，一者是思辨式的，一者是科學式的，但都是以認知為其最終的目的。西方哲學的最高價值指向是自由。什麼是自由？自由就是對真理的把握。什麼是真理？真理又是對必然的認識。可見，西方哲學是把一切都放在認識論的框架之內來處理的。難怪馬克思批評說：「以往的哲學家只是解釋世界，而問題在於改造世界。」也因為此，西方高校當中，美學、音樂美學都是放在哲學系中，它只需在哲學界互相批評，只需在理論上能夠自圓其說即可。這樣，我們看到，在西方，搞藝術創作的人不讀美學著作，美學自身也並沒有承擔指導實踐、服務實踐的意識，就一點不奇怪了。

與西方不同，中國美學或藝術理論則緊緊貼近藝術實踐和審美經驗，它的每個命題、每個理論幾乎都是針對藝術實踐或審美經驗中的問題而發，因而能夠為廣大讀者所接受。在中國古代音樂美學中，它越是到成熟的階段，就越是貼近藝術實踐和審美經驗。一個十分突出的例子就是古琴美學。在西方，彈鋼琴的人很少會關心音樂美學理論著作，但在中國古代琴人那裏，他們卻是古代琴論的熱心讀者。在我所認識的民間琴人那裏，就有人對徐上瀛的《溪山琴況》倒背如流，對其他一些重要琴論如嵇康《琴賦》、成玉礀《琴論》、蔣文勳《琴學粹言》、祝鳳喈《與古齋琴譜》中的論琴文字等也十分熟悉，而且讀來興趣盎然。比較一下這類作品與西方美學著作，我們就能夠發現，這些琴論文字都是琴家在自己長期的演奏經驗基礎上提煉出來的，與演奏實踐結合緊密。同

時，他們又是中國古代傑出的知識分子，有著良好的教育和敏銳的大腦，把握著當時思想界最深刻、最前沿的思想和文化，故而在琴論文字中又有著對人生、對宇宙、對藝術的最為深邃的思考。美學所應該具備的兩個方面──實踐經驗和理論深度，在這裡完美地融為一體。藝術與美的思考是否一定要經過那麼煩瑣的環節進行論證，是否一定要做成很大的篇幅，是否一定要借助那麼多艱澀難懂的概念來進行表達？這個問題是值得我們進一步去思考的。

那麼，為什麼在中國音樂美學中能夠出現這樣的景象？其實也源於文化。早有學者指出過，中國文化的基本特點是：天人合一，知行合一。我們這裡涉及的就是知行合一。在西方文化體系中，知和行是分離而成兩個相對獨立的系統，各有自己的邏輯和規範。而在中國，知和行一開始就是統一的，不僅相統一，而且是知必須要導向行，行高於知，也是知的最終目的。孔子說過：「知之者不如好之者，好之者不如樂之者。」知是最低層級，因為在中國人看來，僅僅認知一件事情，並不能夠說明什麼，比如認知某個法規，並不能保證你就不會犯法，所以必須向高一層級躍遷，即「好」的層級。「好」即喜歡，愛好，這是一種感情動力或心理張力，有了它，才能夠保證行走在所認知的理上。但這還不是最高境界，最高境界是「樂」的境界，即自己的行為在實踐所知之理的過程中享受到生命的快樂。孔子的這番話說出了中國文化的一個深遠的傳統。在這個傳統裏面，當然不會形成西方式的純粹認識論美學，當然會將自己的真切的體驗與深邃的哲理結合起來，當然會努力使自己的思想滲透到每個人的實踐當中，發揮自己應有的效用。

第一章 「修身」張力下的用樂模式
——儒家音樂美學思想的 內在邏輯

　　儒家音樂美學思想在中國傳統音樂文化中佔有突出的地位，它不僅形成最早，體系最完備，而且影響時間十分長久。它已經滲透到中國音樂文化的各個方面，甚至在道家和禪宗的音樂美學思想中也留下清晰而且深刻的烙印。要瞭解中國音樂文化，就不能不先行瞭解儒家音樂美學思想。

　　研究儒家音樂美學思想，本章側重其原創時期的概念、命題、思想、理論及其演變，對其系統性的理論內容進行盡可能深入的挖掘和闡釋。其研究的文獻資料，主要有《論語》、《中庸》、《孟子》、《荀子》、《樂記》等常見的儒家經典論著。1993 年湖北荊門郭店一號墓出土的楚簡《性自命出》，學界多認為是孔子之孫孔伋（字子思）及其弟子所著，是思孟學派的重要著作，也應是儒家的經典。該篇有較為豐富的論樂文字，一定程度上彌補了孔子以後至荀子之間儒家音樂美學思想發展的一些環節，因而也是本書研究的重要依據。其他一些書，如《左傳》、《國語》、《孔子家語》、《史記·孔子世家》、《周易》等，其涉及禮樂的文字，亦是本章寫作的重要文獻資源。

第一節 「修身」：音樂意義的元驅動

一、古代文化現實中的「修身」張力

　　與任何原創時期的思想都是對其生存活動中的問題作出回答一樣，儒家

音樂思想也是對古代中國人生存活動中面臨問題而提出的一種解決思路。

古代中國人的生存活動是在獨特的自然環境中展開的，不同的自然環境形成對人的獨特挑戰，引發人們作出與之相應的應戰。無數應戰的成功，便逐漸積澱為獨特的、較為穩定的模式，形成有特色的文化。中國以陸海分離的地理環境孕育了早熟的農耕文明，農耕文明對土地的高度依賴，強化了源於原始氏族社會的血緣紐帶，形成強烈的家族觀念和宗法制度，一種特殊的群體本位的文化體系。〔註1〕在宗法制社會中，以家族為代表的群體或組織具有整體定位功能，個人首先是在家族體系的定位中獲得意義的。

不管在什麼樣的文化環境中，人都有追求自由和幸福的願望和可能。從家族整體出發，並不意味著不關注個人，就好像從個人出發也要關注社會一樣。但出發點不同，所設計出的路徑和方法也就不會相同。以家族為代表的群體本位社會，必然會給個人自由和幸福的設計帶來不同的思路，形成獨特的文化邏輯。

那麼，被群體定位了的個人如何才能夠實現自由和幸福？儒家給出的答案是：通過修身。修身就是自我修養。這種修養是從認知現實，對社會的外部規範（「禮」）進行認同開始的。孔子說他「吾十有五而志於學」，這「學」的對象便是「禮」，亦即社會的外部規範。要想很好地遵循禮的規範，首先必須瞭解禮的內容，於是便有學禮的過程。然後便是對禮的遵循，在實踐中落實「禮」的規範，就又有了「仁」的概念，因為孔子說：「克己復禮為仁」。也就是說，仁的實質就是使自己的一切都符合禮的要求。但是，在仁的實現過程中，光有對禮的遵循還不夠，因為它還是被動的。被動就必然伴隨著不自由，必然伴有不同程度的痛感，而這與生命活動的本能和願望是不相符合的。因此，還需要將對禮的適應從被動轉變為主動，由自覺轉變為自發。所以，「修身」的實質，就是將外部規範轉化為內在的自覺要求和自發行動。儒家的創始人孔子就是這方面的典範，他自述自己的修身過程是：「吾十有五而志於學，三十而立，四十而不惑，五十而知天命，六十而耳順，七十而從心所欲不逾矩。」（《論語·為政》）〔註2〕從十五歲開始學習禮，經過幾十年的努力，跨越了幾個階梯，直到七十歲時才達到「從心所欲不逾矩」的境界。「從心所欲不逾矩」，就

〔註1〕從自然環境的挑戰到文化模式形成的詳細論證請參閱拙著《文化與人格——對中西方文化差異的一次比較》第一章的內容，中國科學技術大學出版社2002年版。

〔註2〕本章所引《論語》，均見《十三經注疏》下冊，中華書局1980年。以下引用只夾註其書名和章節名，不再詳細標注。

是外在規範已經完全轉化為內在的自覺要求和自發行為，這個時候，無論你如何放縱自己的思想和欲望，都會自動地符合外部規範，從而使人進入具有自由、充實、幸福感的最高人生境界。

應該說，修身是一種具有普世價值的智慧。在人生的許多方面，都需要這樣的修煉過程。例如下棋，只有精通下棋的規則才能真正得心應手，在對弈中獲得自由。又如法治社會，只有完成對法的認同及其內化，才能真正享受到法治下的自由和幸福。這些都是通過修身才能實現的。在儒家關於人格成長的過程中，只有修身才是最具根本性的一環，其餘如齊家、治國等也很重要，但都不是根本性的，因為它們的成就，都依賴於修身。孔子與子路有一段對話，很能說明這個道理。有一次，子路問孔子，如何才算是一個「君子」，「子曰：『修己以敬。』曰：『如斯而已乎？』曰：『修己以安人。』曰：『如斯而已乎？』曰：『修己以安百姓。修己以安百姓，堯、舜其猶病諸。』」（《論語·憲問》）要想「安人」、「安百姓」，首先得「修己（身）」，「修己」是一切的出發點。

這個思想，後來也被儒家後學所繼承。例如被認為是思孟學派的著作，郭店楚簡《性自命出》〔註3〕，便特別強調修身的重要。他說：

　　　　聞道反上，上交者也；聞道反下，下交者也；聞道反己，修身
　　　者也。上交近事君，下交得眾近從政，修身近至仁。

「上交」即與上層人物交往，「下交」是同下層群眾交往，而「反己」，就是以道來規範、調整自己的行為，這就是「修身」。這裡的意思是，要將自己掌握的「道」不僅運用於同上層人物（包括事君）的交往之中，同時也要運用於同下層群眾的交往之中。但最為根本的還是「反己」，完成自己的「修身」。在文章最後，還詳細地列述修身的各個方面的具體要求：

　　　　凡憂患之事欲任，樂事欲後。身欲靜而毋撼〔註4〕，慮欲淵而毋
　　　偽，行欲勇而必至，貌欲莊而毋拔，〔心〕〔註5〕欲柔齊而泊，喜欲
　　　智而亡末，樂欲釋而有志，憂欲斂〔註6〕而毋惛，怒欲盈而毋掩，進

〔註3〕劉釗：《郭店楚簡校釋》，福建人民出版社2003年，第88～92頁。本章所引均據此本，個別文字據李零：《郭店楚簡校讀記（增訂本）》（中國人民大學出版社2009年）和郭沂：《郭店竹簡與先秦學術思想》（上海教育出版社2001年）校改。

〔註4〕「撼」：猶疑，動搖，不堅定。

〔註5〕「心」：據李零《郭店楚簡校讀記（增訂本）》補。

〔註6〕「斂」原為「僉」，此據李零：《郭店楚簡校讀記（增訂本）》。

欲遜而毋巧，退欲蕭而毋輕，欲皆文而毋偽。

　　君子執志必有夫皇皇之心，出言必有夫簡簡之信，賓客之禮必
有夫齊齊之容，祭祀之禮必有夫齊齊之敬，居喪必有夫戀戀之哀。
　　君子身以為主心。

　　這裡的每一對「欲」和「毋」，即「要」和「不要」的關係，有的是對立
的兩方應該堅定地選擇其一，而避免另一，如「靜」與「撼」、「莊」與「拔」、
「盈」與「掩」等；有的則是相鄰、相似的兩者應選擇其一，而避免另一，其
差異就十分微妙，需要細心辨析，精準把握，如「柔齊」與「泊」、「遜」與「巧」、
「文」與「偽」等。處理好這些關係，是修身處事的進階。但是，最根本的原
則還是「身」要以「心」為主，自己的行動要出自自己的內心。這也就是《大
學》所謂「誠」。意「誠」，心才會「正」；心「正」了，身也就自然會「正」。
只有身「正」了，才能做好上下之交，亦即《大學》所說的「齊家、治國、平
天下」。

　　但是，要想達到這種「從心所欲不逾矩」的境界，還需要藝術特別是音樂
的助力。子路曾經問孔子，如何才能成為一個真正的人（即「成人」）？孔子
說：「若臧武仲之知，公綽之不欲，卞莊子之勇，冉求之藝，文之以禮樂，亦
可以為成人矣。」（《論語·憲問》）說明一個真正的人需要「知」、「不欲」、「勇」、
「藝」等能力和品格，但僅有這些還不夠，還必須得到禮樂的幫助，只有在禮
樂中才能最後成就。他的「興於詩，立於禮，成於樂」（《論語·泰伯》），即謂
此。

二、「修身」與音樂的關聯性

　　那麼，修身為什麼離不開音樂？這個問題的回答需要分兩個方面進行。第
一個方面，是從修身本身的需要和特點來看。修身有一個非常重要的特點，即
它必須在快樂中進行。而修身之所以需要快樂，原因又有二：一是做人本身需
要快樂，需要自由、充實、完滿以及由此而來的愉悅感，一種對人自身的自我
肯定。這直接關係到人的生命的質量。二是君子、仁人的一個重要標準在於他
能夠持久，而要想持久，唯一的辦法就是將它置於快樂之中。孟子說過：「樂
之實，樂斯（仁、義）二者，樂則生矣，生則惡可已也。」（《孟子·離婁上》）
〔註7〕「已」即停止、結束，「惡可已」就是不會中止，沒有結束，其意即是，

〔註7〕本章所引《孟子》文字，均見楊伯峻：《孟子譯注》，中華書局 1988 年版。

對仁、義的守持，必須是在快樂的狀態中才能持久。

這個認識，其實在孟子之前的儒家即已出現。如郭店楚簡《性自命出》中，就特別重視「悅」，即快樂。何為「悅」？它的解釋是：「凡見者之謂物，快於己者之謂悅」。意思是，凡是能夠用感官感知的，就是物；這些物中，能夠使人感到快樂，就是悅。但是，為什麼有些物能夠使人快樂（「快於己」）？它還是用「物」來比較，說：「凡動性者，物也；逆性者，悅也」。「動性」，即觸動，接觸而使之動，這是物的功用。「逆」，即面對、迎合，引申為「滿足」，就是說，能夠迎合、滿足其「性」的，就會生悅。該文十分重視「悅」在人生活動，尤其是在修身中的作用，它說：

> 凡人雖有性，心無定志，待物而後作，待悅而後行，待習而後定。喜怒哀悲之氣，性也。及其見於外，則物取之也。

在儒家思想體系中，性是人所共有的本質性的東西，如喜怒哀樂，如善惡，如有欲望等，但心卻是一個不定的處所，每個人都不相同。例如「志」，亦即思想、志向、意念，都是心之內容，各人互不相同。之所以不同，是因為這個「志」不是固有的，而是「待物而後作，待悅而後行，待習而後定」的。心志只有通過與外物的接觸才會產生，只有在自己感到愉悅時才會付諸行動，只有在反覆的練習、實踐中才會穩定下來。這裡，「待悅而後行」，便說出了「悅」對於「行」的重要性。如果沒有「悅」，會不會出現「行」？會，但不可能持久，因而也就不可能「定」，即不可能形成穩定的模式。而修身的功效就在於它能夠獲得持久性和穩定性，所以，修身離不開愛好和快樂，就是「悅」。所謂「君子美其情，貴其義，善其節，好其容，樂其道，悅其教，是以敬焉」，說的正是這個意思。

修身需要快樂，而音樂恰好能夠提供這種快樂，因為在古人看來，音樂就是快樂。荀子說：「夫樂（yue）者，樂（le）也，人情之所必不免也。」（《荀子‧樂論》）[註8]在漢字中，音樂的「樂」與快樂的「樂」為同一字，本身就說明，在很久以前，人們就已經把音樂和快樂聯繫起來，甚至等同起來。修身需要快樂，因而才選擇了音樂，修身離不開音樂的相助。也因為此，在後來文人的修身四課中，琴、棋、書、畫，琴始終被列為首位。

但是，在人的生活中，能夠使人快樂的事物應該很多，為什麼單單選中音

[註8]〔戰國〕荀子：《樂論》，本章所引該篇文字，均出自安小蘭譯注：《荀子》，中華書局 2007 年，第 195～200 頁。

樂？這就涉及第二個方面的原因，即從音樂本身的特點來看。簡而言之，儒家的代表人物深刻地認識到音樂具有特殊而且強大的感染力和影響力。

首先，儒家代表人物很早就認識到音樂有著自身的獨特性，因而是其他藝術所無法替代的。早在《尚書‧堯典》中就有「詩言志，歌永言，聲依永，律和聲。八音克諧，無相奪倫，神人以和」之說，認識到音樂具有詩所沒有的功能和力量。後來儒家樂論經典《樂記》則說得更為清楚：「故歌之為言也，長言之也。說（悅）之，故言之；言之不足，故長言之；長言之不足，故嗟歎之；嗟歎之不足，故不知手之舞之足之蹈之也。」（《樂記‧師乙篇》）〔註9〕認為歌是「言之不足」乃至「長言之不足」的產物，也就是說，歌或音樂是在我們用語言（詩）無法妥帖地表達人的情感（「悅」）之後所使用的新的表現手段，一種更具表情能力的新的藝術形式。

其次，他們還進一步認識到音樂具有強大的感染力和影響力。早在孔子那裏，就已經深切地感受到這一點：「子在齊聞《韶》，三月不知肉味，曰：『不圖為樂之至於斯也。』」（《論語‧述而》）體驗是非常強烈了。但這還只是感性的直覺，沒有形成理論的表達。孔子之孫子思及其弟子就對這個問題有了明晰的認知。在《性自命出》中有這樣的表述：

> 凡聲，其出於情也信，然後其入撥人之心也厚。聞笑聲，則鮮如也斯喜；聞歌謠，則陶如也斯奮；聽琴瑟之聲，則悸如也斯歎；觀《賚》、《武》，則齊如也斯作；觀《韶》、《夏》，則覥如也斯斂。

「出於情也信」，指出音樂在表達人的內心情感方面真實無偽，故而可信。「入撥人之心也厚」，「撥」即激發、感動；「入」即「內」，是說音樂進入人的內心非常幽微深邃；「厚」即質量大，此處說明感動人的力量很強大。並且認識到不同的音樂有不同的作用。這樣的認知是理性的，自覺的，應該說，它已經具備相當程度的理論性品格。這樣的表述在《性自命出》還不止一處，例如：「樂之動心也，濬深鬱陶，其烈則流如也以悲，悠然以思」，也涉及音樂感動人心的深度和力度以及源源不斷的持久性。再如：

> 凡學者求其心為難。從其所為，近得之矣，不如以樂之速也。
> 雖能其事，不能其心，不貴。求其心有偽也，弗得之矣。

這裡，「學者」即修身者，「求其心」是指求心的真誠無偽，作者認為這是

〔註9〕本章所引《樂記》文字，均出自蔡仲德：《中國音樂美學史資料注譯》，人民音樂出版社1995年。

一件比較困難的事。如何才能得到呢？可以從身邊近處的所作所為來求得，但不如音樂來得迅速。注意，音樂對於修身的助力，前面提到「信」（真）、「厚」（強），這裡又提出一個「速」字，基本上將音樂作用於人的獨特之處都講到了。此後孟子的「仁言不如仁聲之入人深也」（《孟子‧盡心上》），荀子的「夫聲樂之入人也深，其化人也速」（《荀子‧樂論》）等，除了增加一個「深」字外，都是對《性自命出》思想的另一種表述，在思想上沒有超出多少。這種從真度、深度、強度和速度四個方面來說明音樂所特有的巨大的感染力、影響力，至今為止仍然有效。今天我們對音樂感染力和魅力的認識，仍未超越這一說法。

實際上，對音樂感染力的這一認識並不僅僅是儒家的，而是中國古代文化很早就已達到的認識，這可以通過「聰」與「明」的構字法來見出。我們知道，人類與外界相接觸的器官最重要的有兩類，一是視覺，一是聽覺。早在上古時期，人們就已經認識到聽覺的特別之處。「聰」和「明」是分別表示聽覺和視覺的靈敏的，但在表示視覺的靈敏時，古人用的是「明」，它由「日」和「月」所構成，僅僅表示視覺能夠看物所必需的光源，沒有什麼其他深意。而在表示聽覺的「聰」時，則用了「耳」、「囪（窗）」和「心」這三個元素，來表達「耳朵是心靈的窗口」的意思，顯示出對聽覺的格外重視。無獨有偶，再如直接標示聽覺的「聽」字，從「耳」從「悳」。「悳」即「德」，從「十」、「目」、「乚（隱遁）」、「心」，意思是：眾目之下心中毫無隱藏，是德的內涵特徵。同時也表明，從聲音是可以直接進入對方內心的深處，毫無隱藏，即真實無偽。「耳」下還有一「王」字，既用以「突出」其道德的功能，同時也標示了聽覺的至高無上。

中國古代的這一觀念，還得到現代哲學和心理學的支持。20 世紀德國哲學家海德格爾曾經分析過「聽」與「看」的不同，指出前者具有領會性，因而是內在的，深刻的，是觸及人的本根狀態的；後者是世俗的、表象的、外在的，僅僅建築在好奇心上面。好奇僅僅是一種表象的感知，是對感官刺激的滿足，而沒有對所看之物加以領會。「好奇之設法去看它，只是為了看看，為了看過」〔註10〕，所以它比較外在。領會則以心靈接物，它直接深入到存在的本真狀態，直接訴諸人的心靈悟解力，所以它更為內在，更為深邃。從現代心理學的

〔註10〕〔德〕海德格爾：《存在與時間》，陳嘉映、王慶節譯，三聯書店，1987 年，第 410 頁。

理論來看，聽覺確實更加直接而且快捷，對音樂的「聽」無需媒介，通過與心的異質同構，可以直接相感，發生共鳴。因此，人們常常將音樂說成是最具侵犯性和強制性的藝術，以至於直到現在，在一些重大場合，或特別需要的時候，往往還得要利用音樂來製造氣氛，調整態度，整合人心。

　　認識到音樂的特殊感染力和影響力，故而才會特別重視其社會作用，努力發揮其功能。西漢末年劉向在《說苑》中說：「凡從外入者，莫深於聲音，變人最極，故聖人因而成之以德，曰『樂』。」〔註11〕這樣，我們就不難理解，為什麼儒家那麼重視用音樂來移風易俗，改善民心，即孔子所說「移風易俗，莫善於樂」（《孝經・廣要道》）；荀子在說了「聲樂之入人也深，其化人也速」之後也說：「樂者，聖人之所樂也，而可以善民心，其感人深，其移風易俗易」（《荀子・樂論》）。這樣的思想，都是建立在充分認知音樂特殊感染力和影響力的基礎上的。

第二節　對「中和之美」的推崇

　　「中和之美」是儒家對音樂和諧的基本要求，它既包括音樂與道德即美與善的統一，也包括音樂中內容與形式即文與質的統一，同時還包括音樂表現中的剛與柔、直與曲等風格的協調。這三個方面，綜合言之，就是「中和之美」。前面說過，儒家的音樂美學思想是在修身的基礎上形成的，修身又直接要求其音樂必須具備「中和之美」。其原因在於，修身本身所具有的特定內涵和特點，決定了音樂也應具備相應的品格。

一、修身的目標：「君子」

　　儒家的修身，有著明確的方向，那就是「成人」，即成為一個真正的人，一個「君子」式的人。何謂「君子」？孔子曾經給過答案，那就是「仁」、「知」、「勇」。他曾謙虛地說：「君子道者三，我無能焉：仁者不憂，知者不惑，勇者不懼。」（《論語・憲問》）君子的這三種品格之說，被其後學接受下來，並加以進一步的說明。《中庸》作者充分肯定這三者是君子的基本品格，認為「知、仁、勇，三者，天下之達德也」〔註12〕。並進一步分析三者的具體內容，指出：

〔註11〕〔漢〕劉向：《說苑》，引自向宗魯：《說苑校證》，中華書局1987年，第508頁。
〔註12〕本章所引《禮記・中庸》，均出自〔清〕阮元校刻：《十三經注疏》，中華書局1982年版，第1625～1631頁。

「好學近乎知，力行近乎仁，知恥近乎勇。」那麼，「好學」、「力行」和「知恥」自然便是修身的著手之處。

不過，在仁、知、勇這三者之中，最核心的還是「仁」，「仁」是君子的終極根據。「勇」是以「義」為本的。當子路問君子是否尚勇時，孔子說：「君子義以為上。君子有勇而無義為亂；小人有勇而無義為盜。」（《論語・陽貨》）可見「勇」是需要「義」來規定的，而「義」的本質正是「仁」。所以孔子說：「仁者必有勇，勇者不必有仁。」（《論語・憲問》）沒有「仁」支撐的「勇」是不足道的。同樣，「知」與「仁」也緊密相關。子夏說：「博學而篤志，切問而近思，仁在其中矣。」（《論語・子張》）就是說，此「知」即「仁」之知，所「好學」者，其對象也就是「仁」。所以，在仁、知、勇這三者之中，仁是核心，並貫穿三者。就這個意義上說，「仁」也就是修身的核心內容。孔子說：「君子去仁，惡乎成名？君子無終食之間違仁，造次必於是，顛沛必於是。」（《論語・里仁》）又說：「君子而不仁者有矣夫？未有小人而仁者也。」（《論語・憲問》）這些話都肯定了君子是以「仁」為中心，「仁」是君子的最重要的品格。

但是，在儒家那裏，「仁」是一個很高的哲學範疇，比較抽象，也比較玄奧，用它來作為修身的依傍，缺少具體的切入點和著手處。也正因為此，孔子等儒家代表人物才多次在不同場合針對不同情境對「君子」進行定義，僅《論語》中，「君子」一詞出現便多達 107 次，《中庸》出現 20 多次。從儒家典籍對「君子」的說明中，我們可以把其人格內涵和表現形式概括為以下幾個特點：

1. 內心充實自足、居處從容而又有奮發向上的張力

君子的一個重要特點，是他們的內心平靜、安寧，坦蕩、泰然。孔子說：「君子坦蕩蕩，小人長戚戚」（《論語・述而》）；「君子泰而不驕，小人驕而不泰」（《論語・子路》）；「上不怨天，下不尤人，故君子居易以俟命，小人行險以徼倖」（《中庸》）。胸懷坦蕩，泰然自若，不怨天尤人，是因為自己的內心充實強大，而內心充實強大又根源於對做人之道的明確認同和自覺守持，根源於充分認知此道的意義和分量。司馬牛曾向孔子請教何為「君子」，孔子說：「君子不憂不懼。」又說：「內省不疚，夫何憂何懼？」（《論語・顏淵》）「內省不疚」，即反思自己沒有差錯，一切與道相符合，還有什麼可憂可懼的呢？這裡的關鍵就在「不疚」。只要「內省不疚」，則無論何時何地，是何境況，都是能夠泰然處之的。《中庸》說：「君子素其位而行，不願乎其外。素富貴行乎富貴；

素貧賤行乎貧賤；素夷狄行乎夷狄；素患難行乎患難。君子無入而不自得焉。」
（《中庸》）這是說，君子能夠安於目前所處的位置，只管做他該做的事，不作
分外之想。處在富貴的位置，就做富貴人應該做的事；處在貧賤的位置，就做
貧賤時應該做的事；處在夷狄的位置，就做夷狄所應該做的事；處在患難之中，
就做患難時所應該做的事。君子安心在道，故能樂天知命，知足守分，隨遇而
安，無論何時何地，都能悠然自得。

　　君子如果只有這種樂天知命、隨遇而安的品格，那就很容易和消極無為、
麻木懈怠相混同，實際當然不是這樣。儒家所稱許的君子人格，非常強調其奮
發有為的精神。首先，君子特別注重從大處著眼，走大道，做大事，明大理。
孔子說：「君子不器。」（《論語‧為政》）「器」為形而下的事物，與之相對的，
是「道」。「不器」的意思當然不是不做具體之事，而是說在做具體之事時，時
刻不忘「道」，時刻不讓自己偏離大的道理。後來子夏所說：「百工居肆以成其
事，君子學以致其道」（《論語‧子張》），就是這個意思。孔子又說：「君子上
達，小人下達」（《論語‧憲問》），其「上達」也是要積極上進，要肯動腦筋，
把握大的道理的意思。此外，君子還特別強調做事要切實可行，要腳踏實地，
一步一個腳印地去做。《中庸》說：「君子之道，譬如行遠，必自邇；譬如登高，
必自卑。」做事必須從近處著手，從腳下開始，然後才能走得遠，攀得高。而
且必須勇於付出，以勤補拙。「人一能之，己百之；人十能之，己千之。果能
此道矣，雖愚必明，雖柔必強。」（《中庸》）這句話雖然不是明確針對君子而
言的，但將其理解為君子的行事方式，應該是合適的。

　　2. 以誠待人、和諧相處而又「不黨」、「不流」

　　儒家學說是建立在人與人的關係之上的，所以，如何處理與他人的關係，
便是修身的重要內容。在這方面，儒家代表人物有很多著名論述。例如孔子就
有：「君子和而不同」（《論語‧子路》），「君子周而不比」（《論語‧為政》）；「君
子和而不流」（《中庸》）等。「和」與「同」的區別，春秋時史伯和晏嬰就有過
精當的分析。史伯說：「和實生物，同則不繼。以他平他謂之和，故能豐長而
物歸之；若以同裨同，盡乃棄矣。」說明「和」是有生命的，「同」則不然，
「聲一無聽，物一無文，味一無果，物一不講」，則「乃棄之」〔註13〕了。晏
嬰也有同樣的看法：「和如羹焉，水火醯醢鹽梅以烹魚肉，燀之以薪，宰夫和

〔註13〕《國語‧鄭語》，蔡仲德：《中國音樂美學史資料注譯》，人民音樂出版社 1995
　　　　年，第 3 頁。

之，齊之以味，濟其不及，以泄其過。……聲亦如味，一氣，二體，三類，四物，五聲，六律，七音，八風，九歌，以相成也；清濁，小大，短長，疾徐，哀樂，剛柔，遲速，高下，出入，周疏，以相濟也。」[註14]可見，「和」乃差異的統一，「同」為單一的統一。君子與人交往，與人為善，但保持著自身的個性和獨立性，小人則相反。「周」指交往、團結；「比」為跟隨、聽從；「流」即流俗。其意思是，君子能夠團結眾人，與大家和諧相處，但不盲從，不隨流俗而改變。又如：「君子矜而不爭，群而不黨」（《論語·衛靈公》）；「君子無所爭……其爭也君子」（《論語·八佾》）；「矜」，有自持義，指自主性、獨立性。君子有自己的見解，能夠保持自己的獨立性，但不與他人相爭。如果不得已必須爭，其爭也是君子之爭，是以君子的方式去爭，爭中也要有君子的氣度。

君子對待他人，除遵循恕道，即「己欲立而立人，己欲達而達人」（《論語·雍也》）、「己所不欲，勿施於人」（《論語·衛靈公》）外，還特別強調要「成人之美」。孔子說：「君子成人之美，不成人之惡，小人反是。」（《論語·顏淵》）不僅如此，君子還能夠根據他人的特點區別待之，以發揮其長處，避免其短處。如孔子說：「君子易事而難說也。說之不以道，不說也；及其使人也，器之。」「事」即侍奉，「說」即「悅」，使高興。意思是，在君子手下工作比較容易，但難以討得他的歡喜。不以正道取悅於他，他是不會高興的。但當他要用人時，他會根據你的能力和長處而派事。反之，「小人難事而易說也。說之雖不以道，說也；及其使人也，求備焉。」（《論語·子路》）小人手下做事難，但容易討他歡心。事情做後，常常求全責備。孔子還對君子與他人交往之道做過歸納，指出「有君子之道四焉：其行己也恭，其事上也敬，其養民也惠，其使民也義。」（《論語·公冶長》）涉及對己對人、對上對下各個方向的交往方法和原則。

君子之所以能夠在「不同」中實現「和」，在「不比」中做到「周」，一個重要的因素便是「誠」和「信」。有「誠」才有「信」，有「信」方見其「誠」。在儒家學說中，「誠」是一個極為重要的品質，修身正是從「誠」開始的，即「誠意」到「正心」再到「修身」。修身之後，才談得上「齊家」、「治國」、「平天下」。《中庸》說：「唯天下至誠，為能盡其性；能盡其性，則能盡人之性；能盡人之性，則能盡物之性；能盡物之性，則可以贊天地之化育；可以贊天地之化育，則可以與天地參矣。」這是把「誠」置於「盡其性」的高度對待。能

[註14] 《左傳·昭公二十年》，〔清〕阮元校刻：《十三經注疏》下冊，中華書局1982年，第2093頁。

盡己之性，即能盡物、盡天地之性，即能夠成就「與天地參」的偉大人格。可見，「誠」始於己，卻及於物，「誠者，非自成己而已也，所以成物也。」所以說，「君子誠之為貴」。「誠」的一個重要表徵，就是言行一致。孔子說：「君子名之必可言也，言之必可行也。君子於其言，無所苟而已矣。」（《論語·子路》）言行一致便有「信」，而「信」又是君子能夠與人「和」、與人「周」的一個重要因素。郭店楚簡《性自命出》云：「凡人情為可悅也。苟以其情，雖過不惡；不以其情，雖難不貴。苟有其情，雖未之為，斯人信之矣。」此處「情」即誠、信，有了誠便能建立信，有了信，儘管出了差錯，但人們也不會討厭、責備；而沒有信，雖然做成一件難事，人們也不會誇讚。甚而至於，有了誠，儘管還未做事，卻可以贏得眾人的信賴和支持。「誠」之重要，於此可見。

3. 有原則、肯擔當、能自律而又不失其靈活性

君子人格的另一個特點是講究原則，有責任心，自律性強。這個原則就是「禮」，因為在儒家看來，修身所要達到的「仁」，正是以「禮」為基礎、用「禮」來定義的。有一次顏淵問孔子什麼是「仁」，孔子說：「克己復禮為仁。一日克己復禮，天下歸仁焉。」「克」即克制、節制；「復」即合，符合。仁就是克制自己，使其合乎禮的規範。而且，克制不是由外部力量驅動，而是從自己的內心發出的。「為仁由己，而由人乎哉？」（《論語·顏淵》）強調的就是這種自律性質。所謂「君子博學於文，約之以禮」（《論語·雍也》），亦謂此。此外如「君子懷德，小人懷土；君子懷刑，小人懷惠」（《論語·里仁》）等，強調的也是君子的自律精神。

在這種責任意識和講求原則的觀念支配下，君子總是將糾正的對象指向自身，形成嚴格的律己性。所謂「君子病無能焉，不病人之不已知也」（《論語·衛靈公》）；所謂「君子求諸己，小人求諸人」（《論語·衛靈公》）；「射有似乎君子，失諸正鵠，反求諸其身」（《中庸》）等，說的都是反躬求己。事情出了問題，君子的反應，首先不是推卸責任，不是從客觀處尋找原因，而是在自己身上進行分析，總結教訓。即使在無人看到的地方，也仍能謹慎其行，毫不鬆懈。《中庸》說：「君子戒慎乎其所不睹，恐懼乎其所不聞。莫現乎隱，莫顯乎微，故君子慎其獨也。」為什麼說最隱蔽的地方最容易被發現，最細微的部位最容易暴露？因為處於這個狀態的人最容易鬆懈、疏忽，因而也就最容易出錯。所以他總結說，君子在一個人獨處的時候，更要特別謹慎；也是在一個人獨處之時，最能見出君子品格。

君子講原則，講責任，嚴於律己，並不意味著就必然單調、刻板。相反，儒家的君子理論特別強調在原則的基礎上要有靈活性。孔子說：「可與共學，未可與適道；可與適道，未可與立；可與立，未可與權。」（《論語・子罕》）孔子將修身的過程劃分為四個層次，也是四個階段。一是「共學」，即一起習禮、學道、修身；二是「適道」，指自己的行為已經與道相符；三是「立」，即能夠在社會上立身處事，成為社會所需要的角色；四是「權」，權即衡量、變通，是指在基本原則的支配下又顯示出一定的靈活性。這段話的意思是，有的人可以和你一起學習，但不一定能夠「適道」；能夠做到「適道」，但不一定能夠運用到社會，立身處事；能夠立身社會，但不一定能夠靈活處理，達成事功。原則是死的，它的事功全部來自人的一心妙用。如果沒有靈活性，就很難建立事功。值得注意的是，孔子是將靈活性置於最後的階段和最高的位置，因為它最難達到。所以，它也是君子的一個深刻的標誌。

二、「中道」的學理所在

從上文我們已經可以看出，在修身的大思路內，隱藏著一個貫穿著的紅線，即「中庸」之道，或者說「中道」思維。所謂「內心充實自足、居處從容而又有奮發向上的張力」，所謂「以誠待人、和諧相處而又『不黨』、『不流』」，所謂「有原則、肯擔當、能自律而又不失其靈活性」，無不是中庸思想的體現。所以，修身，從最內在的方面說，就是使自己的言行符合中庸之道。所謂君子，也就是能夠實行中庸之道的人。這一點，孔子講得十分清楚而且果斷：「君子中庸，小人反中庸。君子之中庸也，君子而時中，小人之反中庸也，小人而無忌憚也。」（《中庸》）認為「君子尊德性而道問學，致廣大而盡精微，極高明而道中庸。溫故而知新，敦厚以崇禮。是故，居上不驕，為下不倍。」（《中庸》）他還將「中庸」思想用於治政，肯定「舜其大知也與，舜好問而好察邇言，隱惡而揚善。執其兩端，用其中於民。其斯以為舜乎！」（《中庸》）總之，「中庸之為德也，其至矣乎！民鮮久矣。」（《論語・雍也》）在儒家那裏，「中庸」確實是其思想的精髓，最內在的靈樞。

但是，我們為什麼要遵行「中庸」？或者說，「中庸」為什麼正確？儒家的回答是：源於「天」。「中道」源於「天」，「中道」也就是「天道」。《中庸》云：「天命之謂性，率性之謂道，修道之謂教。道也者，不可須臾離也；可離，非道也」，即謂此。

　　那麼，我們如何從「天」、「天道」、「自然」來解釋「中庸」的必然呢？

　　我們知道，自然中的萬事萬物本來就是一個整體。就其整體來說，自然是不存在所謂「極」的問題；即使有「極」，那也都共處於一個統一體中，是互相依賴的組成部分。把「極」從自然整體中孤立出來並加放大是人的所為，是由人的主觀角度和主體尺度，由人的分析理性造成的。分析理性的基本功能是分析，而分析就必須有劃分，有劃分就要尋找差別，而要尋找差別就不能不使它絕對化，亦即「極化」，形成對整體的破壞。所以，分析理性的特點就是兩極性，就是把一個整體中的兩個互相聯繫的方面分離開來，成為對立的兩極，如左右、高低、南北、東西、前後、大小，乃至是非、美醜、好壞、高低、愛憎、親疏、貴賤、敵友等等。

　　僅僅有分析理性的「極化」，還不至於對整體造成嚴重破壞。在分析理性的「極化」基礎上，再加上唯我論的價值取向和欲望的動力驅使，便必然會走上單向的「極化」跑道，將「極化」推向極端。唯我論使自我無限制地發展自己，而毫不顧及其他；欲望動力則使這種自我發展以加速度的狀態進行。理性（包括分析理性）本來是人類照亮蒙昧世界的一盞燈，但當它被唯我論與欲望支配時，理性之光便變成了手電筒的光柱，是單向而且狹窄的。

　　但是，極化能夠成功嗎？孤立而單向地自我發展能夠實現嗎？如果能，那就意味著自然是可以改變的，整體是能夠破壞的，因而所謂的自然法則就只能是一句空話。幸而事實並非如此。就是說，我們要想人為地執著於一極而作單向的發展，實際上是做不到的。或者說只能短暫地做到，而不能永久地做到；只能表層地做到，而不能實質地做到。

　　你向一極運動，同時也就在積蓄著向另一極運動的力。你肯定這一極，難道真的就否定了那一極了嗎？並非如此。你在肯定這一極的同時，也就在積蓄著肯定另一極的力。這就像時鐘的鐘擺，當它向左擺的時候，它就在積蓄著向右擺的力。而且，它向左擺的幅度越大，用力越猛，那麼它向右擺的幅度也就相應的越大，其力也就相應地越猛。這就是「矯枉必須過正」，就是「反中庸」，就是「兩極化」。其實，在人生的許多方面，凡是涉及相反的兩極狀態，都難免如此。如親與仇、敵與友、愛與恨、分與合、盛與衰等，都體現了鐘擺式的運動模式。我們經常說，「分久必合，合久必分」，「盛極而衰，衰極而盛」，「三十年河東，三十年河西」等，說的都是這一道理。這就是我們所說的，在向一極運動時，同時也就在積蓄起向另一極運動的力。

　　那麼，為什麼向一極的運動，同時也就是在積蓄著向另一極運動的力？一個根本的原因就在於自然事物本來是一個整體，不存在什麼極，而在唯我論和欲望支配下的理性卻將它一分為二，將世界人為地割裂開來，並且執著於其中的一極，而否定另一極，違背了事物的自然之道，違背了事物的整體性。違背了道，違背了整體性，那麼，道、整體性就會對你進行懲罰，並對你的分裂行徑進行補救。補救的方法就是：在你向一極運動的同時，你也就在積蓄著向另一極運動的力。這個力，就是自然要我們付出的代價。就好像「3」加上「1」的同時又減去「1」一樣，這「減去1」就是我們「加上1」所付出的代價，所以總體是不變的。而我們往往只注意那「加1」，執著於「加1」，而看不到那隨之而來的「減1」，一句話，看不到整體。

　　它的另一個原因則在理性自身，在於理性永遠渴望最遙遠的東西。感情與本能都是緊緊地攥住現實，它無法跳離現實一步，只有理性是面向未來，是可以超越現實的。人高於動物之處就在於他能夠超越自己的本能而為未來籌劃，並且是富有預見性地籌劃。動物不會籌劃，更不會富有預見性地籌劃，它們的一切生命活動都是按照事先設計好後已經存入本能之中的模式運作的。它周而復始，永遠不會有大的改變。只有人能夠跳出本能的直接束縛，來設計自己的發展前景和發展模式。所以理性的特點是盡可能地向遙遠處伸展，是面向未來，是渴望最遙遠的東西。而從兩極化的世界來看，最遙遠的東西正是自身的反面，是世界、事物的另一極。這就是自身的發展為什麼總是要走向其反面，為什麼總是遵循著「肯定——否定——否定之否定」的軌跡運行的原因所在。明乎此，則老子的「大曰逝，逝曰遠，遠曰反（返）」（《老子》25章）的思想就不難理解，既有「遠」，就必有「反」，就必然會返回自身。理性的難逃此運，恰恰是因為它本身就是自然的產物，所以無法超越自然的整體性法則。

　　這就是自然之「命」，也就是自然之「道」。自然是不可違反的，道是不可違反的，整體性也是不可以違反的。當人運用理性，將世界一分為二，抓住其一極而否定其另一極，表面上是人成功了，實際上只不過是孫猴子同如來佛手掌心之間的關係，前者怎麼也無法超越後者，整體性仍然在冥冥之中控制著你。正因為此，儒家才格外地推崇「中庸」，才要盡力避免「過」與「不及」，才強調要「執兩用中」。因為這才是「天命」，是事物之「性」，這樣才符合自然之道。

　　但是，我們又不可以把這種「中道」思想簡單地理解為就是取其中間點，

並將其「放之四海而皆準」，形成新的執著。楊朱和墨子，一者只為自己，一者利為天下，是為兩極。如果我們從中道出發，主張只取其中，就又錯了。中道本來是正確的，但如果只知取中，而不知權變，失去靈活性，那就同執著於一沒什麼兩樣。為什麼執著於一是不對的？因為一旦執著其一，就會排除了其他許多的方面，局限也就因此產生。這是不符合真正的「道」的精神的。

三、「中和之美」的內涵

由「中庸之道」必然產生「中和之美」。其產生的機理，便是「由中致和」。《中庸》云：「喜怒哀樂之未發，謂之中；發而皆中節，謂之和。」從情感表現來看，「中」就是「內」，就是情感之「未發」。「和」則是發而為「外」，即「已發」。但發而為外並非自然地就是「和」，還需要一個環節，就是「節」，即節制。所以，和的關鍵就是節制。而這一點也恰恰是人我關係、個群關係乃至事物之間普遍的相互關係中實現「和」的機制所在。因為在各種差異乃至對立的方面行其中道，也正是節制的產物。有所節制，取其中道，才容易與他者形成共同之點，從而達成和諧。所以，在「由中致和」的理路上，若「中」是本體，「和」就是方法；若「中」是手段，「和」就是目的。方法和本體、手段和目的同樣重要，缺一不可。《中庸》說：「中也者，天下之大本也，和也者，天下之達道也。致中和，天地位焉，萬物育焉」，即謂此。

現在回到修身。修身就是在學習和訓練中遵循「中道」原則，使自己的思想和行為能夠「適中」，從而與周圍的人和社會達成和諧。而修身又離不開音樂的輔助和催化，這就要求其所用的音樂也必須具有和諧的特點，這就是「中和之美」。

音樂的「中和之美」首先體現在它所表現的內容方面，那就是儒家提出的「盡善盡美」的思想。音樂表現的內容是「善」，音樂的形式要「美」，音樂的整體應該是「盡善盡美」：「子謂《韶》，『盡美矣，又盡善也』；謂《武》，『盡美矣，未盡善也』。」（《論語·八佾》）至於「善」的具體內容，孔子說是「思無邪」，似乎抽象了點。到孟子就說得很明白了，就是「仁義」。他說：「仁之實，事親是也；義之實，從兄是也」，儒家是主張道德始於身邊的日常事務的，所以他從最貼近個人生活的「事親」、「從兄」講起，然後再擴及其他。在孟子看來，這是善的根本，其餘一切都圍繞著它而產生。例如「智之實，知斯二者（仁義）弗去是也；禮之實，節文斯二者是也。」「智」就是明白「仁」和「義」

的重要,「禮」則是這兩者的外部表現形式和操作規範──儀節。那麼音樂呢?音樂的本質就是對這兩者的表現:「樂之實,樂斯二者,樂則生矣,生則惡可已也」(《孟子‧離婁上》)。音樂實質上就是對仁和義的表現,因其表現了仁和義,所以才會有快樂產生;而有快樂產生,對「仁」和「義」的恪守才能夠持久。

與表現內容相適應的,那就是音樂形式的「中和之美」了。孔子說:「《關雎》,樂而不淫,哀而不傷。」(《論語‧八佾》)這裡暗含著兩層意思:一是音樂所表現的情感形態沒有特別的限制,快樂和悲哀本身都可以成為音樂表現的內容。如果存在應該受到限制的東西,那只能是情感背後的內容,也就是看它是否符合仁和義的要求。這是前面所講的美善關係,屬於表現內容方面的要求。二是在表現情感的過程中要「中節」,即要有所節制,要把握好分寸。我們的理解,對於孔子「鄭聲淫」來說,這應該是其關鍵之處,也是音樂的「中和之美」的更值得重視的內涵。所以,「中和之美」的精髓應該是,音樂表現雖然也涉及內容的邪正,但更為關鍵的不在表現什麼,而在如何表現。

要想準確、真切地把握「中和之美」的思想,解讀一下孔子的「鄭聲淫」、「放鄭聲」,應該是一個很好的入口:

> 顏淵問為邦。子曰:「行夏之時,乘殷之輅,服周之冕,樂則《韶》《舞》。放鄭聲,遠佞人。鄭聲淫,佞人殆。」(《論語‧衛靈公》)

> 惡紫之奪朱也,惡鄭聲之亂雅樂也,惡利口之覆邦家者。(《論語‧陽貨》)

對這兩段話,歷代研究者有不同的理解,這不同主要集中在兩個方面,一是「鄭聲」指的是什麼;一是「淫」是什麼意思。對於前一個問題,有的人把「鄭聲」與「鄭風」等同起來,認為「鄭聲」就是《詩經》中的「鄭風」。但更多的人注意把這兩者區別開來,認為「鄭聲」與「鄭風」並不等同。「鄭風」專指《詩經》中鄭衛等地的民間歌曲中的詞(詩)的部分,不包括音樂,而「鄭聲」則另有所指。但對「鄭聲」的具體所指,又有不同的理解。有人認為是指一切民間音樂,有人認為指春秋時鄭衛等地的民間音樂,又有人認為是《詩經》以後鄭衛等地新興的民間音樂,還有人認為不是指民間音樂,而是指王公貴族僅供享樂、刺激感官的「亡國之音」、「亂世之樂」,而孔子並不反對民間音樂。對於後一個問題,即「淫」的內涵問題,在古代曾長期被理解為「淫蕩」、「淫亂」,即理解為「俗淫」。這一觀念從漢代開始盛行,一直到當代,持此說者不

乏其人，代表者有司馬遷、劉向、班固、阮籍、張載、朱熹、王夫之等。但是，進入現代後，畢竟文化不同了，觀念有了新的變化，思想也更加解放，故而對「淫」的內涵漸漸有新的解讀。其中一個比較能被大家認同的解釋是：「淫」是指音樂的形式更為豐富、多變，更為新穎，更具愉悅性。由於這樣的音樂容易使人沉湎其中，就好像過於敏捷的口才會使執政者陷入迷惑一樣，故而才引起孔子的反感。還有從語境出發進行解釋，認為孔子是在「雅樂」思維的路徑上提出「淫」的概念，只是因為「鄭聲」不適宜用於「禮樂」才加以否定的。

以上諸種觀點雖互不相同，甚至截然相反，但在對「鄭聲」和「淫」的理解上提出自己的解釋，展示出多種可能，是有利於向這一問題的真正解決邁進的。但是，令人遺憾的是，雖然有些解釋已經接觸到問題的關鍵之處，但由於忽視了孔子講此話的特殊背景，沒有從其具體的語境進行考察，所以未能從根本上解決問題。這裡不擬再對歷史相關文獻作一一梳理，而是轉以邏輯的方法辨析其中的可能性所在，嘗試著努力接近其本來面目。

孔子的「鄭聲淫」，到底應該如何理解？

首先，我們可以肯定的是，孔子所謂「鄭聲」非「鄭詩」，即不是《詩經》中的「鄭風」、「衛風」、「邶風」、「鄘風」等被稱為「淫」的詩篇。因為孔子曾經說過：「《詩》三百，一言以蔽之，曰：『思無邪。』」（《論語·為政》）「無邪」，就說明內容純正，自然談不上「淫」了。又如：「子所雅言，《詩》《書》執禮，皆雅言也。」（《論語·述而》）謂其「雅」，自然與「淫」無關。又說：「興於詩，立於禮，成於樂。」（《論語·泰伯》）《詩》用來做為修身的第一步，還能夠是「淫」嗎？還有，孔子勸其子要學《詩》，並說：「不學《詩》，無以言。」也說明詩的內容是沒有問題的。至於孔子謂《詩》可以「興、觀、群、怨」，可以「事父」、「事君」，就更為大家所耳熟能詳了。有這麼多值得寶貴的功用，自然其內容也不會有大的問題。所以，孔子所謂「鄭聲淫」之「鄭聲」，不可能是《詩》中之鄭風、衛風中的詩作。那麼，是不是指孔子刪掉（如果孔子刪詩屬實的話）的那些鄭衛之風的篇章呢？或者是《詩》中尚未收進、但仍在民間流傳的鄭衛之地的民歌（歌詞）呢？似乎也不太可能。因為既然沒有收進《詩》裏，也就不會成為教學的內容；不是教學的內容，孔子也就犯不著如此用力，三番五次地加以批評。否則，在民間存在的、粗俗乃至帶有「淫」味的民歌民謠，應該不在少數，孔子顧得過來嗎？即使要顧，應該是凡有人欲之處，無所不在，又為何獨獨是鄭、衛？

　　其次，既然「鄭聲」不是《詩》中之「風」，也非《詩》外之「風」，則「鄭聲」之「淫」就不會是指淫蕩、淫穢的內容表現。理由很簡單：既然《詩》以外的作品已被排除在孔子的視域之外，那麼剩下的只有《詩》本身；既然《詩》中的內容已為孔子所首肯，謂其「無邪」，那麼就只有一種可能，即在「鄭詩」亦即「鄭風」的音樂形式上。但是，這些詩篇的內容已經很「雅正」了，其表現它的音樂形式如何能夠「淫蕩」、「淫亂」？只有一種可能，就是音樂形式與詩的內容相脫離，又轉而表現另外的內容。但這是不可想像的，因為在孔子的教學中，所授之詩就是《詩》中的篇章，亦即孔子自己選定的篇章。這些篇章的內容，前面說過，是「無邪」的。表現的內容「無邪」，難道表現它的音樂形式是「邪」的？退一步說，即使讓詩的曲調與原詞脫離，我們又如何做到讓音樂的形式來獨立地表現所謂的「淫蕩」、「淫亂」呢？純粹的音樂音響形式有這樣的功能和能力嗎？這是很可懷疑的，而在孔子的教學中，則更無此種可能。

　　這樣一來，好像所有的可能性都被排除了：既不是指所刪之詩，也不是指未收之詩；既不是原詩之歌詞，也不是配合其詞的曲調。這個問題難道無解了？當然不是。問題出在哪裏？出在我們一開始將「淫」理解為「淫亂」「淫蕩」。其實，「淫」的本義是雨下得久。《禮記·月令》云：「（季春之月）行秋令，則天多沉陰，淫雨蚤降。」鄭玄注曰：「淫，霖也，雨三日以上為霖。」〔註15〕《左傳·莊公十一年》亦云：「秋，宋大水，公使弔焉。曰：『天作淫雨，害於粢盛，若之何不弔？』」〔註16〕由降雨時間長又延伸至雨水充沛乃至過多，後又引申為過分、泛濫，缺乏節制。從這個詞義出發，我們就可以對「鄭聲淫」做出較為妥帖的解釋：它就是指音樂的形式，但不是用它表現某種特別的情感內容，而是就指這音樂形式或演唱方式不講究適當的控制，使得情感的表達較為直接，較為外露，較為奔放。「鄭聲淫」所表達的實際上是孔子對鄭地民歌在抒情達意上太過直接、不夠含蓄所作的批評。鄭地民歌的這個特點，在現在河南地區的音樂如豫劇、墜子戲及一些民歌中還能夠看到，它的風格確實是不求含蓄，不講蘊藉，而是直抒胸臆，以高亢激越、酣暢淋漓為美。所以，孔子的「鄭聲淫」只是就音樂風格而言。

〔註15〕《禮記·月令》，〔清〕阮元校刻：《十三經注疏》上冊，中華書局1982年，第1364頁。

〔註16〕《左傳·莊公十一年》，〔清〕阮元校刻：《十三經注疏》下冊，中華書局1982年，第1770頁。

　　不過，這裡有一個問題，古代的「采風」，究竟是只採歌詞，還是詞樂一起採集？有研究者引班固《漢書·食貨志》中語：「孟春之月，群居者將散，行人振木鐸徇於路以采詩，獻之大師，比其音律，以聞天子。故曰王者不窺牖戶而知天下」，認為《詩經》中的音樂也不是原生形態，而是太師們後來所配。所以，「鄭聲淫」之「鄭聲」應該指《詩》之後鄭地的「新聲」，而非《詩》中的音樂。〔註17〕筆者認為，《漢書·食貨志》所載情況應該是存在的，但並不能說明先秦所有采詩者均如此。即以《詩》而論，應該不是這樣。我們只要看一下《左傳》所載季札在魯觀樂的文字，就可以明白。季札的論樂文字雖然有就歌詞而言，但更多是從音樂或結合音樂而評的。例如：

> 為之歌《鄭》，曰：「美哉！其細已甚，民弗堪也。是其先亡乎！」……為之歌《豳》，曰：「美哉，蕩乎！樂而不淫，其周公之東乎！」……為之歌《魏》，曰：「美哉，渢渢乎！大而婉，險而易行，以德輔此，則明主也。」……為之歌《大雅》，曰：「廣哉，熙熙乎！曲而有直體，其文王之德乎？」……為之歌《頌》，曰：「至矣哉！直而不倨，曲而不屈；邇而不偪，遠而不攜；遷而不淫，復而不厭；哀而不愁，樂而不荒；……處而不底，行而不流。五聲和，八風平，節有度，守有序，盛德之所同也。」（《左傳·襄公二十九年》）

　　這裡的評論都涉及音樂，且都與其所在地域或類型的音樂風格相吻合。如《鄭》的「其細已甚」，「細」即音樂細膩豐富；《豳》的「樂而不淫」，是音樂的中和之美；《魏》的「渢渢」，「大而婉，險而易行」，「渢渢」是音樂的抑揚飄逸，「大而婉」是音樂起伏婉轉，「險而易行」則是音樂的跌宕、頓挫而又簡潔流暢；《大雅》的「曲而有直體」，「曲直」和《頌》的「直」、「曲」、「邇」、「遠」、「五聲和」等，均為音樂的結構形態和運動方式。所有這些，均展現出不同地域和類型的不同音樂風格。季札所評之樂即為孔子整理前的《詩》中的音樂，從其所評中呈現出的音樂特徵也都是有著鮮明的地域特點，故而應該就是各地民歌的原始曲調或改編曲調。如果完全是朝廷太師所作，則各地音樂的特點不可能這樣鮮明，季札也就不太可能從中聽出各地不同的政治民風信息。季札觀樂是在公元前544年，此時孔子才七歲。也就是說，《詩》在孔子整理之前其基本格局就已存在，其音樂就是隨著歌詞一起採集而成的，至少是保留了鮮明的地域特色的。而「鄭聲」的音樂形式和風格特點，也有人做過描述，

〔註17〕黨萬生：《「鄭聲淫」新論》，西北師範大學碩士學位論文，2003年。

如《左傳》醫和謂其「煩手淫聲，慆堙心耳」（昭公元年）；陸賈《新語》謂其「技巧橫出，用意各殊⋯⋯以窮耳目之好，極工匠之巧」〔註18〕；《樂記》謂其「好濫淫志」、「燕女溺志」、「趨數煩志」、「敖辟驕志」（魏文侯篇）；徐上瀛《溪山琴況》謂其「間雜繁促，不協律呂」（古），如此等等。概括言之，它應該具有節奏較快，音符較密，音域較寬，常用變音，旋律起伏較大，演唱時輕重處理的對比度也比較大等特點。所以，孔子的「鄭聲淫」應該只是就音樂風格而言，而非就歌詞所表現的內容而言。在他的教學中，詩和樂都是重要的課程，那時的詩都是以「絃歌」的，即都是唱出來的。當他唱到鄭、衛等的歌時，那種高亢激昂、直抒胸臆的音樂風格與他溫柔敦厚、含蓄蘊藉，追求「中和之美」的審美趣味不相吻合，也同他心目中的修身以致中和的君子人格目標不相一致，故而才有批評之聲。

這個觀點，我們還可以從下面一段文字得到佐證。在新出土的郭店楚簡《性自命出》中有這樣一段話：

> 凡聲，其出於情也信，然後其入撥人之心也厚。聞笑聲，則鮮如也斯喜；聞歌謠，則陶如也斯奮；聽琴瑟之聲，則悸如也斯歎；觀《賚》《武》，則齊如也斯作；觀《韶》《夏》，則靦如也斯斂；鄭衛之樂，則非其聲而從之也。〔註19〕

這裡主要講音樂的特殊感染力的，強調不同的音樂能夠引發不同的審美反應，有的音樂讓人喜，有的讓人奮，有的讓人歎，有的讓人想做事，有的讓人謙卑，如此等等。值得注意的是最後一句關於「鄭衛之樂」的，其評價是「非其聲而從之」。「聲」即音樂的聲音形態，因為其缺乏節制而顯得「淫」，所以要否定（即「非」）之。否定其音樂之後，剩下的自然只有歌詞即詩本身，那還是有價值的，可以保留的，即「從之」。由此也可見出，我們把「鄭聲淫」理解為只涉及音樂的音響形式，而且只是就其表現方式亦即音樂風格而言，而不涉及歌詞內容的做法，不僅能夠使孔子的話得到合理的解釋，也使儒家關於「中和之美」的音樂思想具有更大的包容性。

孔子的「鄭聲淫」、「放鄭聲」主要是針對音樂形式和風格，並不直接同善

〔註18〕 〔漢〕陸賈：《新語》，引自王利器：《新語校注》，中華書局 1986 年，第 21 頁。
〔註19〕 「鄭衛⋯⋯從之也」原在下段「始其德也」之後，文義中斷，疑抄寫有誤。郭沂整理本移於此，此從。見郭沂《郭店竹簡與先秦學術思想》，上海教育出版社 2001 年，第 244～245 頁。

惡相關，只是因為特定的形式和風格往往易於同特定的道德、思想相聯繫，才發生間接的聯繫。作為儒家音樂美學的代表性論著的《樂記》，也曾說及這個問題。其《樂言篇》云：

> 土敝則草木不長，水煩則魚鱉不大，氣衰則生物不遂，世亂則禮慝而樂淫。是故其聲哀而不莊，樂而不安，慢易以犯節，流湎以忘本。廣則容姦，狹則思欲，感條暢之氣，而滅平和之德，是以君子賤之也。（《樂言篇》）

這裡關於「樂淫」的特點，它是用「哀而不莊，樂而不安，慢易以犯節，流湎以忘本」來表示的。「哀而不莊，樂而不安」講的是風格，是說表現上要有節制。「慢易以犯節，流湎以忘本」是指形式，也是指缺乏節制，忘記根本。這個「本」就是「中」，即「適度」，亦即我們這裡所說的「中和之美」。這兩個方面都不直接針對善惡問題，而是它們可以同善惡相關聯，即所謂「廣則容姦，狹則思欲」。「廣」與「狹」都非適度，都不是「中」，都是缺乏節制的表現。它的意思是，這樣的音樂形式和風格往往和特定的善惡相關聯，所以才值得注意和重視，但它並不就是善惡本身。可見，《樂記》也沒有將「淫」理解為淫亂、淫蕩等屬於生活之惡的內容，而只是指其表現的形式和風格。

按照這樣的理解，孔子的「鄭聲淫」、「放鄭聲」所表達的實際上就是「中和之美」的思想，就是強調音樂的表達應該有所節制，有所含蓄。西漢劉向《說苑》所記的一則故事能夠進一步說明這一點。有一次，孔子聽到子路在鼓瑟，有北方剛烈（「北鄙」）之聲，便對冉有說：

> 夫先王之制音也，奏中聲，為中節；流入於南，不歸於北。南者，生育之鄉；北者，殺伐之域。故君子執中以為本，務生以為基。故其音溫和而居中，以象生育之氣；憂哀悲痛之感不加乎心，暴厲淫荒之動不在乎體。夫然者，乃治存之風，安樂之為也。

認為君子應該接近南方之聲，因為南方之聲溫和有生育之氣，折衷而有節制，符合中和之美。「小人則不然，執末以論本，務剛以為基。故其音湫厲而微末，以象殺伐之氣，和節中正之感不加乎心，溫儼恭莊之動不存乎體。夫殺者乃亂亡之風，奔北之為也。」他還舉舜和紂為例，「昔舜造南風之聲，其興也勃焉，至今王公述而不釋；紂為北鄙之聲，其廢也忽焉，至今王公以為笑。」[註20]孔

[註20]　〔漢〕劉向：《說苑》，引自向宗魯：《說苑校證》，中華書局 1987 年，第 508 ～509 頁。

子這裡是從生、殺之辨批評北鄙之聲的，實際上還是因為有悖「中和之美」。這個思想同《中庸》中孔子以「南方之強者」論「君子」正相一致。子路問孔子何謂「強」，孔子回答說，這要看你指的是「南方之強」還是「北方之強」，抑或是你心目中的「強」。「寬柔以教，不報無道，南方之強也，君子居之。衽金革，死而不厭，北方之強也，而強者居之。」「北方之強」重兵革，是以武力完成的征服，是高高在上的「強者」。孔子認為這不是真正的「強」。「南方之強」則不同，它不是以牙還牙，以眼還眼，不是以對立面自居，而是寬宏、溫和，循循以教。寬宏、溫和，方能消除與他人的對立；循循善教，才能進入他人之心。這種既不與其對立，又能堅持自己主張的做法，就是孔子的所謂「君子和而不流，強哉矯。」（《中庸‧明道》）「矯」即糾正，使其正、直。真正有力量的不是那種高高在上者，而是「和而不流」。只有進入眾人中間，與其打成一片，才有可能使其改變，令其信服。具有「中和之美」的音樂之所以能夠感染人、影響人、塑造人、改變人，易與他人達成和諧，也是這個道理。

　　儒家對「中和之美」的推崇直接影響到中國傳統音樂尤其是文人音樂的含蓄風格。

第三節　禮、樂修身的不同路徑

　　「禮樂」是儒家美學思想中的重要概念，但卻不是一個自足的概念，而是緊緊圍繞「修身」而出現的概念。

一、「禮」、「樂」的雙管齊下

　　「禮樂」是由「禮」和「樂」兩個概念組成，最早出現在《論語》中。《論語》中的禮樂，既有兩者連稱，如「文之以禮樂」（《憲問》）；又有分而言之，如「人而不仁如禮何？人而不仁如樂何」（《八佾》）；「興於詩，立於禮，成於樂」（《泰伯》）；「禮云禮云，玉帛云乎哉！樂云樂云，鍾鼓云乎哉」（《陽貨》）等。這裡的分而言之，即有對舉之義。到荀子，對舉之義更為自覺，他說：「且樂也者，和之不可變者也；禮也者，理之不可易者也。樂合同，禮別異，禮樂之統，管乎人心矣。窮本極變，樂之情也；著誠去偽，禮之經也。」（《樂論》）這裡，「禮─樂」分別與「理─和」、「異─同」、「著誠去偽─窮本極變」相對應，雙雙對舉。這一思路後來在《樂記》中得到充分體現，例如：

　　　　故禮以道其志，樂以和其聲（性），政以一其行，刑以防其奸。……

禮節民心，樂和民聲（性），政以行之，刑以防之。(《樂本篇》)

致樂以治心者也，致禮以致躬者也。……樂也者，動於內者也；禮也者，動於外者也。樂極和，禮極順。……禮主其減，樂主其盈。禮減而進，以進為文；樂盈而反，以反為文。(《樂化篇》)

樂者為同，禮者為異。同則相親，異則相敬。……樂由中出，禮自外作。樂由中出故靜，禮自外作故文。大樂必易，大禮必簡。樂至則無怨，禮至則不爭。……大樂與天地同和，大禮與天地同節。和，故百物不失；節，故祀天祭地。……禮者，殊事合敬者也；樂者，異文合愛者也。……樂者，天地之和也；禮者，天地之序也。和，故百物皆化；序，故群物皆別。樂由天作，禮以地制。(《樂論篇》)

樂者敦和，率神而從天；禮者別宜，居鬼而從地。故聖人作樂以應天，制禮以配地。(《樂禮篇》)

樂也者，情之不可變者也；禮也者，理之不可易者也。樂統同，禮辨異，禮樂之說管乎人情矣。(《樂情篇》)

對於「禮」「樂」這兩個概念，我們常常不假思索地將其理解為「主從式」或「正偏式」的關係，認為禮為主，為正，為內容，為目的，而樂則為從，為偏，為形式，為手段。按照這樣的理解，則儒家音樂美學只是將音樂看成政治的工具，音樂之所以能夠獲得很高的地位，完全是因為它能夠為政治服務。實際上並非如此。

在上述提到的儒家樂論文獻中，無論是孔子、荀子，還是《樂記》作者，他們在處理「禮」「樂」關係時，都不是以主從、正偏關係待之，也不是以目的一手段、內容一形式的關係待之，而是以並列的關係，以相輔相成甚至相反相成的關係待之的。例如「和」與「理」、「本」與「誠」、「志」與「聲」、「心」與「躬」、「和」與「順」、「易」與「簡」、「無怨」與「不爭」等，是為並列而又相互輔助的關係，只是各從不同的角度和方面言之而已；而「同」與「異」、「內」與「外」、「簡」與「盈」、「進」與「反」、「親」與「敬」、「和」與「序」、「化」與「別」、「天」與「地」等，則是相對、相反的概念，但這相對和相反並不是勢不兩立、非此即彼，而是一個硬幣的兩面，也是相互支持、缺一不可的。所以，在這裡，不存在我們通常以為的「樂」是「禮」的工具或手段或形式的問題。

那麼，禮樂並舉的意義在哪裏？就在修身。其實，無論是樂還是禮，它們都服務於一個目的——修身，即：使人成為一個仁人，一個君子，一個真正意義上的人。所以，當孔子說「人而不仁如禮何？人而不仁如樂何」時，就已經告訴我們這個秘密：禮、樂的目的就是成為一個「仁」人。否則，修禮、習樂還有什麼意義？同樣，荀子在講了「樂合同，禮別異」之後，也立刻強調「禮樂之統，管乎人心」，禮與樂也都是要作用於「人心」，使人心更加豐富、充實、平衡、和諧的。這個理路在《樂記》中得到延續，並加以發揮。例如，它在談到「樂統同，禮辨異」之後，緊接著就說：「禮樂之說，管乎人情」，意思是，禮、樂的「統同」和「辨異」都是為了培養人情，規範人情，疏導人情。又如，它在說了「禮主其減，樂主其盈」之後，也立刻就指出：「禮減而進，以進為文；樂盈而反，以反為文」。「減」是因行為越來越合禮，故需要約束、轉化的東西越來越少，而這正是「進」。「盈」指豐富，指音樂使人的精神越來越充實、富有，故而曰「反」，即返回人心，合乎人性。但無論是「減」還是「盈」，即「進」還是「反」，目的都只有一個，即「為文」——使人成為一個有「文」之人，一個美善相得之人。

可見，在儒家音樂思想中，禮與樂沒有主從、正偏之分，而是以並列、對舉的方式闡述其相輔相成的關係，它們是從不同的角度、不同的層面來完成人的修身，使人在禮與樂的滋養下成長為一個真正的人。

二、「禮」的修身路徑：由外化內

當然，就修身而言，禮和樂有著各自不同的方式，走著各自不同的路徑，產生各自不同的功效。

就禮而言，它不僅僅是認知和踐行的問題，而是有著一個不斷內化、不斷自覺乃至自發的過程，即所謂「博學於文，約之以禮」（《論語・顏淵》）。其第一步，便是「學」禮，即首先要瞭解什麼是禮，它包含哪些內容，以及為什麼有這樣的內容。只有瞭解了才能自覺地遵守，只有深刻地理解了，才能有深度的自覺。正因為此，孔子反覆告誡他的學生：「不學禮，無以立。」（《論語・季氏》）並特別強調「學」的重要：「好仁不好學，其蔽也愚；好知不好學，其蔽也蕩；好信不好學，其蔽也賊；好直不好學，其蔽也絞；好勇不好學，其蔽也亂；好剛不好學，其蔽也狂。」（《論語・陽貨》）如果不好學，不紮紮實實地去學，即使有對仁、知、信、直、勇等好品格的主觀嚮往，也

終會無所成就。

當然，光有學還不夠，還應該有對所學對象即「禮」的喜愛，還應該努力地去踐行。他說：「君子義以為質，禮以行之，孫（遜）以出之，信以成之。君子哉！」（《論語·衛靈公》）「禮」是重在「行」。他曾描述過修身的三個層次，即知、好、樂：「知之者不如好之者，好之者不如樂之者。」（《論語·雍也》）知是學的成果，但這只在修身的初級階段，因為光有對禮的認知，還不能說明什麼。再進一個層次便是「好」，即有對禮的愛好、嚮往。有愛好和嚮往，就會有動力，就易於在行為上實現出來。但是，將禮在行為中實現出來仍然不是最高境界，最高境界是「樂」，即在實踐禮的過程中感受到真心的快樂。因為只有在這個時候，才意味著真正享受到禮的精神報償即快樂，也才能夠使自己對禮的踐行持之以恆。

這方面，孔子本人就是一個很好的典範。他曾經述說過自己修身的過程：「吾十有五而志於學，三十而立，四十而不惑，五十而知天命，六十而耳順，七十而從心所欲，不逾矩。」（《論語·為政》）「學」就是學禮，是對禮的知性的把握。他對學禮是極為重視而且謹慎，所謂「學如不及，猶恐失之」（《論語·泰伯》），即反映出這個心理。他也對自己的好學頗為自許：「十室之邑，必有忠信如丘者焉，不如丘之好學也。」（《論語·公冶長》）到三十歲時，禮的認知性學習基本完成，可將此知識用於社會，此即「立」。到四十歲時，通過不斷運用禮的知識，對禮有了更深刻的認識，對社會亦有更深廣的洞察，此為「不惑」。五十歲時又進一步體會到社會歷史自然人事皆有其自己的規律，個人無法改變，此即為「天命」。經過這樣漫長的修煉，人的內心、性情也更加成熟，認識也更加通達，故不管聽到什麼議論，也都能夠正確地對待，此為「耳順」，即六十歲時的境界。到這裡，已經算是常人難以達到的境界了，但還不是修身的最高境界。修身的最高境界是在七十歲，即「從心所欲不逾矩」。此時，不管你主觀上想怎樣，但都自然地符合禮的規範，因為此時，外部的規範已經完全轉化為自己內在的自覺要求甚至是自發的行為了。如果尚未將禮轉化為自己的內在要求，那麼你對禮的遵循就還是被動的；被動，就免不了有無奈，有痛苦，有不自由的感覺，那就不能算是最高境界，也不能算修身之圓滿成功。他說：「博學於文，約之以禮，亦可以弗畔矣夫！」（《論語·顏淵》）這只是指出修身的方法，不是最高境界，因為它只表示自己弗「畔」，即不違背禮的規範，尚未從中得到快樂。快樂是在你將外部規範完全轉化為自己的內在要求之

後出現的。《樂記》有云：「禮自外作」，「禮也者，動於外者也」，就是說禮是外部給人的規範，學禮修身就是從外部規範入手，然後一步步地將其內化。又說：「禮主其減」，「禮減而進」。之所以「減」而後「進」，是因為學禮的過程就是不斷地將禮的規範內化（即轉化為自己的內在要求）的過程，隨著修身的不斷深入，境界不斷提高，有待轉化的禮也就不斷減少，是之謂「減」；而這減少正說明你修身的進步，故而為「進」。禮對人的修身所起的作用，內涵是很豐富而且深刻的。

三、「樂」的修身路徑：由內化外

再就「樂」而言，則與「禮」不同。禮是由外向內，樂則由內向外。《樂記》云：「樂由中出」，「故樂也者，動於內者也。」「中」、「內」均指「心」，是說音樂直接作用於內心，然後由內而外，對人的行為進行調節，即所謂通過音樂使「心正」，使「意誠」，然後再延及人的言語、行為，使之與他人、與社會相協調。這方面的論述在《性自命出》中即已開始，例如：「凡古樂動心，益樂動悟，皆教其人者也。《賚》《武》樂，取；《韶》《夏》樂，情。」音樂能夠打動人心，教化人品。不同的音樂還有不同的功用，有的使人進取（「取」），有的使人真誠（「情」）。而之所以要用音樂來作用人心，則是因為音樂有其特殊之處。其一是前面涉及的「化人也速」：「凡學者求其心為難。從其所為，近得之矣，不如以樂之速也。」在日常生活中，要改變一個人的心是比較困難的，但音樂能夠迅速有效地實現。其二是，音樂對心的影響十分深入、真切。儒家一貫重視心的真誠，將它視為君子人格的重心所在。所謂「雖能其事，不能其心，不貴。求其心有偽也，弗得之矣。人之不能以偽也，可知也」，就是這個意思。修身首先就要做到心誠無偽，這方面，音樂是一個很好的助手。其緣由，也就是後來《樂記》所總結出來的那句名言：「唯樂不可以為偽。」

應該說，對於樂的修身功用的思考，《性自命出》只是開了個頭，接著在荀子的《樂論》中，便得到集中而又充分的探討。荀子也充分肯定音樂影響人心、改善社會風氣的功能，他說：「樂者，聖人之所樂也，而可以善民心，其感人深，其移風易俗易，故先王導之以禮樂而民和睦。」但他的突出貢獻，是更確切地闡述了音樂在其修身過程中的原理和機制。在孔子和孟子那裏是將音樂的修身功能歸之於「美善相得」、「文質彬彬」的「中和之美」，以及以「仁」、

「義」為表現對象的觀點，比較側重於內容的方面。而在荀子那裏，更關注的則是音樂的形式特點對於心理與行為的作用。他說：

> 先王惡其亂也，故制《雅》、《頌》之聲以道之，使其聲足以樂而不流，使其文足以辨而不諰，使其曲直、繁省、廉肉、節奏足以感動人之善心，使夫邪污之氣無由得接焉。

「流」即放縱；「辨」即明晰；「諰」應為偲，有「怪異」、「邪魔」之義。在他看來，能夠影響心靈、實現修身目標的，並不一定非要表現「仁義」方面的內容，而就是靠特定狀態的音樂形式。其中「曲直」是旋律的起伏，「繁省」是音的疏密，「廉肉」是音響的細微與飽滿，節奏則是指速度的快慢。這些形式的安排只要做到「樂而不流」，「辨而不諰」，即符合「中和之美」的要求，就能夠使心得以平、氣得以和，完成修身的第一步——由樂動心即「動於內」的一步。

「動於內」完成之後，它又是如何再由內心轉化為外在行為的呢？對此，荀子作了這樣的解釋：

> 故聽其《雅》、《頌》之聲，而志意得廣焉；執其干戚，習其俯仰屈伸，而容貌得莊焉；行其綴兆，要其節奏，而行列得正焉，進退得齊焉。

那時的音樂是詩樂舞一體的，所以在欣賞音樂時，是既有聽，還有做亦即動作。值得注意的是，這裡，荀子也只是從形式方面加以論證的，「《雅》《頌》之聲」就是平和之聲，「俯仰屈伸」，「綴兆」、「節奏」，也都是樂舞的形式因素。正是這些特定的樂舞形式，才使人「志意得廣」，「容貌得莊」，行止、進退有序的。他將音樂的這種從人心到行為再到社會風氣的連鎖作用，用簡要的兩句話加以表達，即：「凡姦聲感人而逆氣應之，逆氣成象而亂生焉。正聲感人而順氣應之，順氣成象而治生焉。」「姦聲」和「正聲」是指不同的音樂，「逆氣」和「順氣」是指聽樂人的內心反應。由「聲」到「氣」，是音樂的「動於內」。「成象」是指內心的狀態外化為可見的行為，「治」、「亂」則是它們分別產生的社會效果。由「氣」到「象」，便是「見於外」的過程。這由「聲」到「氣」再到「象」的轉化機制，就是感應[註21]，就是「同類相動」，即「唱和有應，善惡相像」。這樣我們就能夠更好地理解，孔子為什麼在「興於詩，立於禮」之後，還要加上一個「成於樂」了。

[註21]「感應」問題將在本書第三章有專門的探討。

第四節 修身用樂的本體論論證

作為一種理論的功能，僅僅提出命題是不夠的，因為還未找到充分的根據，這就需要本體論的探究。儒家學說要想充分說明音樂具有修身功能，也必須提供本體論的證明，於是便有了對音樂本體論的建構。

提到音樂本體論，我們便不由得想起西方音樂美學，他們的音樂本體論已傳入中國多年，在音樂學的圈子裏已經是家喻戶曉，那就是以數為基礎的形式論、以認識論為基礎的模仿論和以表現論為基礎的情感論。其共同特點是，它們都是建立在認識論的基礎之上，都以主與客、心與物、音樂與現實、內容與形式的二元對立為前提，其聯繫機制是反映與被反映、表現與被表現，審美也被納入認識論的框架加以理解。由於上述諸種二元對立本身的欠真實、欠自然，使得音樂美學本體論也顯露出過多人為的痕跡，直接導致在解釋音樂現象時的有限性。相比之下，中國古代的音樂本體論，無論是儒家，還是道家，均無此問題，因為它的基礎不是二元對立，而是萬物共生，主客一體。在這個基礎上，人與對象、心與物之間的關係不是反映與被反映的認知關係，而是互相聯繫、互相交往的感應關係。

儒家的音樂本體論，過去一直認為首見於《樂記》，而《樂記》目前較多人認為成書於西漢武帝時期。自 1993 年戰國中期湖北荊門郭家店一號墓竹簡出土，特別是竹簡文字於 1998 年整理出版以後，使得學界對先秦學術史的許多問題有了新認識。其中被認為是子思學派的《性自命出》，即包含有對音樂本體論的思考。該文的發現，使我們對儒家音樂本體論的形成有了新的認識。

一、《性自命出》中的「情」本體論

《性自命出》中的音樂本體論，應該屬於情感本體論。他在論述音樂本體論時，是從「性」開始的。《性自命出》開篇第一章即說：

> 凡人雖有性，心無定志，待物而後作，待悅而後行，待習而後定。喜怒哀悲之氣，性也。及其見於外，則物取之也。

這裡的「性」是指人的本性，其特點是靜而定。由性再生出「志」，即思想意識，以及喜、怒、哀、悲之情感。那麼，這「志」和喜怒哀悲是如何從性中生出的？是由「物」完成的，所以說「待物而後作」，即接觸到「物」然後「見於外」。後面的「物取之」，在語意上似乎是被動的，但從內涵上說，也就是與「物」接觸後產生喜怒哀悲的情感反應。這個意思，在第二章中也有表述，

即：「凡性為主，物取之也。」是說性與物接觸，便產生情感反應。他還以樂器為喻加以說明：「金石之有聲也，弗扣不鳴，〔人之〕雖有性，心弗取不出。」存在於性中的心志和情感，沒有物的作用，是不會表現出來的，就好像金石能夠發聲，但沒有錘子敲擊聲音便不會出來一樣。這是第一個環節，即由「性」到「情」〔註22〕的環節。

第二個環節是由「情」到「樂」。這主要體現在下面一段文字之中：

> 凡憂，思而後悲；凡樂，思而後忻。凡思之用，心為甚。歎，思之方也，其聲變則其心變，其心變則其聲亦然。吟，遊哀也；噪，遊樂也；啾，遊聲也；嘔，遊心也。喜斯慆，慆斯奮，奮斯詠，詠斯搖，搖斯舞。舞，喜之終也。慍斯憂，憂斯戚，戚斯歎，歎斯辟，辟斯踊。踊，慍之終也。

這一段文字可分為三個層次。第一層是講情感在內心之中會因「思」而深化和自覺，「憂」、「樂」均如此；而「思」正是「心」的功能。第二層是講生活中內心的情感與其表情即外部形式之間的關係。聲隨心變，心也隨聲變。其「吟」、「噪」、「啾」、「嘔」分別是哀、樂、聲、心的表現形態，突出的是外部表現和內心情感的對應關係。第三層則以「喜」和「慍」兩種情感為例，描述它們是如何一步步地產生出樂舞的。「搖」即搖晃身體；「辟」指拊心、捶胸；「踊」是兩腳踩地，也是舞蹈的一種形態。其次序是：情感——表情聲態——動作姿態——樂舞藝術，表達了樂舞在情感驅動下逐步生成的過程，是為音樂本體論中的生成論。

《性自命出》對音樂本體論思考的各個環節基本上都具備了，但在總體上顯得較為散亂，有些表述說明其本體論意識還不夠清晰明朗，也不夠強烈和完整。但在儒家音樂美學思想形成後不久，即有如此的論述，其理論意義不容低估。特別是，它對後來《樂記》的音樂本體論建構，無疑起到開創和指引的作用。

二、《樂記》中的「心」本體論

如果說，《性自命出》對音樂本體論的思考主要是起到開創的作用，那麼，

〔註22〕此「情」指情感，因為本章其他地方也用到「情」，但那往往是「真」、「誠」的意思。如：「苟以其情，雖過不惡；不以其情，雖難不貴」；「信，情之方也，情出於性」等，此「情」即為「誠」。

《樂記》則建構起成熟的音樂本體論。在《樂記》的開頭，便是對音樂本體論的簡明但又完整的表述：

> 凡音之起，由人心生也。人心之動，物使之然也。感於物而動，故形於聲；聲相應，故生變；變成方，謂之音。比音而樂之，及干、戚、羽、旄，謂之樂。
>
> 樂者，音之所由生也，其本在人心之感於物也。（《樂本篇》）

按照這樣的音樂本體論，音樂發生的直接動因是「心動」。心的不同運動，即形成不同的情感，再由不同的情感，生成不同的音樂。「是故其哀心感者，其聲噍以殺；其樂心感者，其聲嘽以緩；其喜心感者，其聲發以散；其怒心感者，其聲粗以厲；其敬心感者，其聲直以廉；其愛心感者，其聲和以柔。」但「心動」並非人的自然本性，上述哀、樂、喜、怒、敬、愛之心，「六者非性也」。那麼人的本性的特點是什麼？是「靜」，即所謂「人生而靜，天之性也」。那麼，靜的人心是如何動起來的？是「物使之然」，是「感於物而動」。人之心就其初始狀態來說，它是一張「白紙」，內含著許多的可能性。但人的生存本身就是與外界各種事物相接觸，接受各種事物的激發，於是心便會動起來，產生各種意欲、情感、思想。動起來的心通過外部感性活動表現出來，就有了藝術，其中以聲音表現的就是音樂。這裡特別值得注意的是，在這個本體論中，心與物之間不是模仿與被模仿、反映與被反映的關係，而是一種「感」的關係。「感」的關係與模仿關係的區別在於，後者有主體客體之分，有主動被動之分，其關係是不平等的；前者則可理解為一種主體與主體之間的關係，它們既是互相獨立，又互相接觸、交往，兩者是平等的。這樣一種本體論表述，能夠更好地反映音樂發生的真實，因而也能夠更完滿地解釋音樂發生的各種現象。

很明顯，《樂記》的音樂本體論與《性自命出》有著直接的繼承關係。在「心」與「樂」的關係上，《性自命出》以「情」為本體，《樂記》則以「心」為本體。在對「心」或「情」之動的進一步解釋方面，前者注意到「物」的「取」、「作」之功，強調「心弗取不出」；後者也將「人心之動」歸之於物，是「感於物而動」。兩者都強調物的作用，而且也都是刺激、感應的作用。在生成論方面，前者描述了由「喜」到「陶」到「奮」到「詠」到「搖」再到「舞」，和由「慍」到「憂」到「戚」到「歎」到「辟」再到「踊」的過程，結束在舞蹈；後者描述的也是由心動到聲形，再到比音，最後由干戚羽旄相配合而成樂舞的過程，或者是從「說（悅）」到「言」到「長言」到「嗟歎」再到「手之

舞之足之蹈之」〔註23〕，也是結束在舞蹈。儒家對音樂本體論的思考，從《性自命出》到《樂記》，既有一定的差異，又是一脈相承，反映了它在歷史上連續、完整的形成過程。

三、本體論基礎上的音樂修身模式

根據這個音樂本體論，我們能夠更好地理解音樂的修身功能，因為這個本體論中包含著一種「物—心—樂」的循環互動模式。首先，我們所面對的外部環境（物）不同，因它所感而起的「心動」也不同，從而由「心動」所生成的音樂也不一樣。「治世之音安以樂，其政和；亂世之音怨以怒，其政乖；亡國之音哀以思，其民困。」（《樂記·樂本篇》）「治世」、「亂世」和「亡國之世」，是三種不同的社會狀況，也就是人們所面對的不同的「物」。由此不同之「物」「感」於人心，則會有「安以樂」、「怨以怒」、「哀以思」三種不同的心情。再由這不同的心情，便會產生不同的音樂。所以從這些不同的音樂中，即可以見出其政是「和」還是「乖」，其民是「安」還是「困」。

從另一方面來說，音樂又可以對人心、對現實產生相應的反作用。不同的音樂影響到人的心情，形成不同的心態。

> 是故志（纖）微噍殺之音作，而民思憂；嘽諧、慢易、繁文、簡節之音作，而民康樂；粗厲、猛起、奮末、廣賁之音作，而民剛毅；廉直、勁正、莊誠之音作，而民肅敬；寬裕、肉好、順成、和動之音作，而民慈愛；流辟、邪散、狄成、滌濫之音作，而民淫亂。
> （《樂記·樂言篇》）

而這樣一種反作用又可直接影響到政治民風，甚至再經過人心而反作用到音樂，形成「物—心—樂」的無限循環。

> 凡姦聲感人而逆氣應之，逆氣成象而淫樂興焉；正聲感人而順氣應之，順氣成象而和樂興焉。（《樂記·樂象篇》）

這裡的「姦聲」、「正聲」是指現有的音樂，由此會分別引發「逆氣」和「順氣」，形成兩種不同的社會風氣和政治狀況。而由這兩種不同的風氣和政治，又會反過來影響人心，促成「淫樂」或「和樂」的盛行。可見，在「物—心—樂」的循環模式中，「心」是其核心，也是其樞紐。

〔註23〕《樂記》中對音樂生成過程的描述是：「故歌之為言也，長言之也。說之，故言之；言之不足，故長言之；長言之不足，故嗟歎之；嗟歎之不足，故不知手之舞之足之蹈之也。」

乍一看，這樣的循環模式（圓圈）給人的感覺好像難以打破。情況確實如此，假如讓它完全自流地發展下去，它確實很難作自我的超越。也因為此，才需要我們人為的努力。要努力就必須有一突破口，而最切實的突破口無疑就是每個人自己，於是便有了「修身」。修身又從哪裏著手，那就是禮、樂的雙管齊下：一方面是自外而作、由外至內的「禮」，一方面是由中而出、自內而外的「樂」。《樂記》說：

> 是故君子反情以和其志，比類以成其行。姦聲亂色不留聰明，
> 淫樂慝禮不接心術，惰慢邪辟之氣不設於身體，使耳、目、鼻、口、
> 心知、百體皆由順正，以行其義。然後發以聲音，而文以琴瑟，動
> 以干戚，飾以羽旄，從以簫管，奮至德之光，動四氣之和，以著萬
> 物之理。（《樂記·樂象篇》）

儒家的目的是，通過每個人自己的主觀努力，以心為突破口，是可以把「物—心—樂」的非良性循環轉化為良性循環。這個工作，就叫「移風易俗」；而其著力點，就是「修身」。

第五節　藝術化生存的終極境界

我們做任何一件事情都有其目的，小的事情可能只有一個簡單的目的，而大的事情則一定會有多個目的或多重目的，但一定有一個根本目的或終極目的。儒家學說就是這樣一個大事情、大工程，在各種具體目的之外，一定有一個終極目的。我們一直習慣於認為儒家學說的終極目的是治理天下，甚至說成就是為統治階級服務。「治」確實是儒家學說的一個重要話題，因為社會穩定、和諧總是正面的價值取向。但這可能還不是最後的價值，不能作為終極目的。終極目的一定是每個個體的人，因為人類首先是以個體的方式存在的。在儒家看來，終極目的應該是讓每個人都獲得良好教育，過上完滿的生活，成為真正意義上的人。這真正意義上的人自然會擁有人性所賦予的各種特性，即自由、快樂、美好。如果換一種說法，就是進入藝術化的人生境界。這也就是為什麼孔子特別強調人的修身一定要「游於藝」、「成於樂」的原因所在。要說明這個觀點，我們不妨從《論語·先進》中孔子和學生之間的一段著名對話談起：

> 子路、曾皙、冉有、公西華侍坐。
> 子曰：「以吾一日長乎爾，毋吾以也。居則曰：『不吾知也！』

如或知爾，則何以哉？」

　　子路率爾而對，曰：「千乘之國，攝乎大國之間，加之以師旅，因之以飢饉，由也為之，比及三年，可使有勇，且知方也。」

　　夫子哂之。「求，爾何如？」

　　對曰：「方六七十，如五六十，求也為之，比及三年，可使足民；如其禮樂，以俟君子。」

　　「赤，爾何如？」

　　對曰：「非曰能之，願學焉！宗廟之事，如會同，端章甫，願為小相焉。」

　　「點，爾何如？」

　　鼓瑟希，鏗爾，舍瑟而作。對曰：「異乎三子者之撰。」

　　子曰：「何傷乎？亦各言其志也。」

　　曰：「莫春者，春服既成；冠者五六人，童子六七人，浴乎沂，風乎舞雩，詠而歸。」

　　夫子喟然歎曰：「吾與點也！」

　　三子者出，曾皙後。曾皙曰：「夫三子者之言何如？」

　　子曰：「亦各言其志也已矣。」

　　曰：「夫子何哂由也？」

　　曰：「為國以禮，其言不讓，是故哂之。」

　　「唯求則非邦也與？」

　　「安見方六七十，如五六十，而非邦也者？」

　　「唯赤則非邦也與？」

　　「宗廟會同，非諸侯而何？赤也為之小，孰能為之大？」

　　表面上看，這只是一次閒聊，是「各言其志也」，實際上在無意中透露出孔子真實的、而且是最深處的思想。我們看一下對話的內容。當孔子問，假如有一天獲得君主的認可而要任用你們，你們有什麼打算時，首先是子路表示願意管理一個千乘之國，三年可以做到人民無飢餓、勇敢並且懂道理。孔子哂笑了他。問到冉有時，他說只要方六七十里的小國，三年即可使民富足，且推行禮樂之治。問到公西華時，他沒有說管理一個國家或地區，而是願意做一個禮儀官，在諸侯聚會時做一個司儀，就夠了。當最後問到曾皙時，他表示和他們三人都不同，只是希望在暮春三月，約幾位朋友，帶幾個孩子，一起踏青遊春，

洗洗澡，跳跳舞，然後放歌而歸。

這裡首先值得注意的是次序，四個人各言其志，所言內容是由大遞次縮小，由重遞次減輕。子路是治理一個大國，冉有只希望治理一個小國，公西華只願做一個職能性的司儀，其志向確乎是越來越小了。而到曾皙那裏，乾脆脫棄一切政務，只願進入一種無所為的遊戲性、娛樂性的生活。

這樣一個次序說明什麼？說明在孔子看來，一個真正的人——仁人、君子，應該是一個獨立的人，自由的人，自足的人，而不應該是一個工具的人。孔子說過：「君子不器」（《論語·為政》）。器有兩種含義：一是與普遍性相對的個別之物，即「形而下者謂之器」，這是說君子不能為形而下的事情所囿，而應有一定的超越性，有一定的普遍性胸懷。二是器具之義，由於特定的器具只有特定的功能，本身有著很大的局限，因此，君子不應該僅僅停留在狹小的境域之中，更不能把自己降格為做事的工具。人當然可以做事，也應該做事，但不能僅僅充當做事的工具，僅僅滿足於做一個「器」。子路以志大為榮，毫無「不器」意識，所以遭到孔子的嘲笑；而曾皙則在不經意間道出他心底的嚮往，所以他不假思索、而且十分感慨地表示贊同。也許在這個意義上，我們可以更好地領會他所說的「志於道，據於德，依於仁，游於藝」（《論語·述而》）的真正內涵。

可是，這樣明確的表態，在《論語》中很少看到。既是終極境界，為什麼不經常性地直接地說出，讓自己的學生徑直認知到位？這是因為，藝術化人生可以作為最後的境界，但不可以直接作為目的去追求。這個道理，在宋明理學對快樂的思考方面說得較為清楚，我們可以通過他們的論述來見出。

宋明理學對「快樂」的深究是從《論語》關於「孔顏之樂」的兩段話開始的〔註24〕。孔子的意思是，一個人儘管生活在貧窮之中，也是可以享受到幸福和快樂。這個意思早已為後人認可和接受，但沒有人在學理上予以深究。宋明理學的深究是以提出這樣一個問題開始的：孔、顏於貧窮之中而仍「不改其樂」，其所樂顯然不是貧窮本身，那麼是什麼？這就是「尋孔顏樂處，所樂何事？」周敦頤首先提出這個問題，並作了初步回答。他說：「天地間有至貴、至富、可愛、可求而異乎彼者。見其大而忘其小焉爾。見其大則心泰，心泰則無不足，無不足則富貴貧賤處之一也，處之一則能化而齊，故顏子亞聖。」（《通

〔註24〕這兩段話是：「飯蔬食飲水，曲肱而枕之，樂亦在其中矣。不義而富且貴，於我如浮雲。」（《論語·述而》）「一簞食，一瓢飲，在陋巷，人不堪其憂，回也不改其樂。賢哉回也。」（《論語·雍也》）

書·顏子》）這是用事的「大」與「小」和心的「足」與「不足」來說明「樂」。但何為「大」，何為「小」？又如何方能自足，所感自足的又是什麼？他沒有講清楚。他的學生程顥在《識仁篇》中作了圓滿的回答。程顥認為，孔顏所樂在於「仁」，在於已達到「仁」的境界，成為一個「仁人」。而所謂「仁」，就是「渾然與物同體」。若你真正進入「與物同體」的境界，就會有「大樂」出現；若「猶是二物有對，以己合彼，終未有之，又安得樂？」可見，在程顥看來，孔顏之所樂，樂在自己與萬物的渾然一體，這不僅是指物我的渾然一體，同時也指人我的渾然一體和身心的渾然一體。程顥本人十分重視這個「樂」，因為在「仁」的修養中，「仁」之理雖然簡單，卻難以守住；若能「體之而樂」，則「不患不能守也」。只有體驗到「樂」，修養所得方能持久。

由此可見，儒家所說的「樂」，其內涵即在「與物同體」，即在自己的人生當中做到與物同，與人同，與己同，使自己同身內身外都達成親密無間的和諧。真正的快樂正是人與自己的環境進入和諧狀態時所生的心理效應。正因為此，這種「樂」不應該是人生追求的目的，而只是人生修養的「副產品」。在儒家看來，人生修養的目的是「仁」，是「賢」，是「聖」，是成「君子」，即做一個完全的人，一個與周圍萬事萬物保持和諧狀態的人。孔子說：「富與貴，是人之所欲也；不以其道得之，不處也。貧與賤，是人之所惡也；不以其道得之，不去也。君子去仁，惡乎成名？君子無終食之間違仁，造次必於是，顛沛必於是。」（《論語·里仁》）即指出人的自身修養的目標是不「違仁」。程顥秉承孔子的這一思想，把修身乃至人生的目標定為「仁」，「仁」就是「渾然與物同體」，就是徹底消除物我之間的「有對」。程頤也說：「顏子所獨好者，何學也？學以至聖人之道也。」所謂「聖人之道」，就是努力做一個「仁」人；而所謂「仁」人，就是能夠與自然，與他人和諧相處，自我內心獲得平衡的人，也就是「與物同體」、「親民愛人」的人。張載認為，人的全部修養就在於「合內外，一天人」，即破除主體與客體的對立，達到物我、人我渾然一體的境界。王陽明的目標則是要成為「大人」，而「大人」者，即「以天地萬物為一體者也」。都是把「與物同體」，也就是和諧的達成作為自身修養的總目標。一個人成了聖人、仁人、君子，便意味著他能夠與天地萬物和諧相處；而與天地萬物和諧相處，便會「心安」、「氣舒」，也就自然會有快樂出現。但反過來就不對了，不是為了享受這種快樂才去加強修養，努力使自己成為聖人、仁人、君子的。如果把「樂」作為人生追求的目標，本身就違反了「快樂」的本質，就抓不住快樂的

真正要素，自然也就會失去快樂。

這個道理用於藝術化人生境界也同樣適用。藝術化的人生境界也不是一個獨立的現象，而是人修身到一定境界後自然出現的心理效應。所以，孔子所說的藝術化人生，既不是直接意義上的以藝術活動為中心的人生，也不可以是作為理想而著意追求的目標，而是指具有與藝術相似特徵的自由、美好、充實的人生。這個人生不全是靠藝術就能夠達到的，而是要在現實日常生活的處理中，經過不斷地修煉而養成的，它包含著一個人對身邊事務的全部態度和應對方式。這不可能一蹴而就，而一定有一個艱難而又漫長的過程，就好像孔子經過幾十年的修養，到七十歲才達到的境界一樣。這個境界是「從心所欲不逾矩」，就是說，他還是在日常的生活之中，但此時已沒有阻礙，沒有欠缺，沒有束縛，做任何事情都能夠得心應手，遊刃有餘。這時，孔子並沒有改變自己的生活內容和生活方式，而只是使原來的生活獲得了藝術的性質——自由、充實、完美，這才是藝術化人生境界的真相。

但是，這個終極境界卻不宜直接說出並予以強調，因為一旦形成一個確定的命題，就難免形成引導的力量，直接將人們的注意力轉移到作為終極目的的藝術化人生，反而將必修的功課、修身所需的其他條件和必經階梯給忽略或丟棄了。而丟棄了這些條件和階梯，其修身或者無法進行，或者變質變味，總之不可能成功，那麼藝術化人生也就無從談起。所以，對話結束後，曾晳問孔子對前面三人的志向如何評價時，他只是說了一句：「亦各言其志也已矣。」並特別強調，小邦不小，司儀亦很重要；事情不管大小，意義卻都可以是很大，因而也必須盡心盡力地去做。其實，他所說的藝術化人生，就在做好這些事情中實現，不待他求。唯獨要不得的便是張狂的態度（「其言不讓」），因為它違背了禮的原則，所以才嘲笑了子路。

第六節　形成與拓展的漸進過程

上面所述儒家音樂美學思想的內涵和特點，只是就其主要方面而言，實際上，儒家音樂美學思想是有著一個逐漸形成和不斷發展完善的過程。這個過程，我們把它分為兩個時期，五個階段。

一、原創期的形成軌跡

儒家音樂美學思想從其形成到成熟，可分為三個階段。

　　第一階段是在春秋末期，以孔子為代表，是為開端。其特點是提出儒家音樂審美方面的一些基本概念和命題，例如「成人」、「仁」、「中和」、「樂而不淫，哀而不傷」、「鄭聲淫」、「盡善盡美」、「游於藝」、「成於樂」、「移風易俗」等。這些概念或命題開啟了儒家音樂審美的基本導向，是後來者進一步發展前進的基礎。

　　第二階段是戰國時期，以子思、孟子、荀子為代表。其特點是，在孔子音樂美學思想的基礎上進一步加以豐富，相繼提出一些新概念新命題。例如孟子的「義」、「獨樂樂」、「眾樂樂」、「仁言不如仁聲之入人深」，荀子的「樂者，樂也」、「聲樂之入人也深，其化人也速」等。他們還對孔子所涉及的一些音樂審美現象進行理論論證，例如「成人」為什麼要「成於樂」，孟子和荀子就都做出自己的論證。孟子用「樂之實，樂斯二者，樂則生矣，生則惡可已也」說明「成人」只有在快樂中才能持久；荀子也用「樂者，樂也，人情之所必不免也」來說明音樂的特點就是能夠給人快樂，因而才能夠使修身持久。此外，這一階段的一個重要進展，就是心性論的出現。它最早表現在被認為是子思及其弟子的作品《中庸》和郭店楚簡《性自命出》中。《中庸》第一章云：「天命之謂性，率性之謂道，修道之謂教。」提出心性論的幾個重要範疇，並描述了它們之間的關係。「性」是源於「天」，「道」又基於「性」，「修道」則是「教」的內容。又說：「自誠明，謂之性；自明誠，謂之教。誠則明矣，明則誠矣。」說的是：因誠而明白，是本性所然；因明白而誠，是教的結果。所以誠了就會明白，明白了也就會誠，兩者二而一。這是進一步對「性」與「教」的說明。在《性自命出》中，心性論的闡述更為豐富。其開篇第一章就是：「凡人雖有性，心無定志，待物而後作，待悅而後行，待習而後定。喜怒哀悲之氣，性也。及其見於外，則物取之也。」這裡，「性」是最根本的要素，它是隱藏著的，不變的。它需要與物相接觸才會顯現，產生喜好的態度後會付諸行動，經過反覆練習後才會穩定下來。情感也植根於性，需要物的激發才會表現出來。在第二章，又對其中一些概念間的關係做了梳理，即：「性自命出，命自天降。道始於情，情生於性。始者近情，終者近義。知情者能出之，知義者能入之。好惡，性也；所好所惡，物也。善不善，性也；所善所不善，勢也。」這裡的關係可以簡單地表示為：天——命——性——情——道。這裡的「性」、「義」等對孟子的心性哲學有直接的影響。

　　第三階段是兩漢時期，主要以《樂記》為代表。其特點有二，一是儒家的

音樂思想到這裡有了一個完整的理論表述，那就是在西漢武帝時成書的《樂記》〔註25〕。這部書在採集此前儒家樂論的基礎上加以整理編排，形成較完整的理論系統；同時編者又有自己的撰述，在理論上做出重要創新，特別是音樂本體論上，它吸收了《性自命出》中的一些內容，又加以重新整合，提出「物感心動說」，這是中國音樂美學向世界美學作出的重要貢獻。二是自漢武時起，儒家音樂思想在漢代得到全面的貫徹，「罷黜百家，獨尊儒術」使得儒家音樂思想因此而成為統治的思想，儒家音樂美學思想也成為這一時代主流美學形態。經過《樂記》的理論總結和三百多年的音樂審美實踐，此時的儒家音樂美學思想已經達到成熟的境地。

在儒家音樂思想的形成過程中，還有一個變化也值得注意，那就是音樂功能上從修身向治國的轉換。孔子在重視音樂方面主要是出於修身，即「成人」，強調音樂在使人成為「仁人」、「君子」方面有重要作用。例如他說：「成於樂」；「文質彬彬，然後君子」（《論語·雍也》）；「文之以禮樂，亦可以為成人矣」。又說：「先進於禮樂，野人也；後進於禮樂，君子也。如用之，則吾從先進。」（《論語·先進》）對於先接受禮樂教育再從政還是從政後再接受禮樂教育，孔子認為先接受好，因為這是一個人的基本的功課，不全是為從政而設的。這說明，孔子的重視樂教，主要是從「成人」的需要出發的。而從曾參、子思開始，特別是到孟子和荀子那裏，則主要從治國入手。曾參的《大學》、子思的《中庸》即已開始更多地重視治國，並更多地從治國出發對待修身。到孟子、荀子，這個傾向就更加明顯，以至於直接從治國出發來對待音樂。孟子的論樂，大部分都是在與君王的對話中出現，是為君王獻計獻策，角色不一樣，出發點也就不同。如「與百姓同樂，則王矣」、「耳之於聲，有同聽焉」（《孟子·告子上》）等，就是為治國所作的論證。再到荀子，這一特點更為突出。在荀子的《樂論》中，他經常把自己的主張與「先王」聯繫起來，「先王惡其亂也，故……」或「故先王……」等這類句子經常出現。在內容上，他的論述也與治國貼合更緊。例如：「故樂在宗廟之中，君臣上下同聽之，則莫不和敬。」「故樂者，出所以征誅也，入所以揖讓也。……故樂者，天下之大齊也，中和之紀也」。「樂中平則民和而不流，樂肅莊則民齊而不亂。民和齊則兵勁城固，敵國不敢嬰也。」

〔註25〕關於《樂記》的作者及成書年代，學術界有不同看法。一是以郭沫若為代表，認為是戰國初期的公孫尼子所作。一是以蔡仲德先生為代表，認為是漢武帝時河間獻王劉德率門人所編撰。筆者認為後者更可信，故從之。詳細論證請參閱蔡仲德《〈樂記〉〈聲無哀樂論〉注譯與研究》，中國美術學院出版社1997年。

（《荀子‧樂論》）當然，這個變化並沒有脫離孔子所開創的儒家道路，因為儘管他們特別突出了音樂的治國功能，但其機理仍然是通過對個人修身的作用實現的。在「移風易俗」的治國理論中已經包含「修身」功能於其內了。

二、拓展期的演進路向

兩漢以後，儒家音樂美學思想進入拓展期，主要可分為兩大階段。

第一階段是魏晉至唐，其標誌是，與道家、禪宗音樂美學思想並行、交織，互為影響，互相吸納。

漢代的獨尊儒學，到了漢末魏晉之際，發生了重要變化，儒學在整個意識形態中的統治地位受到衝擊而開始動搖，以老莊為代表的道家思想在兩漢時期潛伏了三百多年之後，逐漸崛起而成為主流哲學，談玄論道成為一時所尚，「越名教而任自然」成為當時的最強音。與此同時，在音樂思想方面也出現了試圖用道家否定儒家的現象，其中最典型的就是嵇康的《聲無哀樂論》。在這篇具有重要意義的音樂論著中，作者確實將主要矛頭對準了儒家的音樂觀，集中批駁了儒家持有的音樂情感論。但是，即使在較為偏激的魏晉名士那裏，實際上並沒有形成真正用道家取代儒家的思潮。儒家和道家都是植根於中國文化現實中的思想體系，他們有許多相同的背景、相同的資源、相同的問題，因而也必然有許多相同的思路。所以，在中國傳統文化中，以儒家徹底地反對道家或以道家徹底地反對儒家，都是不可能的。事實也是如此，即在魏晉名士那裏，我們就看到阮籍的《樂論》對儒家思想的恪守，看到陶潛的論樂言論中濃厚的儒家氣息。即如嵇康的《聲無哀樂論》，作為當時最為激烈的「非儒」之作，也主要只是針對俗儒對音樂功能所作的過分誇張的描寫，指出此類傳言的虛妄不實。至於儒家樂論中的「心─物關係」、「移風易俗」等理論，嵇康完全繼承了下來。這裡值得我們注意的是，由於共處一個文化系統，所以這兩家學派有許多是相通甚至相同的，有些觀念我們實際上很難判定到底是哪家。比如「淡」與「和」，前者似乎應屬道家，後者應屬儒家。實際上這在兩家都有體現，只不過各有側重而已。唐代的白居易在其論樂詩中反覆地強調淡和古：「絲桐合為琴，中有太古聲。古聲淡無味，不稱今人情」（《廢琴詩》），似乎儒家的味道更重一點；而「本性好絲桐，塵機聞即空。一聲來耳裏，萬事離心中」（《好聽琴》），道家的味道似乎又更濃一些。實際上，隨著道家思想在魏晉之後的流行，它與儒家思想有時分別體現在不同的場合，有時又能夠在某個結點相交

織，形成一種既分又合、彼此呼應、又互相吸納的歷史現象。就這個意義上說，儒家音樂美學思想實際上在這分合、呼應和吸納的過程中得到內涵和外延的共同拓展。

第二階段是宋明時期，其標誌是，完成對道家、禪宗音樂審美元素的整合，形成最能代表中國傳統音樂整體特徵的音樂美學思想。

我們知道，在中國思想史上儒家實際上始終處在主導的位置，只不過主導的程度在不同時期有所差異。魏晉時期勃興的道家思想和唐代形成的禪宗佛學思想，確實形成過與儒學鼎足而立的態勢，但到了北宋後，這鼎足而立便逐漸地因其彼此吸納而互相融合，終於形成以理學為標誌的新的思想形態。當然，並不是說，理學出現，道家和禪宗就不存在了，而是說，理學出現後很快便為社會所接受，成為普遍意義的意識形態。而之所以能夠這樣，一是因為儒學的傳統根深蒂固，一是儒學善於吸取道、禪的相關元素於自身，形成包容性更為廣大的思想體系。

思想界的這一特點在音樂方面也同樣存在。經過北宋儒家對各家思想的重新整合之後，儒家的音樂思想也滲透到社會的各個方面。那些大儒們的音樂觀就不用說了，例如范仲淹的琴不「以藝觀」〔註26〕，歐陽修的琴可調「幽憂之疾」（《送楊寘序》）、琴「在人不在器」（《論琴帖》）等，就很難說是儒家還是道家抑或是禪宗的思想，它們在許多方面已經交融到一起了。南宋朱熹是理學大師，他曾表述過自己關於琴的理念，說：「世之言琴者，徒務布爪取聲之巧，其韻勝者乃能以蕭散閒遠為高耳。」〔註27〕在這幾句話中，我們一眼就能看出何者是儒家固有的理念，何者是吸取了道家的理念，但兩者已自然而又緊密地結合為一體了。再如佛家，實際上也有不少人秉持儒家的音樂理念。北宋僧人琴家則全和尚在其《節奏指法》中開篇即是「琴者，禁也，禁其邪淫，則其聲正也」的儒家琴樂觀，而接著所強調的彈琴要「自然得意」，要有「古意」〔註28〕，又滲透著道家和儒家兩家的思想，其結合也是水乳交融，渾然一體。

實際上，兩宋以後的音樂美學思想基本上都是綜合的，我們很難指出一篇樂論它就是儒家的或道家、禪宗的，有的甚至很難從中分辨出哪是儒家、哪是

〔註26〕范仲淹：《與唐處士書》，引自吳釗等：《中國古代樂論選輯》，人民音樂出版社2011年版，第178頁。

〔註27〕朱熹：《朱子大全集·定律》，引自吳釗等：《中國古代樂論選輯》，人民音樂出版社2011年版，第239頁。

〔註28〕〔宋〕釋則全：《節奏指法》，若海珍藏本《琴苑要錄》，手抄複印本。

道家或禪宗的音樂思想。即使細心辨析後，也能夠勉強一一指出，意義其實也不大，因為它們已經是一個完整的有機體。在這方面，我們姑且以徐上瀛《溪山琴況》為例，對於這部被認為集古代琴論之大成的著作，我們似乎也很難判定它是儒家的還是道家、禪宗的。當然，在這篇琴論中，如果仔細分析，我們不難發現，它實際上是三家思想都有，也都彼此交融、渾然一體了。「太音希聲，古道難復。不以性情中和相遇，而以為是技也」，應該是儒家的，但僅僅是儒家的嗎？「所謂希者，至靜之極，通乎杳渺，出有入無，而遊神於羲皇之上者也」，好像是道家的，但真的只是道家的嗎？「澄然秋潭，皎然寒月，渚然山濤，幽然谷應。始知弦上有此一種清況，真令人心骨俱冷，體氣欲仙矣。」多有禪意！但真的就僅僅是禪宗的嗎？「蓋音至於遠，境入希夷，非知音未易知，而中獨有悠悠不已之志。」在這裡，我們只能說，儒、道、禪三家思想，都已經化合為一個新的東西，很多時候是分辨不出它的所屬了。但儘管如此，我們仍然可以說，《溪山琴況》是以儒家為主體，因為這篇琴論整體上是在「稽古至聖，心通造化，德協神人，理一身之性情，以理天下人之性情」這一儒家思想的大框架下進行的。

當然，道、禪思想對音樂的影響以及道、禪音樂思想本身，都還在一定程度上獨立存在，也還有一定範圍的影響，但作為宋明以後音樂美學思想的主體，我以為還是以儒家標示較為貼切。當然，這一定是經過拓展了的儒家，是內涵更為豐富、深邃的儒家。

第二章 「物我交融」的審美旨趣
——道家音樂美學思想的價值取向

　　與儒家音樂美學思想相對的是道家音樂美學思想。說它們相對，並不意味著完全對立，而是在對立中又有著共同的基礎，指向共同的目標，因此，實際上更多的是互補。從其對音樂的態度上看，儒家十分重視音樂，常常論及音樂，把音樂放在文化的高端位置；道家則常常反對音樂，否定音樂存在的意義，因而也很少論及音樂。但就其影響來說，儒家的影響更多的是在理論層面，在實踐中的表現並不很明顯；道家否定音樂，很少論及音樂，卻無論在實踐層面還是理論層面，都產生過巨大而又深刻的影響。

　　道家音樂美學思想主要體現在《老子》《莊子》《文子》《列子》《淮南子》等篇章中。前兩種為道家代表作品，早已為世所公認。《文子》的作者文子，相傳為老子學生，但長期以來，研究者多認為《文子》是偽書。1973年河北定縣八角廊40號漢墓出土竹簡中，有《文子》殘篇，計簡片277枚，2796字。其中有1000餘字同今本「道德」篇內容相合，另有少量文字與今本「道原」「精誠」「微明」「自然」篇中的內容相似，餘者皆為今本所無的佚文。〔註1〕雖然學界對該書的認識仍有不少分歧，如作者是誰，成書於何時，簡本與今本的關係如何，今本與《淮南子》的關係如何等，學術界看法仍不一致。但在西

〔註1〕 參見河北省文物研究所定州漢簡整理小組：《定縣40號漢墓出土竹簡簡介》，《文物》1981年第8期；《定州西漢中山懷王墓竹簡〈文子〉釋文》及《校勘記》，《文物》1995年第12期。

漢前期即有《文子》一書存在，已確定無疑。從竹簡《文子》可知，今本《文子》有「老子曰」的，簡本均作「文子曰」；今本中「文子問」而「老子答」的，簡本中均作「平王問」而「文子答」。所以，不管簡本和今本《文子》具體成書於何時，基本上可以把《文子》看成介於老子和莊子之間道家人物的思想表達。《列子》雖為學界斷定為魏晉時成書，但其主人列子（列禦寇）亦是老子之後、莊子之前的道家人物，該書所集文字基本上亦為先秦時的文獻，故亦可作為道家思想的文本。《淮南子》是西漢前期淮南王劉安及門人編纂而成，是以道家思想為主，又收有其他學派文獻的綜合性著作，其主要價值和意義不在這個話題之內，故放在下一章論述。本章所論，即以前四種為主要依據。

第一節　道家的思路及其對音樂的態度

與儒家一樣，道家音樂美學思想也是針對當時社會狀況及其存在的問題而展開的，是他們面對這些問題時尋求解決途徑所作的理論思考。

一、道家面對的問題及其解決思路

1. 對主客關係的注意

人類文化結構中包含著兩種基本關係：人與人、人與社會（即個體與群體）的關係和人與自然（即主體和客體）的關係。儒家主要應對前者中存在的問題，道家主要應對後者中存在的問題。

人與自然、主體與客體的關係，主要包括人的欲望、意志、情感、理性等與其對象之間的關係。主要有兩種類型，一是認知關係，一是功利關係。就認知關係言，道家認為人的認知能力是有限的。之所以有限，有兩個原因：一是因為人的經驗有限，故而認知也就有限，因為認知總是在一定的經驗基礎上才能進行。在這方面，莊子的闡述最為充分，他通過寓言故事來說明其道理，如麗姬嫁晉、莊周夢蝶等。由於人總是生活在特定的境域之中，故其視野和思維也總有其局限性，這局限性便造成人的認識能力的有限性。例如他說：「井蛙不可以語於海者，拘於虛也；夏蟲不可以語於冰者，篤於時也；曲士不可以語於道者，束於教也。」（《莊子·秋水》）〔註2〕經驗為認知活動提供條件和可能，但其局限性也為認知活動帶來限制。所以他感歎地說：「吾生也有涯，而

〔註2〕本書所引《莊子》，除另行標注外，均出自陳鼓應《莊子今注今譯》，中華書局1983年版，且只隨文標其章名，不再另行出注。

知也無涯。以有涯隨無涯，殆已！」(《莊子‧養生主》)認知能力有限的另一個原因是難以證明。「齧缺問乎王倪曰：『子知物之所同是乎？』曰：『吾惡乎知之！』『子知子之所不知邪？』曰：『吾惡乎知之！』『然則物無知邪？』曰：『吾惡乎知之！雖然，嘗試言之。庸詎知吾所謂知之非不知邪？庸詎知吾所謂不知之非知邪？」(《莊子‧齊物論》)這裡的關鍵是「惡乎知」「庸詎知」，即「怎麼知道的」，也就是「怎麼證明它」？莊子設想了三種證明的方法，但他認為都難以成立。一是辯論的勝負不能證明，二是沒有第三者(評判者)能夠證明，三是主觀的成見(「成心」)也不能證明。這個問題即使放到現在，也還是一個難題。例如通常所說的用認知對象或實踐來證明，前者涉嫌同義反覆，也就是循環證明；後者則只能證明其是否有效，而不能證明其真偽。所以，在莊子看來，人與自然的認知關係是充滿陷阱的。

再就功利關係看，更是陷阱遍野，需要格外小心。功利關係植根於人的欲望，源於人對其對象的需要。當人的欲望和需要得到滿足時，便會產生快樂和滿足。但是，這種快樂和滿足本身就包含著危機，包含著對自身的否定。首先，欲望就是不足，不足便有苦憂，苦憂即不自由。「所苦者，身不得安逸，口不得厚味，形不得美服，目不得好色，耳不得音聲。若不得者，則大憂以懼。」(《莊子‧至樂》)欲望的本質就是不足，雖然它也能夠短暫地得到滿足，但同時又會刺激出新的欲望，而新的欲望又意味著新的不足，新的痛苦。這個輪迴交替不僅是無止境的，而且是不斷升級、不斷強化，以至於最後必然終止在不得滿足而帶來的痛苦上面。其次，欲望的結果即意味著對對象的佔有，而佔有便意味著有「待」(依賴)，有「待」就是不自由。他曾舉知士、辯士、察士為例說：「知士無思慮之辯則不樂，辯士無談說之序則不樂，察士無凌誶之事則不樂，皆囿於物也。」(《莊子‧徐无鬼》)「囿於物」，所以他們的「樂」是有「待」的，即有條件的。這種「樂」，不是自由的「樂」，真正的「樂」。

可見，在道家看來，人與自然的關係，由於人自己執著於對自然的認知和佔有，把自己與自然分離開來，破壞了人與自然的和諧統一，使人生失去了自由和快樂。如何使人重新找回這種自由和快樂，便是道家所要解決的問題。

2. 解決的思路

在道家看來，人之所以會以認知和功利的態度對待自然萬物，根本原因是，人總以主體自居，將自己看得高於一切，形成「主宰性」的主體觀。莊子曾以多個寓言說明這個道理，如「大冶鑄金」視己為莫邪、渾沌帝鑿七竅而死

等。在莊子看來，渾沌之死具有必然性：首先，從量的方面看，以主體自居，同時即意味著其他對象都成為客體，意味著在你之外形成無數個對立面，意味著你走上了與整個自然作戰的路途。而與自然作戰，就好像人在水中與水作戰一樣，由於對立面過於強大，所以你根本無法取勝。其次，從質的方面看，人本身就是自然的產物，是自然的一部分。所以，與自然作戰，實質上是在與自己作戰；佔有對象、奴役對象，實質上就是自己的被佔有、被奴役，同樣意味著自由的喪失。

為了解決這個問題，道家提出「道」的概念，老子說：「有物混成，先天地生，寂兮寥兮，獨立而不改，周行而不殆，可以為天地母。吾不知其名，強字之曰『道』。」（《老子》25 章）〔註3〕在道家看來，「道」就是天地萬物生成之前的混沌狀態，也就是事物渾然不分的整體狀態。「道」的提出，凸顯了萬物為一的整體性。因為是渾然不分的整體，所以它是「無名」，即「道可道，非常道；名可名，非常名」（《老子》1 章），是說「道」的內涵不以語言的形態出現；它又是「無形（象、狀）」：「其上不皦，其下不昧……是謂無狀之狀，無物之象，是謂惚恍」（《老子》14 章），「道」是沒有差別和界限的狀態；同時它還是「無為」：「為學日益，為道日損。損之又損，以至於無為」（《老子》48 章），道不把自己的意志強加在其他事物身上。可見，老子是從發生論上尋找解決問題的思路，無名、無形、無為正是其要點所在。道的提出為道家哲學提供了本體論的基石，是道家對於人生思考的理論依據。

道的混沌不分直接導致道家對事物差別的消除。這包含兩個方面，一是客體方面消除事物的差別，一是主體方面消除主客的差別。首先，就前一個方面而言，莊子認為，事物本身無所謂差別，差別是由人的特定角度產生出來的。他說：「以道觀之，物無貴賤；以物觀之，自貴而相賤；以俗觀之，貴賤不在己。以差觀之，因其所大而大之，則萬物莫不大；因其所小而小之，則萬物莫不小。」（《莊子·齊物論》）他舉了許多例子來說明，例如大與小、貴與賤、美與醜等，都會因其角度不同而有不同的結論；對於理想住所，人和猴子的答案是不同的；鴨的脖子短，鶴的脖子長，只是我們的看法，對於它們自己，則無所謂長短。所以，莊子告訴我們，事物的差別並非事物本身的，而是我們從特定角度觀察的結果，因而是人為的、虛假的，應予消除的。正確的做法是從

〔註 3〕本書所引《老子》，除另行標注外，均出自陳鼓應《老子注譯及評介》，中華書局 1984 年版，且只隨文標其章名，不再另行出注。

道的立場看待萬事萬物，這樣才能看到整體，看到統一性。「狙公賦芧曰：『朝三而暮四。』眾狙皆怒。曰：『然則朝四而暮三。』眾狙皆悅。名實未虧而喜怒為用，亦因是也。」（《莊子·齊物論》）朝三暮四和朝四暮三，整體相同，但猴子看不到，故「喜怒為用」；養猴人（狙公）能夠看到整體，故可隨機應變。其次，再就後一個方面而言，莊子特別強調人只是萬物之一員，在大自然中是十分渺小的。在《秋水》篇中，莊子描述過人在這個世界中的位置：「計四海之在天地之間也，不似礨空之在大澤乎？計中國之在海內，不似稊米之在太倉乎？號物之數謂之萬，人處一焉；人卒九州，穀食之所生，舟車之所通，人處一焉。此其比萬物也，不似豪末之在於馬體乎。」從「天地」到「四海」到「中國」到「萬物」到「人類」再到「個人」，依次遞減，突出個人的微不足道。而突出個人渺小，是為了說明人與萬物的平等。在這裡，沒有主客之分，也無優劣高下之別，所以才有「聖人處物不傷物。不傷物者，物亦不能傷也。唯無所傷者，為能與人相將迎。山林與，皋壤與，使我欣欣然而樂與！」（《莊子·知北遊》）這也是莊子的「獨與天地精神往來而不傲睨於萬物，不譴是非，以與世俗處。」（《莊子·天下》）不把自己看成大自然中的「特權者」，就不會去奴役自然；不去奴役自然，自然就不會傷害自己。人與萬物是和諧的，人的生命也才可能有自由。這個境界，從本質上說，就是「無己」的境界。

如何才能做到「無己」？莊子說過許多方法，如「乘道德而浮遊」，「浮遊乎萬物之祖」，「物物而不物於物」等等，「萬物之祖」就是「道」，「不物於物」就是「道」的態度。而要做到這一點，就必須「虛己」以至於「無己」，具體的方法就是「忘」，即由「坐忘」而達到「心齋」的精神狀態。莊子曾以女偊之口描述過自己修煉的過程：「吾猶守而告之，三日而後能外天下；已外天下矣，吾又守之，七日而後能外物；已外物矣，吾又守之，九日而後能外生；已外生矣，而後能朝徹；朝徹而後能見獨；見獨而後能無古今；無古今而後能入於不死不生。殺生者不死，生生者不生。其為物無不將也，無不迎也，無不毀也，無不成也。其名為攖寧。」（《莊子·大宗師》）「外」即「忘」，即超越，但不是後來道教的羽化而登仙，而是對自身主體性的超越，對於客體世界來說，就是「沉淪」，即所謂「天地與我並生，而萬物與我為一」，最後達到「攖寧」的地步。「攖寧」，就是與萬事萬物接觸（「攖」），但仍能保持寧靜的心態。莊子曾借顏回之口描述過「坐忘」的狀態，是「墮肢體，黜聰明，離形去知，同於大通」（《莊子·大宗師》）。這種狀態，正是人與外部世界融而為一的和諧

境界，也是人對其生命自由所產生的高峰體驗。

道家音樂美學是在道家哲學思想的框架內展開的，而道家哲學思想的核心是「道」，即強調人與對象、人與世界、人與自然的和諧相處，那麼，道家音樂美學自然也服從於這一目的，以人與萬物的交融共在為努力的目標。圍繞著這個軸心，我們才能清晰地把摸到道家音樂美學的內在邏輯。

二、對三種音樂的不同態度

道家論及音樂的文字不多，儘管如此，在有限的涉及音樂的文字中，我們看到不同的地方，他們對音樂的態度也不相同，既有對音樂的激烈的否定，也有不少在對音樂活動的描述中表達了對音樂的肯定，甚至還有對特定音樂的強烈推崇。表面上看它們互相之間是矛盾的，但實際上是統一的。

1. 對「人為之樂」的抽象否定

道家對音樂的否定是從道家哲學的基本原理出發的。道家哲學的核心概念是「道」，「道」就是自然，就是無為，就是反對人為。音樂和其他人類文明形態一樣，也都是人為的產物，所以音樂必然會在反對之列。特別是，音樂的技術性比較強，極容易陷入鬥技呈巧的狀態，這與道的渾然不分的整體狀態恰好是對立的。

對音樂的否定最早出現在《老子》當中：「五色令人目盲，五音令人耳聾，五味令人口爽，馳騁田獵令人心發狂，難得之貨令人行妨。是以聖人為腹不為目，故去彼取此。」（12章）就好像五色、五味會刺激人的視覺和味覺一樣，五音也會刺激人的聽覺，破壞人的感官的自然性和純樸性，所以應該否定。

莊子繼承了老子的這一思想，也作了意思大致相同的表述：「故絕聖棄知，大盜乃止；擲玉毀珠，小盜不起；焚符破璽，而民樸鄙；掊斗折衡，而民不爭；殫殘天下之聖法，而民始可與論議。擢亂六律，鑠絕竽瑟，塞師曠之耳，而天下始人含其聰矣；滅文章，散五采，膠離朱之目，而天下始人含其明矣；毀絕鉤繩而棄規矩，攦工倕之指，而天下始人含其巧矣；削曾史之行，鉗楊墨之口，攘棄仁義，而天下之德始玄同矣。」（《莊子·胠篋》）這是從對道的整體性的恢復來談否定音樂的必要的。從道的意義上說，一切差別都是微不足道，而人們卻斤斤計較於這些差異。只有去掉這些特別的技能，才能恢復社會生活的純樸和寧靜。

此外，莊子還從成與虧的角度來否定音樂：「是非之彰也，道之所以虧也。

道之所以虧，愛之所以成。果且有成與虧乎哉？果且無成與虧乎哉？有成與虧，故昭氏之鼓琴也；無成與虧，故昭氏之不鼓琴也。」（《莊子·齊物論》）有為，則必有是與非，必有成與虧；而有是非和成虧，便是失道之徵。所以，昭氏鼓琴，必有成與虧；昭氏不鼓琴，則無成與虧。毫無疑問，莊子讚賞的是後者。

道家對音樂的這種否定，看似十分堅決、徹底，實際上只是從某種原則出發的否定，故而只是抽象的否定。抽象否定的重心在於抽象所依據的原則，目的也主要是導向所主張的原則，而不是具體的個例。正因為此，這裡對音樂的否定就不可能是很嚴格的，當涉及到一些具體的音樂形態時，往往就會出現例外，轉而表現出對音樂的肯定來。

2. 對「自娛之樂」的具體肯定

對音樂的肯定在老子那裏表現不明顯，但在莊子那裏則較為普遍了。在《莊子》一書中，涉及音樂活動卻並未加以否定的事例還不算少。不僅未加否定，而且明顯地是以肯定的態度待之的。原因其實也很簡單：體道、悟道，也是需要工具的，音樂無疑可以是工具的一種。而作為體道的工具，自然應該肯定。

首先，莊子本人就有從事音樂活動的記載，那就是「莊子妻死，鼓盆而歌」之事。「莊子妻死，惠子弔之，莊子則方箕踞鼓盆而歌。」這「鼓盆而歌」，有人聲歌唱，有樂器伴奏，無疑是音樂活動。但這個活動之所以被肯定，正是因為它承載著道的精神，那就是他對惠子詰難所回答的話，即他對生死的看法：「察其始而本無生；非徒無生也，而本無形；非徒無形也，而本無氣。雜乎芒芴之間，變而有氣，氣變而有形，形變而有生。今又變而之死。是相與為春秋冬夏四時行也。」（《莊子·至樂》）他的「鼓盆而歌」是在領悟了生死之道後的表現，故而是可以肯定的。

在《莊子》書中，描寫別人的音樂活動就更多。例如在孔子身上，就有數次這樣的描寫。一次是他遊於匡，衛人誤以為是陽虎，故圍之數匝，情況十分危險。但他卻「絃歌不輟」。之所以能夠在如此危險的情況下還彈琴唱歌，也是基於他對命的體認：「知窮之有命，知通之有時，臨大難而不懼者，聖人之勇也。」（《莊子·秋水》）另一次是「窮於陳蔡之間，七日不火食，藜羹不糝，顏色甚憊，而絃歌於室。」子路和子貢不理解，孔子解釋說：「君子通於道之謂通，窮於道之謂窮。今丘抱仁義之道以遭亂世之患，其何窮之為？故內省而

不窮於道，臨難而不失其德。天寒既至，霜雪既降，吾是以知松柏之茂也。」語畢，「孔子削然反琴而絃歌，子路扢然執干而舞。」莊子評論說：「古之得道者，窮亦樂，通亦樂，所樂非窮通也。道德於此，則窮通為寒暑風雨之序矣。」（《莊子‧讓王》）孔子的絃歌是悟道的體現，自然也在肯定之列。

除了孔子，在對其他人的描寫中，也不乏音樂方面的活動。例如孔子的弟子顏回，在孔子問他為什麼「不願仕」時，他回答說：「回有郭外之田五十畝，足以給飦粥；郭內之田十畝，足以為絲麻；鼓琴足以自娛；所學夫子之道者足以自樂也。」（《莊子‧讓王》）鼓琴自娛是他生活的一個有機組成部分。另如子桑的朋友、曾子、原憲等，也有同樣的描寫：

> 莫然有間，而子桑戶死，未葬。孔子聞之，使子貢往侍事焉。或編曲，或鼓琴，相和而歌曰：「嗟來桑戶乎！嗟來桑戶乎！而已反其真，而我猶為人猗！」（《莊子‧大宗師》）

> 曾子居衛，縕袍無表，顏色腫噲，手足胼胝，三日不舉火，十年不製衣。正冠而纓絕，捉襟而肘見，納屨而踵決。曳縱而歌《商頌》，聲滿天地，若出金石。（《莊子‧讓王》）

> 原憲居魯，環堵之室，茨以生草，蓬戶不完，桑以為樞，而甕牖二室，褐以為塞，上漏下濕，匡坐而絃歌。（《莊子‧讓王》）

子桑的朋友編曲唱歌是基於對生死的通達了悟，曾子和原憲於極端貧窮中唱歌是基於對道的守護。可見，道家對音樂的否定只是理論上的否定，是抽象的否定，與此同時，卻仍然保留著對音樂的具體的肯定，其原則就是，看其是否體現道的精神。

3. 對「大音」的特別推崇

與「俗音」和「娛音」不同的，還有一種音叫「大音」，則為道家所極力推崇的音樂，那就是老子提出的「大音希聲」，見於《老子》第41章：

> 上士聞道，勤而行之；中士聞道，若存若亡；下士聞道，大笑之。不笑不足以為道。故建言有之：明道若昧；進道若退；夷道若纇；上德若谷；廣德若不足；建德若媮；質真若渝；大白若辱；大方無隅；大器晚成；大音希聲；大象無形；道隱無名。夫唯道，善始且善成。

這是從道的立場闡述現實中各種現象的特點的。首先，他指出對道有三種不同的態度，分別表現在三種不同的人身上。「上士」對道是「勤而行之」，非

常認真；「中士」是「若存若亡」，可有可無，並不重視；「下士」則不假思索地予以嘲笑。他還認為，真正的道一定是遭到「下士」的嘲笑，一定是與「下士」的看法正好相反的。所以，「明道」在下士看來就會「若昧」，「進道」就會「若退」，「夷（平）道」就會「若纇（不平）」，如此等等。而道就是事物的最高級的形態，老子常用「大」來表示，例如他說：「有物混成，先天地生。寂兮寥兮，獨立而不改，周行而不殆，可以為天地母。吾不知其名，強字之曰道，強為之名曰大。」（《老子》25 章）因此，當他要表達最高級的事物形態時，就會加上「大」字，以區別於一般事物。這樣，即可知上面所引文字中，「大白」「大方」「大器」「大象」等，就是在道的意義上的「白」「方」「器」「象」，也就是它們中的最高級的事物形態。最高級的事物形態與一般事物正好相反，所以才有「大白若辱」等命題的提出。

但是，這最高級的事物何以成為「最高」的呢？比如講，「大音希聲」，這「希聲」是如何成為「大音」的呢？或者說，「大音」為何一定是「希聲」的呢？從概念的內涵來講，這都不難理解：「大音」就是道的音樂，就是最高級的音樂；而「希聲」呢？老子說：「視之不見名曰夷，聽之不聞名曰希。」「希聲」就是「聽之不聞」，亦即「感覺不到聲音」的音樂。在什麼情況下我們會感覺不到聲音？這裡我們要排除純粹物理意義上的超聲波和次聲波，它們不在我們的論域之內。就哲學美學的層面來說，我們感覺不到聲音是因為這聲音完全適合於我的感覺狀態，完全與我融而為一。只有當外物、環境完全適合於我，與我渾然相合時，我才會感覺不到外物和環境的存在。莊子曾用鞋與腳、腰與帶的關係說明這個道理：「忘足，屨之適也；忘要，帶之適也。……始乎適而未嘗不適者，忘適之適也。」（《莊子・達生》）腳上的鞋子合腳，我們就會感覺不到鞋和腳的存在；腰間的腰帶合適，我們也不會感覺到腰和帶的存在。只有在鞋太大或太小、腰帶太緊或太鬆，總之，在鞋和帶於腳於腰不合適時，我們才會感覺到腳和腰的不舒服，意識到鞋和帶的有問題。忘記了鞋和腳、腰和帶，正是穿鞋、繫帶的最佳狀態。這個最佳狀態，就是鞋和腳、腰和帶的高度統一。因其高度統一，故而才會出現鞋和腳、腰和帶的彼此相忘，進入穿鞋、繫帶的「道」的境界。而當你穿鞋始終是「適」時，那就是忘記了有所謂「適」還是「不適」的「適」，而這已經是「適」的最高境界了。明於此，我們也就不難理解「大音希聲」。這裡的「希聲」並不就是毫無聲響，而是「聽之不聞」。之所以「聽之不聞」，也是因為這個聲音和我們的感覺完全相合，沒

有一點「不適」；沒有「不適」，故而感覺不到此聲音的存在。也就是說，能夠使我們的感覺與其聲音完全交融為一的音樂，就是「希聲」，就是「大音」。所以，道家所說的「無聲」，並非真的「毫無聲響」，而就是指這「聽之不聞」之聲。這「聽之不聞」之聲就是與我們高度一致、完全融合的「大音」，即最高級的，也是最美的聲音。我們在現實中聆聽至為美妙的音樂，往往會深度地沉浸其中，進入忘我也忘物的陶醉狀態。在這個狀態中，雖然音樂在響，但我們已經感覺不到。此時能夠感受的只是生命的欣悅、充實、美好，只是享受著精神的暢快、自由、和諧。而這正是人的生命存在的最高狀態，即「道」的狀態。在這個狀態中，聲音只是充當了橋樑和接引的作用，當我們通過它而進入生命的「道」的境界，它的作用也就因此而消解，成為「聽之不聞」的「希聲」。「大音」之所以「希聲」，道理即在此。

所以，道家正是在這個意義上推崇無聲，推崇「大音」，並特別強調要從這種音樂中領略音樂的旨趣。老子說：「樂與餌，過客止。道之出口，淡乎其無味，視之不足見，聽之不足聞，用之不足既。」（《老子》35 章）文子說：「若夫聖人之遊也，即動乎至虛，遊心乎太無，馳於方外，行於無門，聽於無聲，視於無形，不拘於世，不繫於俗。」（《文子·精誠》）〔註4〕「無聲無形者，視之不見，聽之不聞，是謂微妙，是謂至神。」（《文子·精誠》）「道以無有為體，視之不見其形，聽之不聞其聲，謂之幽冥。」（《文子·上德》）莊子也說：「視乎冥冥，聽乎無聲。冥冥之中，獨見曉焉；無聲之中，獨聞和焉。」（《莊子·天地》）道家認為，我們只有在「聽之不聞其聲」的音樂中才能領略真正的音樂之美，才是進入音樂審美的最高境界。

第二節　「聽之以氣」的美學內涵

一、「聽」的三個層次

在人的最重要的兩個感官——視聽感官中，道家和儒家一樣，也十分重視「聽」的作用和意義。老子即非常重視「聽」，如「大音希聲」等，但他常常是把聽與其他感官並列對待，如：「視之不見名曰夷，聽之不聞名曰希，搏之不得名曰微。此三者不可致詰，故混而為一。」（《老子》14 章）又如：「道之

〔註 4〕本書所引《文子》，除另行標注外，均出自王利器《文子疏義》，中華書局 2000
　　　　年版，且只隨文標其章名，不再另行出注。

出口，淡乎其無味，視之不足見，聽之不足聞，用之不足既。」(《老子》35章)
首先，老子這裡尚未表現出對「聽」的特別重視，它只是與「視」「搏」「用」
相併列。其次，其重點主要在對「聽」之道的表述，尚未對「聽」作更細緻的
論述。

到文子那裏，即開始對「聽」有了更細緻的分析。他說：

> 學問不精，聽道不深。凡聽者，將以達智也，將以成行也，將
> 以致功名也。不精不明，不深不達。故上學以神聽，中學以心聽，
> 下學以耳聽。以耳聽者，學在皮膚；以心聽者，學在肌肉；以神聽
> 者，學在骨髓。故聽之不深，即知之不明；知之不明，即不能盡其
> 精；不能盡其精，即行之不成。凡聽之理，虛心清淨，損氣無盛，
> 無思無慮，目無妄視，耳無苟聽，專精積蓄，內意盈並，既以得之，
> 必固守之，必長久之。(《文子・道德》)

首先，他提出「聽道」的概念，說明「道」是可以聽的，通過聽道，可以
「達智」，可以「成行」，可以「致功名」。其次，將「聽」分為三種類型：耳
聽、心聽和神聽。再次，這三種類型是聽發展過程中的三個階段，也是聽本身
展開的三個層次，其深度上的不同即猶如皮膚、肌肉和骨髓一樣，並特別強調
聽的深度的重要。

與此相似，莊子也將「聽」分為三類：

> 若一志，無聽之以耳而聽之以心；無聽之以心而聽之以氣。耳
> 止於聽〔註5〕，心止於符。氣也者，虛而待物者也。唯道集虛。虛者，
> 心齋也。(《莊子・人間世》)

如何理解「聽」的這三個層次？其實，前面兩個好理解，較難理解的是第
三個。「聽之以耳」，就是感官意義上的聽，所聽就是感性的、物理的聲音。所
謂「耳止於聽」，就是這個意思。對於音樂來說，這個層次的聽，就是只聽到
音樂的音響形態，其他什麼也沒有。「聽之於心」，則是內涵意義上的聽，所聽
不僅是感性的、物理的聲音，同時還有與之同時共在的思想情感內容。所謂「心
止於符」，即此義。「符」，即符號、標識。符號標識的特點是，它們總是指向
某個對象，表達某種意思，便於人們去把握，去領會。用符號學的語言說，就
是「能指」。而所有的「能指」都伴隨著「所指」的，所以，「符」的意思是聽
到聲音馬上就能夠領會所指向的意義，對於音樂來說，通常就是思想感情或事

〔註5〕「耳止於聽」今本作「聽止於耳」，誤，從俞樾、陳鼓應改。

物現象。只能「聽之以耳」，屬於樂盲之聽；能夠「聽之以心」，則是我們通常所謂的欣賞音樂之聽。對於我們常人來說，做到「聽之以心」，已經是具有比較好的音樂聽賞能力了。但在莊子看來還不夠，他認為最高的聽賞狀態是「聽之以氣」。

　　什麼叫「聽之以氣」？莊子說：「氣也者，虛而待物者也。」就是說，氣即虛。但是，「虛」又和聽有什麼關係呢？他說：「唯道集虛。」意思是，道就在這虛中。虛乃道之所，道乃虛之主。以氣聽，即以虛聽，以虛聽，則聽中便有道，其聽便能合道。這樣說好像還是很玄，難以理解。關鍵是，這和音樂聽賞有關係嗎？有。主要文章還是在這「虛」字。莊子說：「虛者，心齋也。」「齋」，戒也，指祭祀前或舉行重大活動前的清心淨身，有掃除使淨之義。當停留在「聽之以耳」階段時，音樂的音響只作用於聽覺器官，並不涉及精神世界，所以無所謂「齋」還是「不齋」。而當進入「聽之以心」階段時，音樂的音響立刻喚起內心的情感意緒，獲得某種感動，或者認知。此時內心是充實的、活躍的，所以也無所謂「齋」，就是說，其心並不齋。但是，如果在此基礎上，再往前走一步，當聆聽者完全被這些音響所吸引，以至於完全忘卻自己的感受、自己的心情，乃至自己的存在，只是沉浸在這個音響之中時，那就是「聽之以氣」了。「聽之以氣」，就是在「氣」的層面與音樂相通，與萬物相通。這就意味著進入「心齋」狀態了，因為這個狀態就是真正的「智與理冥，境與神會」，自我已經消失，消失在音樂的音響之中，消失在周圍一切之中，總之，消失在物我的交融之中。莊子說：

> 視乎冥冥，聽乎無聲。冥冥之中，獨見曉焉；無聲之中，獨聞和焉。故深之又深而能物焉，神之又神而能精焉。故其與萬物接也，至無而供其求，時騁而要其宿。（《莊子‧天地》）

「聽乎無聲」，就是前面所說之「大音希聲」，就是「聽之不聞其聲」。而且，正因為「聽之不聞其聲」，才能夠「獨聞其和」。這「和」，就是物我的交融為一。這個時候，我就是物，物也就是我，我與物的精神氣息是相通的，是同脈搏共命運的，故而才叫做「能物」「能精」。這兩個「能」，李勉根據《老子》中「恍兮惚兮，其中有物；窈兮冥兮，其中有精」，懷疑為「有」之誤。〔註6〕但這裡莊子並非復述老子的思想，而是更進了一層，故此「物」與「精」已不是名詞，而是動詞，「物」即「與物為一」之義，「精」也是「與精（氣）

〔註6〕轉引自陳鼓應：《莊子今注今譯》，中華書局1983年，第301頁。

為一」的意思。當你與萬物交融為一（「與萬物接」）時，它是「無」，卻又是「有」，所以能夠滿足萬物所需；它在「動」，卻又是靜，所以能夠充當休息之所。這個狀態從道家哲學上講，就是與道合一的狀態；而從音樂聽賞的意義上講，則就是審美達到「忘我」時的高峰體驗。

弄清楚「聽」的三個層次及其內涵，再看莊子關於《咸池》、「天樂」的文字，就比較容易理解了。

二、《咸池》之「聽」的寓意

在道家看來，世界上確實存在著一種能夠引人向道、與道融為一體的音樂，這樣的音樂不僅值得肯定，而且應該大力提倡和推廣，因為它可以直接幫助我們與道接觸，進入道的境界。《莊子・天運》有一則黃帝與北門成的對話，是關於聽賞樂曲《咸池》的，它表達了音樂具有使人與道合一的功能。

> 北門成問於黃帝曰：「帝張《咸池》之樂於洞庭之野，吾始聞之懼，復聞之怠，卒聞之而惑，蕩蕩默默，乃不自得。」

北門成聽《咸池》，產生不同的心理感受，先是「懼」，即驚恐，害怕；然後是「怠」，即疲憊，鬆懈；最後是「惑」，即迷糊，不清醒。他不理解為什麼會有這樣的心理變化，故向黃帝請教。莊子以黃帝之口回答了北門成的問題。他說，音樂能夠引導人進入與道合一的境界，但要達到這個境界，確實往往要經過這三個階段。

第一階段的「懼」，是因道的不可把握而「懼」。

> 汝殆其然哉！吾奏之以人，徵〔註7〕之以天，行之以禮義，建之以太清。四時迭起，萬物循生。一盛一衰，文武倫經。一清一濁，陰陽調和，流光其聲。蟄蟲始作，吾驚之以雷霆。其卒無尾，其始無首。一死一生，一僨一起，所常無窮，而一不可待。汝故懼也。

在樂曲中，這是第一段，主要表現自然萬物、社會人事的有序運行，一切都得之其所，一切也自然而然。因其自然而然，故其運行前不見首，後不見尾，似乎無始無終，永不停息。這樣的狀態，當人初次面對時，便會產生無法把握、不可期待之感，所以會感到驚懼。

第二階段的「怠」，是對道作盡力把握而不得的怠。

> 吾又奏之以陰陽之和，燭之以日月之明。其聲能短能長，能柔

〔註7〕陳注本作「徽」，今本多作「徵」，從今本。

> 能剛，變化齊一，不主故常。在谷滿谷，在坑滿坑。塗卻守神，以
> 物為量。其聲揮綽，其名高明。是故鬼神守其幽，日月星辰行其紀。
> 吾止之於有窮，流之於無止。子欲慮之而不能知也，望之而不能見
> 也，逐〔註8〕之而不能及也。儻然立於四虛之道，倚於槁梧而吟。心
> 窮乎所欲知，目窮乎所欲見，力屈乎所欲逐。吾既不及，已夫！形
> 充空虛，乃至委蛇。汝委蛇，故怠。

　　這一段著重展示大道運行時的隨機而行，變化多端。這樣的變化運行既遵
循一定的規律，又總是「不主故常」，不斷翻出新態。這種變幻莫測的狀態，
會吸引著人盡力地去「慮」、去「望」、去「逐」，而這「慮」、「望」、「逐」又
總是「不能知」、「不能見」、「不能及」，使人無法準確妥帖地把握對象。「既不
及」，故只能隨順應變，所以會感到疲憊和鬆弛。這裡的「慮」就是理性化，
「望」是對象化，「逐」是意志化，都是與道相違背的。背「道」而行，所以
會「怠」。

　　第三階段是「惑」，音樂之聲與自己融而為一，進入無己也無物的境地，
故惑。

> 吾又奏之以無怠之聲，調之以自然之命。故若混逐叢生，林樂
> 而無形，布揮而不曳，幽昏而無聲。動於無方，居於窈冥，或謂之
> 死，或謂之生；或謂之實，或謂之榮。行流散徙，不主常聲。世疑
> 之，稽於聖人。聖也者，達於情而遂於命也。天機不張而五官皆備，
> 此之謂天樂，無言而心說。故有焱氏為之頌曰：『聽之不聞其聲，視
> 之不見其形，充滿天地，苞裹六極。』汝欲聽之而無接焉，而故惑
> 也。

　　這裡，他又改用一種與剛才不同的聲音演奏，再伴之以自然的節奏，使音
樂與人的感覺完全合而為一，以至於感覺不到音樂的存在。既沒有關於音樂的
概念，也沒有作為聽者的「我」的意念，甚至連音樂之外的世界也都不存在，
因為此時我與世界萬物都已經完全融化在音樂之中，這就是「聽之不聞其聲，
視之不見其形，充滿天地，苞裹六極」，就是「無言而心說（悅）」。這時候，
一切理性的思考、感官的欲求都已沉息，於是便有了「惑」。這裡的「惑」，從
常人看，是「愚」，是「惑」，而實際上正是「道」之所在。所以莊子最後說：

> 樂也者，始於懼，懼故崇；吾又次之以怠，怠故遁；卒之於惑，

〔註8〕陳注本作「遂」，誤。此從郭慶藩《莊子集釋》改。

惑故愚；愚故道，道可載而與之俱也。(《天運》)

音樂的功能就在於能夠將人從對自然運行的「懼」的狀態經過「怠」的狀態而進入「惑」的狀態，亦即從與道分離的狀態帶入與道合一(「道可載而與之俱」)的狀態。音樂的審美心理狀態與體道的心理狀態完全一致，這樣，音樂也就帶人進入了道的境地，產生與道匯通融合的「高峰」體驗。莊子把這樣的音樂稱之為「天樂」。

三、「天籟」：「物我借忘」的境界

「天樂」的這一特點，我們還可以從他關於「天籟」的論說中做更進一步的把握。他在《齊物論》中通過子綦和子游的對話來表述：

南郭子綦隱機而坐，仰天而噓，答焉似喪其耦。顏成子游立侍乎前，曰：「何居乎？形固可使如槁木，而心固可使如死灰乎？今之隱機者，非昔之隱機者也。」

子綦曰：「偃，不亦善乎，而問之也。今者吾喪我，汝知之乎？汝聞人籟而未聞地籟，汝聞地籟而未聞天籟夫！」

子游曰：「敢問其方。」子綦曰：「夫大塊噫氣，其名為風。是唯無作，作則萬竅怒號。而獨不聞之翏翏乎？山陵之畏佳，大木百圍之竅穴，似鼻，似口，似耳，似枅，似圈，似臼，似窪者，似污者。激者、謞者、叱者、吸者、叫者、譹者、宎者，咬者，前者唱於而隨者唱喁，泠風則小和，飄風則大和，厲風濟則眾竅為虛。而獨不見之調調之刁刁乎？」

子游曰：「地籟則眾竅是已，人籟則比竹是已，敢問天籟。」

子綦曰：「夫天籟者，吹萬不同，而使其自己也。咸其自取，怒者其誰邪？」(《齊物論》)

從子綦的話可以看出，人籟就是用口吹簫管而發出的聲音，地籟是風吹萬物而發出的聲音。比較費解的是天籟。從字面上看，好像與地籟沒有什麼區別，都是指萬物秉其本性而作聲。實則不然。當代新儒家牟宗三曾指出過，這裡對天籟的理解應該聯繫前面的文字來進行。前面有「喪其耦」和「吾喪我」，「耦」即「偶」，是相對之物，指對象；「我」是感覺的主體，與對象相對。這兩者都「喪」了，沒有了「我」與「物」的相對，也沒有了「我」這個知和欲的主體，說明他已經真正進入了一個主客交融的「忘我」狀態。以前他的「隱機而坐」

並未達到「喪其耦」，也未做到「吾喪我」，外部事物仍以對象（「耦」）的方式與己相對，「我」也仍以主體的方式置於事物之外。而今天則完全不同，對象與主體均已消解，融化為一。正是基於這個狀態，他才提出「天籟」的概念，指出天籟既不同於人吹簫管而發出的聲音，也不同於風吹萬物而發出的聲音，而是萬物自己發出的聲音。這個區別實質上是：人籟是人為的，地籟是被動的，是由風吹萬物而發出的；而天籟則是自然的，是萬物自己發出的。之所以說是萬物自己發出的，是因為天籟是在聽者「忘我」情況下才會被感知，才會被把握，也就是才會出現；或者說，是人籟和地籟導致聽者進入忘我狀態的產物。郭象在注「天籟」時說：「夫天籟者，豈復別有一物哉？即眾竅比竹之屬，接乎有生之類，會而共成一天耳。」唐代成玄英疏亦不認為天籟是「別有一物」，而就是比竹眾竅等人籟、地籟在特殊條件下的產物。這特殊條件，就是「外不待於物，內不資乎我，塊然而生，獨化者也。」〔註9〕「化」就是與萬物融為一體，也就是「喪其耦」，「吾喪我」；而「塊然而生」，就是整體地出現，這個整體，就是萬物融而為一的境界。所以，「天籟」可以有兩層涵義，一是指能夠引發聽者進入物我偕忘境界的音樂，另一是指音樂引導我們進入物我偕忘的那個境界。在這樣的境界中是聽不到聲音的，即所謂「天籟無聲」，因為當你完全進入忘我狀態時，只會感到自己與整個世界的交融合一，而當外部事物與自己融為一體時，我們是感覺不到它的存在的。莊子所說「忘足，履之適也」，就是這個意思。所以，這個「無聲」就不是物理意義上的毫無聲響，而是因為極度的「適」而不再注意那個聲響，即所謂「聽之不聞其聲」。這個狀態，就是與道合一的境界。子游沒有進入萬物一體的境界，所以感受不到這個境界；子綦因為「喪其耦」「吾喪我」，所以能夠領會這樣的境界。

所以，作為一種具有特別意義的「合道」的音樂，它確實與那些旨在激發人的感官、刺激人的欲望的世俗音樂明顯不同，它就是前述以「希聲」形態出現的「大音」，是「聽之不聞」但恰恰來自「道」本身、又歸之道本體的「至樂」。

第三節　音樂實踐中的「技」與「道」

音樂在聽賞的層面上追求物我交融，與道合一，那麼在實踐的層面，無論

〔註9〕〔清〕郭慶藩：《莊子集釋》，王孝魚點校，中華書局 2013 年版，第 51 頁。

是創作實踐還是演奏演唱實踐的層面，也一定有同樣的追求。在這個問題上，道家的工作是，先將其分為「技」和「道」兩個環節，然後考察其關係，探索其由技向道的跨越。這個工作，在莊子的「庖丁解牛」寓言中得到充分的闡述。

一、「庖丁解牛」中的兩種「道」

莊子的「庖丁解牛」故事，我們都很熟悉。但為了便於更細緻地瞭解，我們還是將其抄錄於下：

> 庖丁為文惠君解牛，手之所觸，肩之所倚，足之所履，膝之所踦，砉然響然，奏刀騞然，莫不中音，合於《桑林》之舞，乃中《經首》之會。
>
> 文惠君曰：「嘻，善哉！技蓋至此乎？」
>
> 庖丁釋刀對曰：「臣之所好者，道也，進乎技矣。始臣之解牛之時，所見無非全牛者。三年之後，未嘗見全牛也。方今之時，臣以神遇而不以目視，官知止而神欲行。依乎天理，批大郤，導大窾，因其固然。技經肯綮之未嘗微礙，而況大軱乎！良庖歲更刀，割也；族庖月更刀，折也。今臣之刀十九年矣，所解數千牛矣，而刀刃若新發於硎。彼節者有間而刀刃者無厚，以無厚入有間，恢恢乎其於遊刃必有餘地矣。是以十九年而刀刃若新發於硎。雖然，每至於族，吾見其難為，怵然為戒，視為止，行為遲，動刀甚微，謋然已解，牛不知其死也，如土委地。提刀而立，為之四顧，為之躊躇滿志，善刀而藏之。」
>
> 文惠君曰「善哉！吾聞庖丁之言，得養生焉。」（《莊子·養生主》）

庖丁解牛的技術很高超，這裡面有一些非常形象化的描述：「手之所觸，肩之所倚，足之所履，膝之所踦，砉然響然，奏刀騞然，莫不中音，合於《桑林》之舞，乃中《經首》之會。」這段話說明庖丁在解牛過程中得心應手，已經超越到一種自由的境地，我們常用「爐火純青」或「出神入化」來形容這樣的技術境界，這段話便是對「化境」的描述。然後，文惠君對這樣的狀態大為讚歎，說：「技蓋至此乎？」這裡提出「技」的問題，並引出庖丁的一番議論，他說：「臣之所好者，道也，進乎技矣。」這是他針對文惠君「技蓋至此乎」的回答，同時又提出一個新概念「道」的問題。這句話的意思是：我所關注的

不是「技」而是「道」。「進乎技」，意思是，「道」比「技」更進一層。接著，他以三個階段來描述自己解牛的演變過程：第一個階段是「無非全牛」，即只看到整體的牛的形象，尚未瞭解牛體的機理。這是對牛體進行感性把握的階段。第二個階段是三年之後，是「未嘗見全牛」，即由於對牛體的機理瞭解得十分清楚，以至於見到牛的任何部位，首先浮現在眼前的只是機理，而非整體的形象。這是一個完成了對牛體結構進行理性認知的階段。第三個階段則是他目前所處的階段，其特點是，他將對牛體的理性認知轉化為解牛的實踐，並達到得心應手，即所謂「以神遇而不以目視，官知止而神欲行」的地步。這時候，手裏的刀似乎本能地、自然而然地順著牛的肌理把牛的筋、肉、骨一塊塊卸下來，不是自己的意識在指揮他這樣做，而是它自己自動地就完成解牛的過程。這三個階段，從感性直觀到理性認知，再到實踐自由，一步步地提升，最後達到最高的渾然無礙的境地。他還分析這個自由實現的內涵，就是「彼節者有間，而刀刃者無厚。以無厚入有間，恢恢乎其於遊刃必有餘地矣。」牛體內的每個關節、每個塊面之間，雖然空際很小，但只要嚴格遵循其規律，就能夠在這很小的空間中「遊刃有餘」。依隨牛體的紋理運行，就不會有阻礙，刀也就不會有損傷。這樣的工夫，在庖丁看來，就不是「技」的問題，而是更進一層的「道」的問題。文惠君對他的解釋很滿意，說：「善哉！吾聞庖丁之言，得養生焉。」

　　這個故事中，我們首先要注意的是什麼呢？就是庖丁所講的一句話：「道也，進乎技」。這句話看起來十分明白，但其內涵究竟如何？「進乎技」的「進」是什麼意思？仔細想想，它實際上包含有兩層含義：

　　第一層含義，是將「進乎技」的「進」理解為「轉向」，也就是說，我關注的並不是「技」，而是另外一種東西「道」，由對「技」的追求引向對「道」的追求，所以「道」比「技」更進一層。應該說，中國古代在對莊子《庖丁解牛》故事的理解中，大部分人取的是這個意思。據郭慶藩《莊子集釋》所引郭象注云：「直寄道理於技耳，所好者非技也。」這裏表達的就是一個「轉向」，我所關注的不是「技」，而是寄託在「技」中的「道」。唐成玄英疏也是這樣理解，他說：「捨釋鸞刀，對答養生之道，故倚技術，盡獻於君。」又說：「進，過也。所好者養生之道，過於解牛之技耳。」〔註10〕這是從形態層面而言，講的是宰牛問題，實際上指向的是養生之道。養生之道與宰牛之技是兩個不同的事情，郭象和成玄英所指之「道」就是養生之道，是技外之道。因此，這裏的

〔註10〕〔清〕郭慶藩：《莊子集釋》，王校魚點校，中華書局 2013 年版，第 112 頁。

「進」是為「轉向」之意，只不過轉向後是比轉向前更高的一個層級。

第二層含義，將「進」理解為「超越」。「超越」是擁有某種東西，又超過了它。哲學當中有「揚棄」，「揚棄」不是簡單的否定，而是包含著它以後又做的否定，也就是超越它，超越意味著達到一個更高水準，更高水準中包含著低層級的水準，就如我們讀到大學的時候，已經包含了高中、初中、小學一樣。在這裡「超越」包含了什麼內涵？實際上，由於我們已經完全地、很好地解決了技術問題，故而它不再是問題了，我就超越於它，獲得了自由。在前面庖丁所講的話中，最貼切地作了注釋。他說：開始時，所見是全牛，三年之後，所見不是全牛，再經過一段時間實踐後，「官知止而神欲行」，達到了「以神遇而不以目視」的地步。這些說明：一開始靠技術，當技術問題被自己攻克之後，就達到了爐火純青、遊刃有餘的「道」的境地，此「道」才是庖丁所關注的，是對「技」的一種超越。這與第一層含義的不同在於：前者「技」與「道」是兩件事情，「道」是技外之道，從解牛轉向養生，只不過用另外一種關係把他們聯繫在一起；後者「道」為技中之道，是對技的超越。在這個意義上理解「技」和「道」的關係，實際上是一件事情的兩個不同階段，就是說在「技」的掌握過程中，進入一個更高的被稱為「道」的階段。

這個故事所包含的這兩種理解，如果用文本當中的內容來表示，則一個是文惠君的理解，認為「道」是技外之物；一個是庖丁本人的理解，認為「道」是技中之道，是技的進一步發展。這兩種「道」對後來的藝術影響很大。例如在古琴演奏方面，就存在著對莊子這兩種「道」的接受，文人琴主要接受的是「技外之道」，重在以琴修身養性；藝人琴〔註11〕接受更多的則是「技中之道」，更多地著眼於在技法的運用中進入「道」的狀態。〔註12〕

二、「技中之道」的內涵

那麼，這種在演奏技法的處理中達到道的狀態，即所謂的「技中之道」，到底是怎麼回事？演奏之技是如何在運用中變成道的？

我們還是從「庖丁解牛」入手，然後再推及音樂。

〔註11〕關於「文人琴」和「藝人琴」的論述，參見拙文《文人琴與藝人琴的不同旨趣及其走向》，《東方叢刊》2003 年第 3 期；《文人琴與藝人琴關係的歷史演變——對古琴兩大傳統及其關係的歷史考察》，《中國音樂》2005 年第 2 期。

〔註12〕這方面的詳細論述可參考拙文《古琴演奏中的「技」與「道」——從莊子「庖丁解牛」中的兩種道談起》，《藝術百家》2009 年第 3 期。

　　首先，「庖丁解牛」的故事告訴我們，「技」不就是「道」，對技的掌握也不意味著進入道的境地。「臣之所好者，道也，進乎技矣。」這個道雖然存在於技中，但不能說技就是道，因為庖丁的「道」經歷了「所見無非全牛」、「未嘗見全牛」和「遊刃必有餘地」這三個階段。只有在最後一個階段，才可以算接觸到道的層面。這說明，這個道不是從外面加入的，而是由技本身的發展而成就的。所以，要達道，還必須從技術入手。解牛如此，琴樂演奏也同樣如此。此理自明，無須多說。

　　其次，這個道的實質是，技術越來越深入、精準地介入對象，與對象達成水乳交融的契合境地。庖丁在自述解牛由「技」入「道」的三個階段後，著重又對其「道」的境界作了說明。他先介紹自己的做法是：「依乎天理，批大郤，導大窾，因其固然。」「天理」就是自然之理，「固然」是說客觀的、本來的樣子，也就是指「大郤」「大窾」。這是說，自己只不過是因循自然，順隨事物的客觀理路，也就是在牛體筋骨與肌肉的空隙處下刀，不去觸碰筋骨而已。然後又分析這樣做之所以能夠成功的原因是：「彼節者有間而刀刃者無厚，以無厚入有間，恢恢乎其於遊刃必有餘地矣。」牛的筋骨和肉之間本來就存在間隙，刀只要始終在這間隙中運行，必然能使刀久用不傷。但是要做到這樣，必須有兩個條件：一是對牛的身體機理瞭如指掌，一是在操作中非常精準、自如地依循這個機理。所以，解牛之道並不神秘，它就是對對象的認知和技術操作這兩者的完美統一，就是技術要精準地介入對象。

　　這個道理對於音樂也同樣適用。音樂的演奏，一切的技法都必須為表現的內容（廣義的內容）服務。單純的技術是一個抽象、孤立的存在。假如你操刀的技術很高，但不能準確、嫻熟地依循牛的機理而行，則你的操刀之技就還是抽象的、孤立的。同樣，儘管你的彈琴技巧訓練得十分純熟，但卻不能妥帖準確地表現音樂的內容和形象，你的技巧也仍然是抽象的、孤立的，因為它還與表現對象相分離。這個時候，在音樂表現中，你最多只有蒼白的「炫技」，而不會有真正的生命感覺和音樂情韻。只有將技術運用到內容表現和形象塑造上面，它才有可能與道結緣。當然，沒有對刀的精準的控制，就不可能進入解牛的化境；同樣，沒有演奏技藝的純熟，也不可能實現對樂曲的完美演繹，進入演奏之「道」。這種強調技術和聲音要與表現的內容相一致的觀點，幾乎是中國古代琴家的共同看法，如成玉磵《琴論》中的「操琴之法大都以得意為主」〔註13〕，

────────────

〔註13〕吳釗等編：《中國古代樂論選輯》，人民音樂出版社 2011 年版，第 217 頁。

蘇璟《鼓琴八則》中的「彈琴須要得情。情者，古人作歌之意，喜怒哀樂之所見端也」〔註14〕等。

那麼，琴樂演奏進入「道」的境界後是什麼樣的狀態？我們可以套用莊子的話來說，就是「大技無巧」，是技術的消融，是演奏的非演奏狀態。「庖丁解牛」所進入的道的境界，是「以神遇而不以目視，官知止而神欲行。依乎天理，批大郤，導大窾，因其固然。……恢恢乎其於遊刃必有餘地矣。」「神遇」即意味著自己與對象的界限已經消失，主客完全融而為一，不再需要理性的考慮，一切都「依乎天理」，「因其固然」，完全符合對象自身的內在規律。這是一種完全自由的活動。在道的狀態中，一切法則規矩都已不復存在，因為都已實現在行為之中，不再以法則規矩的形態出現。這個狀態恰好也是琴樂演奏的最高境界亦即道的境界。宋代海南道人白玉蟾寫詩稱讚琴家吳唐英的琴藝，是「弦指相忘，聲徽相化，其若無弦者」。清人蔣文勳評此數語曰：「非唐英指法之妙，不能憑空撰出此語；亦非海南道人，不能道得出此數語。彈琴之妙止此矣，言琴之妙亦止此矣。」「相忘」「相化」，就是主客、弦指、音意完全融而為一，亦即技術與對象融而為一。北宋朱長文《琴史》評師文琴時說：彈琴而「及其妙也，則音法可忘，而道器冥感」〔註15〕。僧人琴家居靜彈琴，嘗自謂「每彈琴，是我彈琴、琴彈我。」〔註16〕晚清祝鳳喈亦謂其彈琴，「每一鼓至興致神會，左右兩指，不自其輕重疾徐之所以然而然。妙非意逆，元生意外，渾然相忘其為琴聲也耶！」〔註17〕在這裡，他們的一個共同之處，就是都有一個「忘」字，忘指、忘弦、忘聲、忘琴、忘法、忘我，總之，忘其為演奏，而只是用自己的感覺、生命來鎔鑄出一種體驗、一種趣味、一種境界，這就是演奏之「道」。

但是，演奏所達到的這種忘己、忘琴、忘演奏的狀態，並不意味著此時的主體和理性已經完全消失，人的精神狀態完全鬆弛。即如庖丁在面對牛體筋肉聚集（「族」）的部位時，仍要集中自己的注意力：「每至於族，吾見其難為，怵然為戒，視為止，行為遲。」此時解牛者的目光要專注，動作要謹慎，要充分調動自己的意志和能量，才能出現「動刀甚微，謋然已解，牛不知其死也，如土委地」的功效。這一點，琴樂演奏也同樣如此，演奏的非演奏狀態也不可

〔註14〕吳釗等編：《中國古代樂論選輯》，人民音樂出版社 2011 年版，第 420 頁。

〔註15〕吳釗等編：《中國古代樂論選輯》，人民音樂出版社 2011 年版，第 200 頁。

〔註16〕轉引自《則全和尚節奏指法》，若海珍藏本《琴苑要錄》，抄本，第 11～12 頁。

〔註17〕吳釗等編：《中國古代樂論選輯》，人民音樂出版社 2011 年版，第 472 頁。

能是一種無主體、無理性的麻木狀態，只是此時的主體、理性已經與演奏的動作和生命的感覺融為一體，不再以孤立的方式存在，就好像糖已完全融入水中，不以糖的形態存在，但並未消失一樣。

三、兩種「道」的相通性

把「庖丁解牛」中的「道」區分為「技外之道」和「技中之道」，目的是展現其不同的內涵和外延，但並不意味著兩者毫無聯繫。只要仔細分析一下，就能夠發現，它們之間又有著某種相通性，或者說，有著一個共同的基礎。

我們還是從「庖丁解牛」的故事本身來看。

首先看「技中之道」，也就是藝人琴的「道」。在庖丁所講技道關係當中，他所講的是原始關係，它所具有的涵義是原始涵義。這個涵義包含著這樣一種思想，那就是，我們對事物要有一個不斷深入把握的過程，事物的規律被全部把握之後，我們便進入「道」的境界。這一點和馬克思主義的自由觀很相吻合。馬克思講自由是對必然的認識，必然是事物的規律性，當我們認識了事物的必然性後，我們就獲得了認識的自由。所以，無論在古琴方面還是在庖丁解牛方面，我們不僅僅要對事物的必然性進行認識，還要順隨事物的必然性進行實踐。宰牛和彈琴都是操作即實踐過程，在這個過程，他是如何步步深入地去把握必然、進入自由境界的呢？在庖丁解牛過程的三個環節中，第一個環節是「無非全牛」，即見到的僅僅是一個牛的整體，它的內部肌理尚不清楚，故此時的牛對我來說，還只是一個混沌狀態。第二個環節是「未見全牛」，即：經過三年摸索後，已經將牛的內部骨骼肌理摸得一清二楚，這時見到牛，呈現出來的不是牛的整體，而是一個框架結構，一個肌理、紋路、骨骼的立體「模型」。這是對事物的規律在認識層面有了充分的把握，進入對必然認識的自由王國。但這還不是最後亦即最高的境界，因為它還停留在認知階段，尚未進入實踐。馬克思說，哲學僅僅是解釋世界，但關鍵是要改造世界。所以接著便有第三個環節——「官知止而神欲行」。他說：「方今之時，臣以神遇而不以目視，官知止而神欲行。」這裡說的便是實踐狀態。光有認識是不夠的，還要把認識到的必然轉化到自己的實踐操作過程中去。這是一個更艱苦但更有意義的過程，是行為對必然的掌握而達到實踐的自由。在表述了這三個環節之後，他又進一步解釋其原因，即達到這一境地的原理是什麼。他的回答是：「以無厚入有間」。刀實際上是有厚度的，筋肉關節之間的空隙實際上是極小極小的，但你有了對

對象必然的認識和實踐能力之後，它的厚度便大大縮小，空隙也大大擴展，你的自由也就能夠得以實現。這說明，只要認識並在實踐中體現了這種必然規律，我們就能夠獲得一個很「大」的活動空間，就能夠感到一種徹底的、完全的自由。換一種說法，我們能否獲得自由，從某種意義上說，並不在現實空間的大小，而在於對必然的把握和遵循程度如何。中國哲學中，無論儒家還是道家，都非常強調這個道理，體現此種智慧，就像在《庖丁解牛》中所展示的那樣。

至於「技外之道」，即文惠君理解的技道關係，只是一種引申義，而不是原始涵義。文惠君講：「善哉，技蓋至此乎」。這裡，「此」指的還是技術。接著經過庖丁的一番解釋之後，他又說：「善哉，吾聞庖丁之言，得養生矣焉。」所以，在這個文本中，「養生」是文惠君所領悟的「道」，也是郭慶藩等許多讀莊解莊者所理解的「道」。「養生」對於「宰牛」來說，是技外之事，兩者非為一體，而是兩個並存的事體。用符號學的話說，一是「所指」，一是「能指」。但是，在「養生之道」和「宰牛之技」中又確實存在著一種同構性。這種同構就是一個道理：掌握事物的內在規律。宰牛要掌握牛的肌理，把握牛的肢體結構的規律，才能最有效地實現自己的目的，並且更好地保存自己（刀）。養生也是如此，我們應該最有效、最深入地掌握「人的生命的機理」，不僅要認識人的生命的規律，還要在行為上遵循它，才能夠達到養生的目的，實現生命的自由。而這種自由和快樂，恰好是「技外之道」和「技中之道」所共有的內涵，它們都表現為對自然必然性的一種認識和把握。所以，表面上兩者截然相反，互相對立，實際上則是相通的。

在庖丁解牛的層面它們是相通的，那麼，在古琴演奏層面上，即在文人琴和藝人琴的層面上，它們是否也相通呢？

從古琴演奏層面看，文人琴和藝人琴是否相通，就看他們在彈琴的基本精神和最終境界上是否相通。我們說過，文人琴的「道」屬於「技外之道」，它的內涵是技術以外的東西。那麼，文人琴所指的「道」的境界是怎樣的呢？總體而言，就是指人與天地萬物都進入一種和諧狀態。漢代桓譚從大處落墨，認為琴能夠「合天地之和」。魏時嵇康則從個人心境入手，強調琴「可以導養神氣，宣和情志，處窮獨而不悶」。此後述說琴的修身理性功能的就更多，如白居易的「心積和平氣」，「恬淡隨人心」；「心靜即聲淡，其間無古今」；「本性好絲桐，塵機聞即空。一聲來耳裏，萬事離心中。情暢堪銷疾，恬和好養蒙。」蘇軾的「散我不平氣，洗我不和心」；朱熹的「養君中和之正性，禁爾忿欲之

邪心」等。這裡所描述的彈琴而臻於「道」的境界，就是通過對自己心靈的調整，而實現「物我合一」、「萬物一體」的和諧境界，亦即中國哲學所強調的人生修養的最高境界。感覺到我已經不存在了，而與萬物融為一體，這樣的境界無論在古人還是今人都是存在的，只不過這種體驗往往不被知覺，或是達到這種體驗的人越來越少了。琴之所以能成為琴人修身養性的道器，就是因為琴有這方面的非凡功能。古琴特有的音響效果以及操持方式能幫助人進入這種境界。在第一種意義層面即「技外之道」上，它進入了「物我合一」的自由狀態；第二種意義上的「道」亦即「技中之道」則表現了人與琴、音與意也融合為一。彈琴時，當人與琴、指與弦、音與意達到高度統一時，也就與整個世界融合不分了。我們經常說「陶醉」於音樂之中，「陶醉」就是與周圍的一切「融為一體」。藝人琴通過對「技」的超越，使技術達到爐火純青的地步，從而進入「道」的化境。這種化境便是「物我交融」的境界，這恰好與文人琴所追求的「道」的境界不謀而合。所以，無論文人琴還是藝人琴，它們都能夠通過自己的修持途徑來達到目的，都能達到「物我統一」的最高境界，這也是琴為什麼能長久地在民間流行的原因。所以，在深層次上，文人琴與藝人琴是有著相通之處的。

　　莊子在「庖丁解牛」中所闡發的兩種「道」，既是哲學的命題，也是美學的命題；既適合於日常生活的各個方面，也適合於包括音樂在內的所有藝術。它已經對古代的藝術實踐產生巨大的影響，也同樣能夠對當代的藝術創造帶來有益的啟示。

第四節　音樂的「所以聲」及其意義

　　道家以「道」解決人生問題，在合道的意義上決定音樂的取捨，又從道的層面解釋音樂的審美和演奏。那麼，他們對音樂的構成是如何看待的呢？換句話說，道家是如何理解音樂的音與意，亦即形式與內容的？

一、對「聲」與「所以聲」〔註18〕的區分

　　現實生活中的音樂，最為直觀的形態就是有組織的音響。那麼，這些音響

〔註18〕「所以聲」不是《文子》中的原話，而是筆者根據其「故弦，悲之具也，非所以為悲」、「規矩勾繩，巧之具也，而非所以為巧也」、「法制禮樂者，治之具也，非所以為治也」等相似命題套用而來的。雖非原話，但能夠反映其真實的思想。

是誰將它們組織起來，又是如何被組織起來的？對於這個問題，道家首先將其區分為兩個層面，一是現象的層面，即我們感覺所能夠感知到的音響形態；一是決定並支配這個音響的動力層面，也就是音響形式所承載的內容與意義。這兩個層面的區分，道家是以「然」與「所以然」的思路展開的。

對音樂進行「然與所以然」的區分，最早見於《文子》。在第八章「自然」中，有這樣一段文字：

> 若夫規矩勾繩，巧之具也，而非所以為巧也。故無弦雖師文不能成其曲，徒弦則不能獨悲。故弦，悲之具也，非所以為悲也。至於神和，遊於心手之間，放意寫神，論變而形於弦者，父不能以教子，子亦不能受之於父，此不傳之道也。故蕭條者，形之君也；而寂寞者，音之主也。（《文子·卷八自然》）

這段文字有幾層意思。其一，它將音樂劃分為「聲」與「所以聲」兩個層面。它先以木工使用規矩畫線為例，說明直尺、圓規、墨繩等，是木工畫線成形的工具，但不是畫線成形本身，也不是所以成線、所以成形的原因。所以成線、成形的原因在其畫線和成形的背後，那就是畫線成形者的思想和意圖，即所謂「所以巧」。音樂也如此。彈琴沒有弦出不了音，成不了曲，但只有弦而沒有妙手彈奏，也無法成曲以感人，即「悲」〔註19〕。琴弦確實是感人的手段和器具，但不是感人的真正原因。它是「感」，但並非「所以感」；是「悲」，並非「所以悲」。這說明，一個完整的音樂現象，是由感人之「聲」和「所以聲」兩個層面構成的，缺一不可。

其二，在這兩個層面中，「所以聲」或「所以感」是成聲、感人的原因所在，在音樂過程中起著決定和主導的作用。這裡的「蕭條」和「寂寞」都是指創作者用於音樂之中的情感狀態，有此情感去驅動聲音，聲音才會有內容，有張力，才會感人。所以它才說，「所以聲」是「形之君」，是「音之主」。

其三，「聲」與「所以聲」這兩個層面的完美配合，是所有優秀音樂的標誌。這種完美的配合需要精神的高度和諧，在心與手之間要配合默契，使自己的精神、意念、情感充分活躍，再由它支配音樂的進行，並實現在變化萬千又井然有序的曲調之中。這是音樂創造的「道」之所在。

其四，音樂創造的這個「道」是不可傳遞的：「父不能以教子，子亦不能

〔註19〕古代樂論中，「悲」往往不是指日常語彙中的悲傷、悲哀等情感，而是指音樂能夠感人的感染力。

受之於父」。音樂的技巧即「聲」是可以傳授的，因為它有形、有規律，所以可以用語言表達，也可以依形而模仿的。而「所以聲」，即支配音響的精神、個性、情感、思想、意志等則是無形的，也無規律可循，因而是不可言說、不可模仿，因而是不可傳遞的。而要以「所以聲」來完美地控制和支配「聲」，並完滿地實現在「聲」中，則更是只能靠樂人自己的一心妙用，全無秘訣可言。

「聲」與「所以聲」的區分，從某種意義上說，同目前通行的形式與內容的區分似乎相似，實則有別。一是其「所以聲」不僅包含音樂所表現的內容，還包含樂人在創造過程中的動機、情境、思想等等尚未表現到作品中去的種種主觀的因素，其範圍要比「內容」廣得多。二是被區分的兩個層面關係更明確。形式、內容之分只表示兩者互相依賴，內容是形式的內容，形式是內容的形式；「聲」與「所以聲」的區分則明確後者對前者的制約性和支配性，兩者是主從關係。

文子對音樂兩個層面的這種區分，是同道家對「然」與「所以然」的重視分不開的。看到一個現象，即努力要探究其背後的「所以然」，是道家思維的一個重要特點。例如莊子就明確提出這個問題，並加以清晰的界定。《莊子‧天運》有這樣一個故事：

> 孔子謂老聃曰：「丘治《詩》《書》《禮》《樂》《易》《春秋》六經，自以為久矣，孰知其故矣，以奸者七十二君〔註20〕，論先王之道而明周、召之跡，一君無所鉤用。甚矣夫！人之難說也！道之難明邪？」
>
> 老子曰：「幸矣，子之不遇治世之君也！夫六經，先王之陳跡也，豈其所以跡哉！今子之所言，猶跡也。夫跡，履之所出，而跡豈履哉！夫白鶂之相視，眸子不運而風化；蟲，雄鳴於上風，雌應於下風而風化；類自為雌雄，故風化。性不可易，命不可變，時不可止，道不可壅。苟得於道，無自而不可；失焉者，無自而可。」
>
> 孔子不出三月，復見，曰：「丘得之矣。烏鵲孺，魚傅沫，細要者化，有弟而兄啼。久矣夫，丘不與化為人！不與化為人，安能化人。」
>
> 老子曰：「可，丘得之矣！」（《莊子‧天運》）

〔註20〕嚴靈峰謂春秋時只有十二諸侯國，孔子所歷僅六國，所見諸侯只齊景公、魯定公、魯哀公三人，疑「七」乃「已」之誤，可參考。然莊子所述，僅為寓言，似也不必較真。

孔子研讀六經多年，熟知其中內容，以之游說諸侯，卻無一人採納。他以此問題請教老子。老子即以「跡」和「履」的關係作比，說明其中道理：六經均為古人所作，即使他們有十分高明的思想，也不一定被記錄在六經之中，因為六經只是古人思想之「跡」，「跡」非「履」，故而六經也不可能就是古人的真實的思想。以「跡」為「履」是錯誤的，同樣，以六經為古人高明的思想，也同樣是錯誤的。特別是，莊子在這裡還闡述了這樣的思想：六經作者寫作其書，是針對自己所遇到的事和問題而發的，現在時代變了，地點變了，所針對的事和情境也不一樣，以前所寫，如何合用？並以動物生育為例，白鶂以雙目對視而受孕生殖（「風化」），昆蟲以風為媒受孕生殖，而另一叫類的動物，則自為雌雄而受孕生殖。三者各有其性，其生育亦各有其道，如何相易。只有順隨各自的道行事，才能取得成功。孔子苦思了三個月，終於想通了。他發現自己很久沒與造化為友，所以也就無法化人。這個「造化」，就是自然，就是「道」。

音樂上的「聲」與「所以聲」和哲學上的「跡」與「所以跡」，都來自道家思維上的「然」與「所以然」的運思模式，來自他們探究問題時尋根究源的思想張力。

二、「所以聲」的特點

前面說過，「所以聲」不僅僅指音樂音響中所包含的思想情感內容，還包括這些思想情感內容得以產生的背後的東西，是一個內涵更為豐富、更為複雜、也更加微妙的東西。這個被稱之為「所以聲」的東西有哪些特點呢？

首先，與「聲」不同的「所以聲」是母體，是創造者，有派生功能。《文子》曰：

> 無形而有形生焉，無聲而五音鳴焉，無味而五味形焉，無色而五色成焉，故有生於無，實生於虛。音之數不過五，五音之變，不可勝聽也；味之數不過五，五味之變，不可勝嘗也；色之數不過五，五色之變，不可勝觀也。音者，宮立而五音形矣。（《文子‧道原》）

在道家那裏，有生於無，無為有之母。老子曾說：「無，名天地之始；有，名萬物之母。」（《老子》1章）故文子也說，有形生於無形，五味生於無味，五色生於無色，同樣，五音也生於無聲。音的數量是有限的，基本的只有五聲，但是，它們所形成的音樂卻是無限的。就好像不可勝嘗的「五味之變」來自「無味」，「不可勝觀」的「五色」來自「無色」一樣，「不可勝聽」的「五音之變」

也來自「無聲」。具有無限可能的「五音之變」，其操控者絕不是「五音」本身，而是五音之外的因素，即「所以聲」。其實，「所以聲」這個詞本身就說明它的創生性。人所創造的一切，都是有動機，有目的的，就是說，都是特定動機和目的的產物。五味來自人對味的追求，五色來自人對色的追求，五音也來自人對聲的追求。人的這類追求，就是「所以味」、「所以色」、「所以聲」，它們就是「五味、五色、五音的創造者。

其次，支配「聲」的「所以聲」不同於「聲」，「聲」是有聲，而它是「無聲」。《文子》說：

> 瑟不鳴，而二十五弦各以其聲應；軸不運於己，而三十輻各以其力旋。弦有緩急，然後能成曲；車有勞佚，然後能致遠。使有聲者，乃無聲也；使有轉者，乃無轉也。（《文子·微明》）

這是以瑟為例，說明統率聲者，一定是非聲。瑟有二十五弦，就其弦而言，它並不能夠發聲，只有將其張於瑟身，它才會有聲。而瑟體本不能發聲，是無聲。所以說，非聲才能夠使其發聲，非聲是為「聲」之本。莊子也曾以瑟為喻講過這個道理，但他是從弦與弦的相應來說明的。他借魯遽之口說：「於是乎為之調瑟，廢一於堂，廢一於室，鼓宮宮動，鼓角角動，音律同矣！夫或改調一弦，於五音無當也，鼓之，二十五弦皆動，未始異於聲而音之君已！」（《莊子·徐无鬼》）「廢」即「放置」。兩個房間各放一張定弦相同的瑟，如果彈這張瑟的某弦，則另一瑟與之相應的弦也隨之發聲。他說，這不奇怪，同類相感而已。莊子說：「同類相從，同聲相應，固天之理也。」（《莊子·漁父》）如果改調其中一瑟的某弦，使之與另一瑟的二十五弦皆不相同，即「與五音無當」，那麼，彈撥此弦，另一張瑟的二十五弦皆鳴。為什麼，因為它能夠超越於那二十五弦，能超越它們，才能夠統率它們，成為「音之君」。車輪上的軸與輻亦如此。車輪上的輻不停地轉動，但車輪的軸是不動的。正是這不動的軸支配著三十輻的轉動，才能夠使車行走致遠。他最後總結說：「使有聲者，乃無聲也；使有轉者，乃無轉者也。」那麼，統率「聲」的「所以聲」，也只能是「無聲」也。試想想，還真是那麼回事，因為在音樂中，支配、統率音響進行的是什麼？是思想，是情感，是動機，是意志，是欲望，等等，而這些確實都是無聲的。

再次，此無聲的「所以聲」雖操控著聲，支配著聲，創造著聲，卻不輕易顯露自己，只是在不得已之時方才顯露，只是在各種條件均已具備時，方才起應。文子說：

> 鼓不藏聲,故能有聲;鏡不沒形,故能有形;金石有聲,不動
> 不鳴;管籥有音,不吹無聲。是以聖人內藏,不為物唱,事來而制,
> 物至而應。(《文子・上德》)

「不藏聲」、「不沒形」即「不藏於聲」「不沒於形」,是說在通常情況下,鼓不以聲顯,鏡不以形充,即都表現為「虛」「空」「無」。正因為都是虛、空、無,所以才能有聲,才能鑒形。這裡有兩層意思。其一是,鼓雖不能自鳴,但它有發聲的潛質;鏡雖不能自鑒其物,但是一定有鑒物的潛能。換一塊土磚,一片木板,就既不能鳴,也不能鑒物。「所以聲」只有面對金石、管籥、鍾鼓類器物時,才能使其發聲。其二是,「所以聲」雖然能夠統率、支配聲,但並不隨意人為起事,即所謂「不為物唱」。「唱」即率領、帶頭。體現的也是無為而治的精神。只有等條件具備,時機來臨,它才會應物而動。既然動起來了,它也一定能夠很好地履行其統率、支配、控制的功能(「事來而制」),使管籥諧響,金石齊鳴,保證其「聲」的有序進行。

「所以聲」的這三個特點,揭示了音樂活動中藝術家在其準備和創作過程中的心理意識狀況,它符合音樂創作的精神特點,是我國早期哲學對音樂美學所作出的理論貢獻。

三、由「聲」而至「所以聲」

既然「所以聲」是「聲」的根本和靈魂,那麼,在欣賞音樂時,就一定要接觸到「所以聲」,進入「所以為聲」的道理之中。這也是《文子》所著意強調的思想,他寫道:

> 譬猶師曠之調五音也,所推移上下,無常尺寸以度,而靡不中
> 者。故通於樂之情者能作,言有本主於中,而知規矩鈎繩之所用者
> 能治人。故先王之制,不宜即廢之;末世之事,善即著之。故聖人
> 之制禮樂者,而不制於禮樂;制物者,不制於物;製法者,不制於
> 法。故曰:「道可道,非常道」也。(《文子・上禮》)

這段話由兩個層次組成。第一層是說,在看上去雜亂無章、變化不定的表象背後,存在著規則和定數。如師曠調五音,琴上沒有尺寸,不見刻度,而他能夠熟練地「推移上下」,很快把音調好。這是因為他「通於樂之情」,「有本主於中」,雖無形無象,看不見,摸不著,卻在冥冥中支配著五音的協調。五音就是「聲」,而「樂之情」和「主於中」的「本」,則就是「所以聲」。前者是靠後者成就自身的。這是第一層意思,是從音樂創造的角度而言的。第二層

則是從欣賞、接受、理解的角度而言，意思是，聖人創造了禮樂，但不受禮樂的束縛，即「制物者，不制於物」，「制禮樂者，而不制於禮樂」。為什麼？因為聖人所制之禮樂，就其直觀地看來，它只是一些儀節程序和音響形式，創造禮樂時用以支配它們的思想、情感、動機、目的等，此時已經隱藏起來，一般人不容易感知到，把握到。這也就是孔子說過的那句話：「禮云禮云，玉帛云乎哉？樂云樂云，鍾鼓云乎哉」的意思所在。人們往往只抓住可見的感性形態，即祭祀的儀式、用品和奏樂時所用的鍾鼓琴瑟乃至音響，而忽略了支配這些儀式的「所以式」和支配這些音樂的「所以聲」，這樣是得不到禮樂的精髓，也就是得不到真正的禮樂。他在「上義」篇中也說：「法制禮樂者，治之具也，非所以為治也。」（《文子·上義》）「所以為治」才是「治之具」的靈魂，沒有它，「治之具」就只是一個無意義的空殼。那麼，如何才能得到真正的禮樂？就是「不制於禮樂」，透過禮樂的形式，也就是超越其「形」其「聲」，而進一步把握支配其「形」的「所以形」，支配其「聲」的「所以聲」。這裡的關鍵就在「不制於」。如果被「制於」禮樂，那麼你就會為已經形態化了的禮樂所束縛，就很難、甚至不可能再去把握到支配禮樂的思想、情感、動機、目的等，也就是「所以形」、「所以聲」。「所以聲」是「聲」之「本」，丟掉它，也就意味著丟掉音樂本身。這是文子所著意要告訴我們的道理。

　　文子的這個思想，實際上同莊子的「得意忘言」完全相通；而「得意忘言」又是建立在「言不盡意」的基礎之上的。「言不盡意」的思想源於老子的「道可道，非常道；名可名，非常名」（《老子》1章），認為道是不可以通過有形的語言表達出來的。莊子繼承了這一思想，如他借輪扁之言說：「臣也以臣之事觀之。斫輪，徐則甘而不固，疾則苦而不入。不徐不疾，得之於手而應於心，口不能言，有數存焉於其間。臣不能以喻臣之子，臣之子亦不能受之於臣，是以行年七十而老斫輪。」（《莊子·天道》）說明斫輪之道語言無法傳遞。他還以書之言和意的關係為例，闡述了貴意而不貴言的思想：「世之所貴道者書也，書不過語，語有貴也。語之所貴者意也，意有所隨。意之所隨者，不可以言傳也，而世因貴言傳書。世雖貴之，我猶不足貴也，為其貴非其貴也。」（《莊子·天道》）世人貴書中之語，是以其語能傳意；但意之所隨，不可以言傳，故語之貴為妄矣。此之謂「言不盡意」。這個思想，《文子》也有相似的表述，他說：「誦先王之書，不若聞其言；聞其言，不若得其所以言；得其所以言者，言不能言也。」（《文子·上義》）說的也就是「言不盡意」。

那麼，為什麼說「言不盡意」？簡而言之，原因有二：一是言為局部，意為整體。言總是有角度的，而言的對象則是事物的存在本身，它是整體的，全方位的。所以，任何言，都只是對這個整體作特定角度的觀照，而不是整體。二是言本身就是限制，是定型，而意則是不斷變化著的。言不僅只能涉及局部，而且對這局部也是作了限制的，它對它所具有的「意」進一步加以刪削，並將它固定下來。

但是，要想把握意，又不可以沒有言。言雖為局部，雖為對意作特定角度的、限制性的揭示，但畢竟是對意的揭示。無數個角度的揭示，無數個帶有限制性的揭示，便能夠逐步接近整體的「意」。這也就是海德格爾所說的「說不可說」：道是不可說，但也得說。因為說雖然是「遮蔽」，但同時也是「解蔽」。如若因其不可說而不說，則世界永遠不會向你「敞開」。所以，莊子認為，儘管言不盡意，但仍然必須去言，只不過在得其意之後，必須忘記其言，此即所謂「得意忘言」。他下面的這席話十分著名：「筌者所以在魚，得魚而忘筌；蹄者所以在兔，得兔而忘蹄；言者所以在意，得意而忘言。」（《莊子·外物》）之所以「得意」之後必須「忘言」，是因為「意」的存在方式不是言，而是實踐，是體悟，是生命狀態。言只是其表達手段之一。因此，你「得意」了，自然就會將「言」「忘」掉。「忘言」，才意味著你真正「得意」。比如乘船渡河，到了彼岸，只有腳離開船，才意味著真正到達彼岸。若腳始終不離開船，那就還未到達彼岸。有人問王陽明讀書不能記得怎麼辦時，王陽明說：讀書不需要「記得」，只需要「曉得」。「曉得」即領會其「意」，而非死記其「言」。這裡的真實的道理是：此時的「意」已經被你領會而融進你的感性生命，不再以知性形態作用於你的大腦。所以，它不是故意的忘卻，而是因為有了新的領悟，因為已經「擁有」而使之顯得沒有必要。

文子的透過「聲」而進入「所以聲」的思想，與「得意忘言」完全一致。通過音樂來體認、把握道，達到與道合一，不能沒有「聲」。雖然「聲」並非「道」，也不足以表現「道」，但沒有「聲」，我們又無法走向「道」。但是，當你通過「聲」而接觸到「道」時，則必然會丟棄這「聲」，即不再執著於「聲」，停留於「聲」。如果始終停留在「聲」上，則音樂的「所以聲」就永遠不屬於你。音樂的審美，確實離不開聲音，但審美的最終境界，一定不是僅僅感受此音響，而是從中獲得「美」的享受，是生命的自由感、充實感、幸福感，而這正是道家的「與道合一」，也就是文子所說的「所以聲」。

第五節　音樂審美標準的相對性

　　我們知道，道家哲學中的道，並不是像柏拉圖「理念」一樣的精神實體，它本身並非一個實在的存在，但又總是存在於特定的實體之中，總是具體地存在著。首先，它不是一個物類的東西，不能夠自己存在，因而也不能夠出示或傳遞。所以莊子說：「使道而可獻，則人莫不獻之於其君；使道而可進，則人莫不進之於其親；使道而可以告人，則人莫不告其兄弟；使道而可以與人，則人莫不與其子孫。」（《莊子・天運》）因為它不是一個固定的、物態的東西。其次，道不主常態，而是因物而形，隨形而在，即所謂「道流而不明居，德行而不名處」（《莊子・山木》）。所以，當有人固執地追問道究竟在哪裏時，莊子一連串地說出，道「在螻蟻」、「在稊稗」、「在瓦甓」、「在屎溺」，說的就是道的「無所不在」。（《莊子・知北遊》）

　　道既然因物而形，不主常態，那麼，表現在音樂方面，則必然也有所體現，那就是音樂審美標準的相對性。特定的音樂審美主體只適合特定的音樂類型，不宜顛倒錯亂。這個道理，在《莊子・至樂》中一則魯侯「以樂養鳥」的寓言中得到表述：

> 　　昔者海鳥止於魯郊，魯侯御而觴之於廟，奏《九韶》以為樂，具太牢以為膳。鳥乃眩視憂悲，不敢食一臠，不敢飲一杯，三日而死。此以己養養鳥也，非以鳥養養鳥也。夫以鳥養養鳥者，宜棲之深林，遊之壇陸，浮之江湖，食之鰌鰷，隨行列而止，委蛇而處。彼唯人言之惡聞，奚以夫譊譊為乎！《咸池》《九韶》之樂，張之洞庭之野，鳥聞之而飛，獸聞之而走，魚聞之而下入，人卒聞之，相與還而觀之。魚處水而生，人處水而死。彼必相與異，其好惡故異也。

　　《九韶》，亦稱《韶》，相傳是舜作的樂曲，東周時已作為經典雅樂來演出了，孔子在齊國曾經聽賞過，因為其至高的審美價值和至強的審美感染力而使他「三月不知肉味」。魯侯以此來取悅海鳥，結果使其驚懼而死。這就是用錯了對象。莊子謂其是「以己養養鳥也，非以鳥養養鳥也。」「以己養養鳥」，就是按照人的要求來對待鳥，鳥與人異，習性不同，其道也異，必然達不到真正養鳥的目的。只有以「鳥養養鳥」，即「棲之深林，遊之壇陸，浮之江湖，食之鰌鰷，隨行列而止，委蛇而處」，才是順隨鳥的本性，是符合鳥之道的生活方式。而「《咸池》《九韶》之樂，張之洞庭之野，鳥聞之而飛，獸聞之而走，

魚聞之而下入；人卒聞之，相與還而觀之。魚處水而生，人處水而死。彼必相與異，其好惡故異也。」鳥、獸、魚同人種類有異，習性不同，其好惡必然不同，「故先聖不一其能，不同其事。」注意到人與動物的差異，其實也就是他們所體現之道的差異，是之謂人有人道，鳥有鳥道。

莊子沒有說不同的人之間是否也有同樣的情況，但按道理來說，答案是肯定的。不同的樂曲適合不同的人，不同的地區和民族的人有其不同的審美標準和趣味，這裡既不能強求統一，也不能妄分高下，因為道是沒有高下之分的。只要適合，就有價值，適合，就是道本身，遵循這個原則，就能夠帶來自由和充實。所以莊子說：「名止於實，義設於適，是之謂條達而福持。」（《莊子·至樂》）名一定要與實相符合，事情的設施一定要適合於各自的性情，這就叫做事理順暢而通達，也是道的原則之所在。遵照道的原則行事，就能夠保證福祉常在。因此，在莊子看來，我們應該尊重各種事物自身的特性，並按照它們自身的特性與之相處，而不應該把自己的意願強加於事物之上，也不能以同一的標準衡量不同的事物。這個思想對於我們今天的文化多樣性和音樂的多元化發展仍然有著積極的意義。

應該注意的是，人們常常把莊子哲學說成是相對主義，這不符合實際。莊子哲學比較重視事物的相對性，但不是相對主義。相對性和絕對性是事物屬性的一體兩面，它們互相反對，又互相補充和矯正。當我們習慣於簡單地用絕對性理解事物時，相對性能夠使事物得到較為全面的觀照。所以，相對性總是以絕對性為參照和前提的。相對主義則不然，它是完全拋棄絕對性，一味地將事物的相對性推至極端，使相對性絕對化。在這個意義上，莊子顯然屬於前者，這從《莊子》中的一段對話可以看出：

> 莊子曰：「射者非前期而中，謂之善射，天下皆羿也，可乎？」
> 惠子曰：「可。」莊子曰：「天下非有公是也，而各是其所是，天下皆堯也，可乎？」惠子曰：「可。」莊子曰：「然則儒墨楊秉四，與夫子為五，果孰是邪？或者若魯遽者邪？其弟子曰：『我得夫子之道矣！吾能冬爨鼎而夏造冰矣！』魯遽曰：『是直以陽召陽，以陰召陰，非吾所謂道也。吾示子乎吾道。』於是為之調瑟，廢（置）一於堂，廢（置）一於室，鼓宮宮動，鼓角角動，音律同矣！夫或改調一弦，於五音無當也，鼓之，二十五弦皆動，未始異於聲，而音之君已！且若是者邪？」（《莊子·徐无鬼》）

　　射箭不依預定目標（「前期」）而誤中就可以稱善射，天下沒有共同準則（「公是」）而人人都可以稱聖，惠施的這一主張就是典型的相對主義，因為在他那裏沒有一個客觀的標準，事物之間也不存在共同的屬性，所以一切都可以隨心所欲，任意而行。莊子則不同，他雖然在許多地方都強調事物的相對性，如我們所熟悉的美與醜、大與小、黃金與草料、最適合的住所等，說明不同的事物各有不同的標準，其間不可通約，這正是事物本身固有的相對性所在。如果只是強調不同類的事物具有不同的標準，它還不是相對主義，而只是強調了事物本身固有的相對性。但是，如果徹底否認同類事物當中具有任何統一的標準，那就滑入相對主義的泥坑了。為了說明這個道理，莊子特地以瑟弦的共振為例，指出相同音高的弦以同音相共振，「同音」就是它們共同的屬性；不同音高的弦也有其共振之點，那就是「音」，它們都是由弦振動而發出的「音」。這樣，我們就不難理解莊子所說的撥動經過「改調」而「於五音無當」之弦則「二十五弦皆動」的涵義所在了。他是以此告訴我們，不同事物之間的通約性不僅存在，而且還有著不同的層次。

　　所以，在魯侯以《九韶》養鳥的故事中，人鳥類屬不同，審美標準也自然不同。但類有大小，審美的標準也就存在不同的層次。在同類當中，總是有著不同層次的通約性，這通約性便是由所屬的類決定的。比如，猿猴、麋鹿、鰍魚和人類，它們雖然互有不同的審美標準，但也都各有自己同類的共同審美標準，它們在特定的範圍內都存在著審美的通約性。有此通約性，所以他才重視射箭要有「前期」，天下應有「公是」，這些足以說明莊子思想不是相對主義。

第六節　道家思想的演變及其對音樂的影響

　　對於道家音樂美學思想，我們主要考察了老子、文子和莊子。和儒家比起來，這裡研究的對象要相對簡單一些。儘管如此，它也同樣包含著道家音樂美學思想的發展演變，那就是從老子到文子再到莊子的變化。

一、對「道」的不同理解

　　老子、文子、莊子之間的不同首先表現在他們對「道」的理解上。作為道家學派的代表人物，他們都以「道」為自己哲學的核心，都認為道就是自然、無為、無名、無形，都將道看成宇宙萬物的本原。但是，老子更傾向於將道看成一個獨立的東西，如一個命題，一個公式，一種規律，一套程序，等等，因

而非常強調對道的理性把握。雖然他在《道德經》中開首就是「道可道，非常道；名可名，非常名」(《老子》1 章)，但還是比較重視對道的把握和擁有。例如：「道之為物，惟恍惟惚。惚兮恍兮，其中有象；恍兮惚兮，其中有物。窈兮冥兮，其中有精；其精甚真，其中有信。」(《老子》21 章)認為道雖然「恍」「惚」，但還是「物」，還是「其中有物」，有「精」「真」「信」。再如：「有物混成，先天地生。寂兮寥兮，獨立而不改，周行而不殆，可以為天地母。吾不知其名，強字之曰道，強為之名曰大。」(《老子》25 章)也是將道看成是天地萬物賴以生成的「物」，只不過是混沌之物。又如：「道常無名，樸，雖小，天下莫能臣。侯王若能守之，萬物將自賓。……譬道之在天下，猶川谷之於江海。」(《老子》32 章)說道「樸」而且「小」，人還能「守之」，也是把它當成物來看待的。而把道與天下的關係說成是「川谷之於江海」的關係，也反映出他是將道看成一個具體的物的，因為川谷與江海是分而為二，前者是不能包含於後者之中的。對於這個比喻，學術界曾有不同的解釋。任繼愈注曰：「『道』為天下所歸，正如江海為一切小河流所歸一樣。」〔註21〕是把江海比喻為道，小河流則為萬物。陳鼓應注曰：「『道』存在於天下，有如江海為河川所流注一樣。」〔註22〕意思與任繼愈相似，都不能真正比喻出「道」無所不在的意思。郭沂從另一角度解釋，認為「老子的意思是說，道之存在於天下，猶如水流入江海後，便存在於江海，無所不在。以『小谷』喻『道』，以『江海』喻『天下』。」〔註23〕他的理解與前二位正好相反，是以河流喻「道」，以「江海」喻「天下」亦即萬物。實際上也沒有解決這個問題，江海仍是江海，河流仍是河流，本為二物。儘管後來流歸江海後，融為一體，但這就有了時間因素，就意味著在匯入江海前，仍是分離的。而道與萬物的關係實際上是超越時間的，是無時無地均是一體的，道就存在於並且始終存在於萬物之中。這個比喻之所以不貼切，實際上反映出此時的道家對這個問題思考得還不夠清楚，至少不夠確定。

文子為老子的學生，其思想也與老子更近。他對道的看法，也基本上與老子同，即也自覺不自覺地將道視為一個東西，一個佔據一定空間的物。例如：「古者三皇，得道之統，立於中央，神與化遊，以撫四方。」此「道」是可以「得」的。與老子相似，他也對「道」的形態做過描述：「故道者，虛無、平

〔註21〕任繼愈：《老子新譯》，上海古籍出版社 1985 年，第 131 頁。
〔註22〕陳鼓應：《老子注譯及評介》，中華書局 1984 年，第 197 頁。
〔註23〕郭沂：《郭店竹簡與先秦學術思想》，上海教育出版社 2001 年，第 93 頁。

易、清靜、柔弱、純粹素樸，此五者，道之形象也。虛無者，道之舍也；平易者，道之素也；清靜者，道之鑒也；柔弱者，道之用也。用者，通也。反者，道之常也；柔者，道之剛也；弱者，道之強也；純粹素樸者，道之干也。」（《文子·道原》）不僅將虛無、平易、清靜、柔弱、純粹、素樸說成道的形象，而且以「舍」「素」「鑒」「干」等分別加以形容，也是建立在將道視為一個對象的基礎之上的。正因為此，他也像老子那樣，常常使用「含」、「抱」、「執」、「守」等動詞來修飾「道」，如「含德抱道」「執道」「守道」「聞道」「得道」等，透露出以道為一具體之「物」的思想。但文子似乎也已經有了「道」無所不在的思想，例如他用水來比喻道：「天下莫柔弱於水；水為道也，廣不可極，深不可測，長極無窮，遠淪無涯，息耗減益，過於不訾，上天為雨露，下地為潤澤，萬物不得不生，百事不得不成，大苞群生而無私好，澤及蚑蟯而不求報，富贍天下而不既，德施百姓而不費，行不可得而窮極，微不可得而把握，擊之不創，刺之不傷，斬之不斷，灼之不薰，綽約流循而不可靡散，利貫金石，強淪天下，有餘不足，任天下取與，稟受萬物而無所先後，無私無公，與天地洪同，是謂至德。」（《文子·道原》）水可以滲透到萬物之中而不顯露自己，它因物而形，應物而動，似乎有了那個意思。有時也用「體道」「循道」等語，似亦有此意。但總體而言，還不很自覺。所以，在這個問題上，文子更接近老子。

莊子則不同。雖然在《莊子》這部書中，也能夠找到像老子那樣的表述，但更能體現莊子思想的道，卻是另外一個樣子。他不再將道看成一個具體的對象，不管是一個命題、一個公式、一個規律，還是一套程序，相反，他總是強調道的非對象性、非物態性，說道不是一個可以呈現的東西。他曾借老子之口說明過這個道理：「使道而可獻，則人莫不獻之於其君；使道而可進，則人莫不進之於其親；使道而可以告人，則人莫不告其兄弟；使道而可以與人，則人莫不與其子孫。然而不可者，無它也，中無主而不止，外無正而不行。」（《莊子·天運》）之所以不可以「獻」，不可以「進」，不可以「告人」與人」，就是因為它不是一個具體的有形的東西。莊子多次強調過道的「無所不在」，表達的就是這樣的意思。《知北遊》中有一段對話即能說明這個問題：

　　　東郭子問於莊子曰：「所謂道，惡乎在？」莊子曰：「無所不在。」
　　東郭子曰：「期而後可？」莊子曰：「在螻蟻。」曰：「何其下邪？」
　　曰：「在稊稗。」曰：「何其愈下邪？」曰：「在瓦甓。」曰：「何其愈甚邪？」曰：「在屎溺。」（《莊子·知北遊》）

所以，道只是「存在」，在萬物中「存在」，而不是「在者」，不是萬物本身。對於這個意義上的道，是不可以「授」，不可以「傳」，也是無法去看、去聽的。「道不可聞，聞而非也；道不可見，見而非也；道不可言，言而非也！知形形之不形乎！道不當名。」（《莊子·知北遊》）這樣的道，不可以用理性去把握，不可以用語言去道說，因為它沒有確定的內涵和外延，即所謂「夫道未始有封，言未始有常」（《莊子·齊物論》）。我們能夠接近它的唯一辦法就是「行」：「道行之而成，物謂之而然。」（《莊子·齊物論》）只有在「行」中才能自然而然地體現它，但仍然是隱而不顯，即所謂「道流而不明居，德行而不名處。」（《莊子·山木》）將「道」理解為非對象性的存在，是莊子哲學的一個重要特點，也是他對老子思想的一個重要發展。

二、「無為」與「無不為」的關係

在「道」的「無為」與「無不為」的關係方面，莊子與老子、文子也有所不同。蔣孔陽先生曾經分析過莊子與老子在這方面的不同，他說：「老子講『道』，著重在『知常』。『常』是『道』所表現出來的根本原則。掌握了這個原則，就可以駕馭萬事萬物，處身應世，無往不利。因此說：『知常曰明』。」這個「常」也就是原則是什麼呢？就是「物極而反」，「所謂『兵強則不勝，木強則兵。強大處下，柔弱處上』。懂得了這個道理，『是以聖人為而不恃，功成而不處』；『為無為，事無事，味無味』。從這裡，老子總結出了一系列處身、治國、用兵的理論，總名之為『無為而無不為』。一方面是『無為』，另一方面卻又『無不為』。」莊子則不同，「他講『道』，不是要從『道』中總結出任何與現實世界有關的原則，而是要從現實世界中徹底地超脫出去，與『道』同化，混為一體，『上與造物者遊，而下與外死生、無終始者為友』，『應於化而解於物』。」〔註24〕這確實是莊子與老子之間的一個重要的區別，但似乎被蔣先生無意中誇大了，好像莊子的思想全部是消極的，全部與「無不為」無關。還有一些人也持相似的觀點，認為老子的「無為」和「無不為」不是並列的，而是手段與目的的關係，「無為」是為了更好地「無不為」，其旨還是「為」，故老子可以轉身變為治理國家的「黃老之術」。與老子不同，莊子則徹底地否定了「為」，而肯定「無為」。

〔註24〕蔣孔陽：《先秦音樂美學思想論稿》，安徽教育出版社，2007 年第 2 版，第 141
　　～142 頁。

其實在這個問題上，莊子與老子、文子的區別不在於有沒有「無不為」，其實他們都試圖通過無為而達到無不為。莊子關於「無為」與「無不為」的論說很多：

> 天無為以之清，地無為以之寧。故兩無為相合，萬物皆化生。芒乎芴乎，而無從出乎！……故曰：「天地無為也而無不為也。」人也孰能得無為哉！（《莊子·至樂》）

> 為道者日損，損之又損之，以至於無為。無為而無不為也。（《莊子·知北遊》）

> 此四六者不蕩胸中則正，正則靜，靜則明，明則虛，虛則無為而無不為也。（《莊子·庚桑楚》）

> 無名故無為，無為而無不為。（《莊子·則陽》）

> 上必無為而用下，下必有為為天下用。此不易之道也。（《莊子·天道》）

> 出怒不怒，則怒出於不怒矣；出為無為，則為出於無為矣！欲靜則平氣，欲神則順心。有為也欲當，則緣於不得已。不得已之類，聖人之道。（《莊子·庚桑楚》）

這裡的表述，從形式上看，與老子沒有兩樣，都是「無為而無不為」，通過「無為」而達到「無不為」。在《至樂》篇中還明確表示，只要是人，怎麼可能真正「無為」呢（「孰能得無為哉」）？只不過這「無不為」應該做到「當」（適當），應該緣於「不得已」。「當」就是有節制，不過分，適中；「不得已」就是符合自然，順隨自然。在這裡，莊子與老子的不同僅僅在於，老子主要把「無為」當作手段，「無為」只是為了「無不為」；而莊子同時或更多地把「無為」本身當作目的，「無不為」成為一個類似附屬的產品。「無為」當成了目的，它就能夠轉換成一種人生境界，所以，在莊子那裏，「逍遙遊」、「心齋」、「坐忘」才是他的哲學的真正主題。這樣的不同，使得老子具有更多理論和功利的色彩，莊子則更多藝術和審美的情懷。

三、對音樂觀念的不同影響

正是由於上述的不同，才導致了老子、文子與莊子對音樂美學觀念所發生的影響也有所不同。相比之下，文子倒是較多地論及藝術乃至音樂，且有不少有價值的觀點，但因其著作長期以來被認為是偽作，沒有形成明顯的影響，故

此處只討論老子和莊子。

老子較多地將「道」理解為一個東西，凝練為一個命題，概括為一個原則，較執著地追求「無不為」的實用目的，使得他的哲學更多理論性和功利性，因而對後來的音樂觀念和音樂實踐影響不大。老子對後來音樂的影響主要在於他的「大音希聲」，加上他關於「虛實」的思想，形成音樂上的推崇虛靈之美的美學傾向。即：由「希聲」到「稀聲」，形成音樂音響對清、微、淡、遠的推崇。如徐上瀛說：「所謂希者，至靜之極，通乎杳渺，出有入無，而遊神於羲皇之上者也。」（《溪山琴況》）這個哲學上的「希聲」就是通過物理上的「稀聲」來實現的。由稀聲到無聲，形成中國音樂進行中的善於造虛，善於留白，善於以無聲勝有聲。其中一個較為極端的例子，就是陶淵明的「無弦琴」，並自謂「但識琴中趣，何勞弦上聲！」表現出一種高蹈、自足，重意會而輕形跡的審美情調，對後世亦影響巨大。不過，老子的這個影響是經過延伸和轉換之後實現的，屬於間接的影響。

莊子對音樂的影響在於他的思想本身與藝術特性的相合，故較為直接而且內在。實際上，莊子直接論樂的文字也不多，就論樂文字本身而言，「天籟」的概念影響較大，成為此後一切美妙而脫俗的音樂的代名詞。莊子對音樂影響更大的其實在他的哲學思想，有許多哲學命題直接影響到後來的音樂形態。例如他的「逍遙遊」體現了生命過程的自由性和彈性，是對現實社會中種種羈絆和掛礙的突破，這對音樂過程中的自娛性、隨機性、即興性開拓了較大的空間。他對技道關係的思考，深化了人們對音樂中技術的深層次理解，推動音樂家們不倦地尋求由技入道的方法與途徑，進入「弦指相忘，聲徽相化」的最高演奏境界。他的「言不盡意」「得意忘言」的言意之辨，也啟發了人們對音意關係進行思考，提出音樂表現的「意」是「得於聲外」，是一種生命的感覺和領悟，一種「莫知其然而然」（徐上瀛語）的狀態。而他的「坐忘」「心齋」「忘適之適」的精神修養理論，則直接啟發人們對音樂審美心理的認知，揭示出音樂審美進入高峰體驗時的心理狀態和活動規律，如此等等。莊子思想之所以能夠對音樂美學和實踐發生如此廣泛而深入的影響，一個重要的原因，就是莊子哲學中的「道」的自身特點，這個「道」是「無所不在」，它滲透到萬事萬物之中，並應物成形，展示出無限多的可能性和極為豐富多樣的表現形態。另一方面，又因其對「無為」本身的重視，將「無為」作為目的對待，從而使人的活動能夠更多地超越功利關係，進入純粹審美的境域。而當我們以「無為」之心對待

音樂時，音樂美的境域也就會向我們敞開，由「無為」而營造的精神境界，也就得以轉化為音樂美的境界。

第三章 「感應」基礎上的論樂理路
——感應論音樂美學的理論自覺

在戰國末至漢初的近百年間有一個特別的現象：對先秦學術的綜合成為主旋律。代表作有戰國末呂不韋主持編撰的《呂氏春秋》，西漢前期淮南王劉安主持編撰的《淮南子》（又稱《淮南鴻烈》），以及同時期河間獻王劉德主持編撰的《樂記》。這三種著作具有一些共同的特點：（1）都是以對先秦文獻的綜合為基礎，又有自己獨特的整合和發揮；（2）都有豐富的論樂文字，且都表現出一定的系統性或體系性；（3）都突出地體現了一種被稱之為「感應論」的思維方法或思想範式。第（3）個特點尤為值得重視，中國古代音樂美學中的感應論傾向，雖然在之前即已存在，無論是儒家還是道家，他們的音樂美學其實都是建立在「感應」的基礎之上的。但是，作為一種較為完整的音樂感應論，系統地、自覺地運用「感應」原理來解釋音樂活動中許多現象，則是在此時的這三部著作中才真正實現，並一直影響著後來音樂美學的理論思維。

第一節 「感應論」與「音樂感應論」的形成

中國古代「感應」思想源於《周易》，從根本上說，《周易》的整個體系就是建立在「感應」基礎上的。所以，「感應」應該就是《周易》的靈魂所在。《世說新語·文學》載有殷仲堪和釋慧遠的一段對話：「殷荊州曾問遠公：『《易》以何為體？』答曰：『《易》以感為體。』殷曰：『銅山西崩，靈鐘東應，便是

《易》耶？」遠公笑而不答。」「感」就是「感應」。殷仲堪，東晉名將、文人，官至荊州刺史。釋慧遠，東晉高僧。在慧遠看來，《易》的基本精神就是「感應」。為了解釋「銅山西崩，靈鐘東應」，余嘉錫在其注中引《東方朔傳》云：「孝武皇帝時，未央宮前殿鐘無故自鳴，三日三夜不止。詔問太史待詔王朔，朔言恐有兵氣。更問東方朔，朔曰：『臣聞銅者山之子，山者銅之母，以陰陽氣類言之，子母相感，山恐有崩弛者，故鐘先鳴。《易》曰：鳴鶴在陰，其子和之。精之至也。其應在後五日內。』居三日，南郡太守上書言山崩，延袤二十餘里。」〔註1〕銅出於山，兩者存在著某種聯繫（東方朔以「母子關係」言之），所以，山欲崩，銅鐘便有感應，方未擊而自鳴。這個故事比較真切而又形象地反映了古人對《易》以及「感應」的理解。

一、感應論的原理與機制

考察《周易》中的感應，實際上存在兩種類型，一是「同類相感」，一是「對立相感」。所謂「同類相感」，就是《易》中的「同聲相應，同氣相求。」《周易·乾卦·文言》曰：「九五曰：『飛龍在天，利見大人。』何謂也？子曰：『同聲相應，同氣相求；水流濕，火從燥，雲從龍，風從虎。聖人作而萬物睹，本乎天者親上，本乎地者親下，則各從其類也。』」〔註2〕「同類相感」即指具有相似性的事物易於發生感應。龍與大人、水與濕、火與燥、雲與龍、風與虎、天與上、地與下等，皆為相似或性質相近之事物，故易於發生感應。所謂「感應」，就是一方發生變化，與之同類的另一方也會作出相應的反應。這裡實際上還存在著兩個不同的媒介，一是「同聲相應」之「聲」，一是「同氣相求」之「氣」。「聲」是指聲音的頻率，董仲舒解釋說：「試調琴瑟而錯之，鼓其宮則他宮應之，鼓其商則他商應之。五音比而自鳴，非有神，其數然也。」〔註3〕這裡的「數」就是弦振動的頻率，頻率相同，就會出現感應共鳴。推及其他事物也是如此，事物的運動都有一定的節律，節律相似者，也會發生感應。在這裡，節律、頻率都是可以用數來表達的，都屬於比率方面的事情，所以屬於

〔註1〕〔南朝〕劉義慶：《世說新語》，引自余嘉錫：《世說新語箋疏》，中華書局1983年，第240～241頁。

〔註2〕〔唐〕孔穎達：《周易正義》，李申、盧光明整理，北京大學出版社1999年，第17頁。

〔註3〕〔漢〕董仲舒：《春秋繁露》，引自蘇輿：《春秋繁露義證》，鍾哲點校，中華書局1992年，第358頁。

形式的範疇。形式相似，易於發生感應。「氣」則不同，它不屬形式，而屬質料。在中國哲學中，「氣」是萬物生成的始基，任何事物都是由「氣」形成的，因而也就在「氣」的層面彼此相通。但是，萬物均生於氣，為什麼不一起產生感應活動呢？古人通常是以陰陽來解釋的。董仲舒也是主張「氣同則會」的，但這「會」是通過陰陽實現的。他說：「天有陰陽，人亦有陰陽。天地之陰氣起，而人之陰氣應之而起；人之陰氣起，而天地之陰氣亦宜應之而起，其道一也。」〔註4〕陰氣與陰氣相應，陽氣與陽氣相應，不管它發生在物與物之間，還是天與人之間，原理都一樣。例如人的情感與四季的變化，就存在著感應關係：「夫喜怒哀樂之發，與清暖寒暑，其實一貫也。喜氣為暖而當春，怒氣為清而當秋，樂氣為太陽而當夏，哀氣為太陰而當冬。」〔註5〕喜怒哀樂與春夏秋冬也有著感應關係。

另一種是「對立相感」，也是在《周易》中，如「咸」卦「彖辭」曰：「咸，感也。柔上而剛下，二氣感應以相與，止而說，男下女，是以『亨，利貞』，『取女吉』也。天地感而萬物化生，聖人感人心而天下和平；觀其所感，而天地萬物之情可見矣！」〔註6〕這裡講的是陰陽二氣互相感應而化生萬物，陰陽二氣是相互對立的兩面，但也能夠發生感應，而且，正是因其對立，才會發生感應。先秦諸子中亦有人認識到這一點。《莊子·則陽》云：「少知曰：『四方之內，六合之裏，萬物之所生惡起？』大公調曰：『陰陽相照，相蓋相治；四時相代，相生相殺。欲惡去就，於是橋起。雌雄片合，於是庸有。安危相易，禍福相生，緩急相摩，聚散以成。」〔註7〕是借大公調之口述說了種種對立面之間的相互感應而得以萬物化生，大化運行。《荀子·禮論》也有這類論述，如「天地合而萬物生，陰陽接而變化起。」〔註8〕這種以陰陽相感的現象也被後人所接受，但他們稱之為「異類相感」。唐孔穎達《周易正義》云：「其造化之性，陶甄之器，非唯同類相感，亦有異類相感者。若磁石引針，琥珀拾芥，

〔註4〕〔漢〕董仲舒：《春秋繁露》，引自蘇輿：《春秋繁露義證》，鍾哲點校，中華書局1992年，第360頁。

〔註5〕〔漢〕董仲舒：《春秋繁露》，引自蘇輿：《春秋繁露義證》，鍾哲點校，中華書局1992年，第330頁。

〔註6〕〔唐〕孔穎達：《周易正義》，李申、盧光明整理，北京大學出版社1999年，第139～140頁。

〔註7〕陳鼓應：《莊子今注今譯》，中華書局1983年版，第696頁。

〔註8〕王先謙：《荀子集解》（上、下），沈嘯寰、王星賢點校，中華書局1988年，第366頁。

蠶吐絲而商弦絕，銅山崩而洛鐘應，其類繁多，難一一言也。」〔註9〕北宋張載《橫渠易說》也指出事物間有「以異而應」者，「感之道不一：或以同而感……；或以異而應，男女是也，二女同居則無感也。或以相悅而感，或以相畏而感。」〔註10〕不過，嚴格說來，「異類相感」之說並不準確，因為能夠相感的「異類」並非一般的「異類」，而是處於一個統一體中互相對立的「異類」，這應該稱之為「對立面」才是，陰陽二氣就是最典型也最普遍的對立相感。不在一個統一體內的異體，一般不會發生感應。如動物中不屬一個科目的雌雄之間，不會互相吸引。

但是，事物之間的感應，既可以在同類間發生，也可以在對立面間發生，這好像在邏輯上有點矛盾，至少是互相反對的。問題在哪裏？原來所謂的「對立相感」只是表象上的對立相感，「對立」二字並沒有揭示出相感的真正本質。真正本質是什麼？是兩者各有所缺，且所缺之處又正好在對方，因而形成互相間的需要。需要產生吸引，吸引完成互補。物理學中有「趨於平衡態」的定律，作為一個完整的整體，它一定是平衡的。但若將其劃分為陰陽兩面，則平衡被打破。陰的一面是陰多陽少，陽的一面是陽多陰少。按照「趨於平衡態」的原理，多的一方便自然要向少的一方流注，少的一方也需要從多的一方接納，我多的給你，你多的給我，此即《周易》所說的「相與」。「與」就是給，就是介入對方，滿足對方，就是「雌雄片合」，達成雙方的平衡、協調、和諧。這裡面的實質是：我所需要的正是你所擁有的，而你所需要的也正是我所擁有，一方的所「需」與另一方的所「有」是同一類事物，故此感應仍然屬於「同類相感」。也就是說，作為感應的原理和機制只有一個，就是「同類」，是彼此相同、相似、相近。

感應有簡單感應和複雜感應之分，從最簡單的感應到最複雜的感應之間，可以有無數個層級。感應通常由「氣」、「陰陽」、「五行」等要素構成。「氣」是物質性、質料性的媒介，「陰陽」提供「同類相感」和「對立相感」的契機，「五行」則提供一個封閉的動態平衡模式，代表著事物運動的形式規律。三者結合為一個有機系統，它可以存在於不同的事物現象之中，並由此形成多種形式的感應。這個工作在戰國後期即已開始，到西漢董仲舒那裏基本完成。這裡

〔註9〕〔唐〕孔穎達：《周易正義》，李申、盧光明整理，北京大學出版社1999年，第18頁。

〔註10〕〔宋〕張載：《張載集》，章錫琛點校，中華書局1978年，第125頁。

僅舉先秦時的一個例子，以見其一斑。《管子》就曾經將五行同陰陽、日月星辰、氣甲骨血、方位、四時相配，建構起一個各部分互相對應，能夠發生感應活動的圖譜：「東方曰星，其時曰春，其氣曰風，風生木與骨」；「南方曰日，其時曰夏，其氣曰陽，陽生火與氣」；「中央曰土，土德實輔，四時出入」；「西方曰辰，其時曰秋，其氣曰陰，陰生金與甲」；「北方曰月，其時曰冬，其氣曰寒，寒生水與血」。〔註11〕在這個圖譜中，東方、春、風、木、骨互相是可以感應的，南方、日、夏、陽、火、氣也是可以互相感應的，其餘依此類推。再到後來，進入這個系統的東西越來越多，包括五臟、五色、五味、五聲等，都可以在相對應的方面發生感應。

　　「感應」，就其原初的詞義來看，「感」是感，「應」是應，兩者含義不同。孔穎達《周易正義》云：「感者，動也；應者，報也。皆先者為感，後者為應。」〔註12〕就是說，「感」是先發，是主動，「應」是後發，是被動。莊子也是這樣理解的：「感而後應，迫而後動，不得已而後起。」〔註13〕這只不過是在理論上做這樣的劃分和界定而已，在實際的感應活動中，感應一旦發生，就很難區分是誰感誰應了，因為它是由感而應，應者又轉而為感，感而又有應，形成一個持續的互相感應的過程。正如清王夫之所說：「感者，交相感。陰感於陽而形乃成，陽感於陰而象乃著。」〔註14〕可見，古代的「感應」論，就其實際而言，它是非線性的，是雙向互動的。

　　「感應」論表述了中國思想範式中在因果聯繫之外自然界的另一個重要聯繫機制，是值得重視的。

二、音樂感應論的早期形態

　　感應思想在先秦的樂論中即有所表現，如音樂與政治、倫理、天文、地理、神靈的聯繫，樂器與自然、人事的對應關係，五音與五方、五味、五色、五行的對應關係；十二律與十二月的對應關係等等。

　　在先秦論樂文獻中，較早體現感應思想的是晉國樂師師曠。「楚師伐鄭，次於漁陵。……晉人聞有楚師，師曠曰：『不害。吾驟歌北風，又歌南風。南

〔註11〕黎翔鳳：《管子校注》，梁運華整理，中華書局2004年，第842～854頁。
〔註12〕〔唐〕孔穎達：《周易正義》，李申、盧光明整理，北京大學出版社1999年，第18頁。
〔註13〕陳鼓應：《莊子今注今譯》，中華書局1983年版，第396頁。
〔註14〕〔清〕王夫之：《張子正蒙注》，中華書局1975年，第13頁。

風不競，多死聲。楚必無功。」（《左傳・襄公十八年》）以「歌南風」來測楚軍戰勢，楚在南方，用的就是感應原理。吳國的季札在魯國觀樂，所作評論便體現了感應思維。如「為之觀《鄭》，曰：『美哉！其細已甚，民弗堪也。是其先亡乎！』」（《左傳・襄公二十九年》）孔穎達「正義」云：「樂歌詩篇，情見於聲，美哉者，美其政治之音有所善也。鄭君政教煩碎，情見於詩，以樂播詩，見於聲。內言其細碎已甚矣，下民不能堪也。民不堪命，國不可久，是國其將在先亡乎？居上者寬則得眾，為政細密，庶事煩瑣，故民不能堪也。」孔穎達是以詩的內容解釋政治的，實際上，更多的可能還是運用同類相感的原理，從歌聲形態的「細已甚」察見政治的煩瑣細碎的。齊國晏嬰以「和」治國，遵循的也是感應原理：「先王之濟五味，和五聲也，以平其心，成其政也。」味、聲、心、政，各有所屬，互不相同，如何相通？一是質料上均以氣為本，即「聲亦如味，一氣，二體，三類，四物，五聲，六律，七音，八風，九歌，以相成也。」二是都有形式上的相似結構，即陰陽對立統一，即「清濁、小大、短長、疾徐、哀樂、剛柔、遲速、高下、出入周疏，以相濟也。」（《左傳・昭公二十年》）有這兩個渠道，才會有「君子聽之，以平其心，心平德和」的功效。

在感應思維的基礎上論樂的，還有一個重要人物，即道家的文子。他說：「昔者之聖王，仰取象於天，俯取度於地，中取法於人；調陰陽之氣，和四時之節，察陵陸水澤肥墝高下之宜，以立事生財，除飢寒之患，辟疾疢之災。中受人事，以制禮樂；行仁義之道，以治人倫。列金木水火土之性，以立父子之親而成家；聽五音清濁六律相生之數，以立君臣之義而成國；察四時孟仲季之序，以立長幼之節而成官；列地而州之，分國而治之，立大學以教之，此治之綱紀也。得道則舉，失道則廢。」（《文子・上禮》）聖人治理天下，之所以要取法於天、地、人，是因為要打通三者，在三者之間建立感應關係；之所以能夠調陰陽、和四時、察萬物、制禮樂、行仁義、治人倫，也就因為它們之間本來就存在著相通、相同、相似之處，具有發生感應的可能。他還特別提出金木水火土這五行模式，也是用以描述一種具有普遍性的結構和秩序，來貫通自然社會心理的各個方面，並將此稱之為「道」。他還在音樂創造和接受的角度透露出感應思想：「雷霆之聲可以鐘鼓象也，風雨之變可以音律知也；大可睹者可得而量也，明可見者可得而蔽也；聲可聞者可得而調也，色可察者可得而別也。夫至大，天地不能函也；至微，神明不能見也；及至建律曆，別五色，異清濁，味甘苦，即樸散而為器矣。」（《文子・下德》）「雷霆之聲」與鐘鼓、「風

雨之變」與音律，存在互相對應的關係，故易於發生感應。其實萬事萬物當中
都存在相通的東西，如「律曆」、「五色」、「清濁」、「甘苦」，而這些又都源於
「樸」，亦即「道」，是「樸散而為器」。「樸散而為器」出自《老子》第28章，
在其後還有一句：「故大治不割。」因為萬事萬物都是「樸」「散」而成，故在
它們之間均相通、相同，是全息著道的信息的，故而也才能夠互相感應。

在先秦，凡是在論樂時將樂與政治、倫理、天地、神靈、萬物相聯繫，並
能互相影響的，其深層意識中均為感應，只是沒有在理論上自覺，沒有用概念
表達出來。直到《荀子·樂論》，才把這個問題明確了起來。他有一段話是很
有名的，遺憾的是人們長期以來並未把它和「感應」論聯繫起來。這段話是：
「凡姦聲感人而逆氣應之，逆氣成象而亂生焉；正聲感人而順氣應之，順氣成
象而治生焉。唱和有應，善惡相像，故君子慎其所去就也。」首先，這裡明確
地使用了「感」「應」二字，並對它們有明確的分工：感為先，應為後。感後
有應，應從感起。其次，他描述了一個完整的音樂感應過程，具備感應所需的
重要環節。「姦聲」和「正聲」是感應源，受感者是人的聽知覺。聽知覺受感
後分別在其主體產生「逆氣」和「順氣」，這主要是在精神、人格、道德層面，
故而還在人的內部。「逆氣」、「順氣」形成後便會通過表情、姿態、行為等外
現出來，即所謂「成象」，不同的氣便形成不同的象，於是有社會的「亂」和
「治」。因為自然人事中存在著這種感應（「唱和有應」），而且善惡分明，各循
其道（「善惡相像」），所以應該小心辨別，謹慎而行。這一段話，文字不多，
但所表現出來的音樂感應思想，雖然只是一個框架，卻已經是比較完整，表達
也比較清晰。

真正大規模運用感應論，使感應論音樂美學思想得到系統表達的，還是要
到戰國末的《呂氏春秋》以及西漢初的《淮南子》和《樂記》。

第二節 《呂氏春秋》：以作樂為中心的音樂感應論

　　　　鍾子期夜聞擊磬者而悲，使人召而問之曰：「子何擊磬之悲也？」
　　　答曰：「臣之父不幸而殺人，不得生；臣之母得生，而為公家為酒；
　　　臣之身得生，而為公家擊磬。臣不睹臣之母三年矣。昔為舍氏〔註15〕

〔註15〕 「舍氏」，不詳。劉向《新序》亦載有此事，內容略有不同，其中「舍氏」作
　　　　　「舍市」，指場所，似較妥。

睹臣之母，量所以贖之則無有，而身固公家之財也，是故悲也。」

鍾子期歎嗟曰：「悲夫！悲夫！心非臂也，臂非椎非石也。悲存乎心而木石應之。故君子誠乎此而諭乎彼，感乎己而發乎人，豈必強說乎哉？」

這是《呂氏春秋》﹝註16﹞記載的一則故事，在《季秋紀‧精通》章中。講的是一個擊磬者的母親被罰為公家做酒，沒有人身自由，這擊磬者已經三年未見其母了。昨晚偶然在市場上看見其母，思量著將其贖出而又無能為力，內心十分難過。這個心情便從他擊磬的聲中傳遞出來，並為鍾子期所察知。經過詢問得知其情後，鍾子期深為感慨，他想：擊磬者的悲不在手臂，也不在敲擊的椎和被敲的石，而只存在於擊磬者的內心，卻能夠以「木石應之」，在磬的音響中呈現出來。真是不可思議！這就有一個問題：人的內心的悲是如何傳遞到手臂與木、石，融入音響之中，又是如何為別人感知的？也就是說，悲在心、臂、椎、石之間以及此聲與他人之間是如何傳遞的？這是音樂美學中的核心問題。《呂氏春秋》的作者在這裡提出這個問題，並以「誠乎此而諭乎彼，感乎己而發乎人」作為回答。但是，這「彼」與「此」、「人」與「己」之間，又是如何以「諭」和「發」的方式昭示於對方的呢？

一、感應思想的多方表現

眾所周知，《呂氏春秋》是一部雜書，這個雜不僅是指內容的多樣龐雜，在這本書中，確實是無所不包，是一部百科全書式的著作；更是指其思想之雜，儒、道、法、陰陽五行各家都有體現。但是，相比之下，儒、道、法等更多體現在具體現象和問題的分析上，而全書的框架，則是以陰陽五行的思想為綱，並且在陰陽五行的理論中，更突出地體現在「感應」上。陰陽五行是框架，感應則是其中的黏合劑。在這方面，該書既有一個宏大的結構，又充滿著極為豐富細微的描述。若細說起來，會十分煩瑣，這裡僅概述三個方面的內容，以見其一斑。

1. 以與四時的感應關係安排書的結構

《呂氏春秋》全書以十二紀、八覽、六論構成，其中十二紀以春夏秋冬四

﹝註16﹞本章所引《呂氏春秋》，除另行標注者，均來自陳奇猷：《呂氏春秋新校釋》（上、下），上海古籍出版社 2002 年。為節省篇幅，所引該書文字只在文中夾註章節標題，不再另列注釋。

時為序，每一時又分為孟、仲、季三月，分別對應各種自然現象、人事活動包括音樂。如：「孟春之月……蟄蟲始振，魚上冰，獺祭魚，雁候北」；「仲春之月……日夜分，雷乃發聲，始電。蟄蟲咸動，開戶始出，先雷三日，奮鐸以令於兆民」；「是月也，生氣方盛，陽氣發洩，生者畢出，萌者盡達，不可以內。天子布德行惠，命有司發倉廩，賜貧窮，振乏絕，開府庫，出幣帛，周天下，勉諸侯，聘名士，禮賢者。」依此類推。不同的時節有不同的自然現象出現，這本來是自然運行的客觀規律，但在該書的編寫者看來，它們也就是感應的產物。到了孟春時節，與之相適應的生物、氣候便作相應的變化，這就是感應。

自然事物順隨四時的變化而變化，人也應如此，否則便有凶。如孟春紀，「是月也，天子飲酎，用禮樂。行之是令，而甘雨至三旬。」若「孟夏行秋令，則苦雨數來，五穀不滋，四鄙入保；行冬令，則草木早枯，後乃大水，敗其城郭；行春令，則蟲蝗為敗，暴風來格，秀草不實。」在孟春紀君子飲酒，作樂，則會風調雨順。如果當孟夏之時而行秋令，就會雨水過多，影響莊稼的正常生長。而如果行冬令，則會草木枯黃，並引發大水，毀壞城牆和房屋。孟夏而行春令，也不行，會有蝗蟲、風暴之災，莊稼秀而不實。人的所為要合於時，合於時，才能與時相感應，從而吸納、利用自然的能量，成就事功。否則，人的行為與自然運行的信息沒有呼應，就得不到自然能量的支持，也就難成事功。

十二月與音樂的十二律也存在對應關係，後者正是從前者而來。「大聖至理之世，天地之氣，合而生風。日至則月鍾其風，以生十二律。」接著將十二律與十二月一一對應：「仲冬日短至，則生黃鍾，季冬生大呂，孟春生太蔟，仲春生夾鍾，季春生姑洗，孟夏生仲呂；仲夏日長至，則生蕤賓，季夏生林鍾，孟秋生夷則，仲秋生南呂，季秋生無射，孟冬生應鍾。天地之風氣正，則十二律定矣。」（《季夏紀·音律》）這種對應在實際應用中究竟有多大意義，其實很難說。但作這樣的對應之後，十二律的秩序感得到一定的加強，由對應而感應所產生的意義也在一定程度上有所豐富。

2. 運用五行來建立自然與社會的對應關係

在感應論的系統中，五行是一個重要的工具。由於金木水火土互相之間存在著特定的相生和相剋的關係，所以能夠在一定範圍內解釋事物的運動和變化，其中最典型、也最常見的就是中醫的五臟對應五行，以五行的生、克來說明五臟之間的相互關係，從而解釋生命體運行的狀態。而用五行來解釋自然現象和社會現象，也是先秦思想的一個重要特點。這裡僅以解釋歷史朝代的更替

為例，說明其間的感應關係。

朝代更替基本都是否定性的，舊的朝代逐漸衰落，新的力量不斷增長，終於取而代之，這在五行中表現為相剋。《呂氏春秋》即以五行相剋對自黃帝以來主要朝代的更替進行描述：「凡帝王者之將興也，天必先見祥乎下民。」是說在即將改朝換代之前，老天一定會給出徵兆，亦即「祥瑞」的。如：「黃帝之時，天先見大螾大螻。黃帝曰：『土氣勝。』土氣勝，故其色尚黃，其事則土。」故黃帝屬土，其色尚黃。「及禹之時，天先見草木秋冬不殺。禹曰：『木氣勝。』木氣勝，故其色尚青，其事則木。」在五行相剋中，木剋土，故代黃帝統治天下的必屬木。而禹正屬木，其色尚青，他創立了夏朝。「及湯之時，天先見金刃生於水。湯曰：『金氣勝。』金氣勝，故其色尚白，其事則金。」同樣的道理，五行中是金克木，故取代夏朝的是商朝，商朝屬金，其色尚白。「及文王之時，天先見火赤鳥銜丹書集於周社。文王曰：『火氣勝。』火氣勝，故其色尚赤，其事則火。」五行中火剋金，故代商者必為火，而文王時有火赤鳥集於周廟，周屬火，尚赤色。「代火者必將水，天且先見水氣勝。水氣勝，故其色尚黑，其事則水。水氣至而不知數備，將徙於土。」（《有始覽·應同》）《呂氏春秋》寫作的年代正處於周朝末期，其衰象早已呈現。取代它的一定是水，其色尚黑，因為水剋火。而在他們看來，秦國正屬水，尚黑色。雖未明說，即也已暗示得很清楚了。並且還警示秦王，如果水氣已經具備卻沒有抓住機會，其運氣則會轉向土。我們暫且不去討論這個觀點是否正確，而只是指出，這樣的推論背後，起作用的正是感應思維，即使在大尺度的歷史過程中，五行的生剋也同樣是一個解釋的路徑。

3. 闡述感應的原則是「相類」、「相同」

《有始覽》中還專門有一章叫《應同》，是直接闡述事物間「同類相動」的基本原理的。它說：「類固相召，氣同則合，聲比則應。鼓宮而宮動，鼓角而角動。平地注水，水流濕；均薪施火，火就燥；山雲草莽，水雲魚鱗，旱雲煙火，雨雲水波，無不皆類其所生以示人。故以龍致雨，以形逐影。」其所說的原理就是《周易》中的「同類相動」，並且也是從「氣」（質料）和「聲」（形式）兩個方面來說明的。類相「同」，才會有「感應」，所以本章名為「應同」。

同類相感的現象十分普遍，不僅在人與自然，人與人之間亦然。《季秋紀·精通》記有這樣的故事：「周有申喜者，亡其母，聞乞人歌於門下而悲之，動於顏色，謂門者內乞人之歌者，自覺而問焉，曰：『何故而乞？』與之語，蓋

其母也。」門外乞丐唱歌，申喜聽了特別悲傷，經過交談，發現正是失散多年的母親。雖然當初並不知道是自己的母親，但她的乞討之歌與其他人有著很大區別，他所引發的感應特別強烈。對此，作者加以評論說：「故父母之於子也，子之於父母也，一體而兩分，同氣而異息。若草莽之有華實也，若樹木之有根心也。雖異處而相通，隱志相及，痛疾相救，憂思相感，生則相歡，死則相哀，此之謂骨肉之親。神出于忠而應乎心，兩精相得，豈待言哉？」這裡體現出一個思想，即：父母與子女之間的心靈感應，是因為他們本來就屬於一個整體，只不過現在分為兩處而已。因為本屬一體，故雖為兩處，仍然是「同氣」而「相通」的。這裡涉及感應的一個重要原則，即同屬一個整體。

《呂氏春秋》（也包括其他著作）的感應論在學理上能否成立？它是否全屬迷信，或者也是一種科學思維？接觸到它的人首先都會產生這樣的疑問。這個問題比較複雜，非三言兩語能夠說清楚，所以我們放在第五節來專門討論。在這裡，我們只需要知道，在這部書中存在著比較系統的感應論思想。

二、作樂中的感應原理

《呂氏春秋》的音樂感應論主要是通過音樂的發明和製作體現出來的。在其《仲夏紀》中有《古樂》一章，是講音樂的起源和創造的。它以一個個小故事構成，這些故事究竟是神話還是史實，現在已難以一一判定。判定它們的真實程度，對於音樂形態史學的研究至關重要，但對於音樂美學思想或思想史的研究，卻無關緊要，因為即使是虛構的神話，也一樣反映著當時人的音樂觀念和思維方式。

1. 音樂感應的本體論論證

在《呂氏春秋》中，我們會發現一個奇怪的現象，也可以說是一個矛盾，即該書的論樂竟然有兩種音樂本體論：自然本體論和心本體論。在《仲夏紀·大樂》中闡述的是自然本體論：「音樂之所由來者遠矣。生於度量，本於太一。太一出兩儀，兩儀出陰陽。陰陽變化，一上一下，合而成章。……形體有虛，莫不有聲。聲出於和，和出於適。先王定樂，由此而生。」「度量」就是數，「太一」即道。他說：「道也者，至精也，不可為形，不可為名，強為之，謂之太一。」《呂氏春秋》與《老子》不同，他的「道」就是「太一」，「太一」就是「一」，「一」即為「氣」。「氣」為一，分而為二，即為陰陽。陰陽運動變化，產生度量和秩序，音樂由此而生。這裡的道、太一、兩儀、陰陽、度量，

都是自然，所以說這是音樂的自然本體論。另外，在《季夏紀‧音初》中，又闡述了一種心本體論：「凡音者，產乎人心者也。感於心則蕩乎音，音成於外而化乎內。是故聞其聲而知其風，察其風而知其志，觀其志而知其德。盛衰、賢不肖、君子小人皆形於樂，不可隱匿。故曰：樂之為觀也，深矣。」這裡又認為音樂本原於人心，是「感於心則蕩乎音，音成於外而化乎內。」這兩句中，前一句是本體論，說明音樂的本原在於心，心感而後有音之運動（「蕩」）。後一句是審美論、功能論，音樂形成以後，又作用於人心，影響著人心，實現感化的效應。正因為音樂源於人心，所以才能夠從音樂觀其志，知其德，察其政，明其盛衰，辨其君子小人。

如何理解這兩種不同本體論的並置？一種比較簡單淺顯的解釋是，由於該書是摘取前人文獻整理改編而成，在所取文獻中比較容易將不同內容甚至相矛盾的內容一起收入。但《呂氏春秋》雖然主要運用先秦文獻進行著述，但並非資料彙編，而是經過編撰者的消化整合；雖然思想比較雜，但經過整合後，已經形成一個比較完整的整體，具有比較統一的理論主張，不至於在本體論上出現這樣明顯的問題。另外有一種解釋是，《大樂》中的本體論只是針對作為物理現象的音聲而言，《音初》中的本體論才是作為藝術的音樂的本體論。這一說法，乍聽好像有道理，但再細看一下，則也難以成立。「形體有虛，莫不有聲」，確乎是指物理之音聲；但「聲出於和，和出於適」，特別是「先王定樂，由此而生」，則明顯不止是物理音聲了，而就是作為藝術的音樂，與《音初》中建立在「心」之上的音樂沒什麼兩樣。

那麼，到底應該如何理解？其實，我們只要認識到《呂氏春秋》是從感應論論樂的，問題就迎刃而解了。感應論雖然也涉及客觀事物之間的互相感應關係，但主要還是人與外部世界萬事萬物的感應。也就是說，這裡的感應，一方是我們自己——人，而人的感應體又主要是「心」；另一方則是與我們相對的萬事萬物，包含自然和社會；而音樂，則是這感應的中間環節。這樣就成為：自然←→音樂←→人心—社會。這三者具有感應關係，才能夠互相影響，互相作用。而感應關係的理論論證，即是由本體論承擔的。其原理是：音樂只有來自自然，才能與之發生感應，所以需要自然本體論的論證。同樣，音樂要想影響人心，作用社會，也必須在兩者之間存在感應關係，於是又有了心本體論。由此看來，《呂氏春秋》中的兩種音樂本體論並不矛盾，也非誤作，而是在感應論驅動下的自然結果。

　　正因為此，古代先王才十分重視製作音樂用來影響、調節自然和人心。《仲夏紀·古樂》中有兩則記事，一則云：「昔古朱襄氏之治天下也，多風而陽氣蓄積，萬物散解，果實不成，故士達作為五弦瑟，以來陰氣，以定群生。」另一則是：「昔陰康氏〔註17〕之始，陰多，滯伏而湛積，水道壅塞，不行其原，民氣鬱閼而滯著，筋骨瑟縮不達，故作為舞以宣導之。」這兩則故事都是以音樂來影響自然，調節自然的。第一則是陽氣過盛，炎帝（即朱襄氏）命其大臣士達作五弦瑟，以音樂招來陰氣，恢復陰陽的平衡。第二則是陰氣過盛，水道不暢，河流潰漫，民之體氣鬱滯，關節僵硬。陰康氏編製舞蹈以教其民，用以泄除陰氣，增加陽氣，使自然獲得平衡，身體恢復健康。這兩個故事都是從自然到音樂、再由音樂影響自然的感應過程。音樂只有源於自然陰陽，才會有影響自然、調節陰陽的能力。與此相比，《季夏紀·音初》中的一段文字則說明了從音樂到人心、社會的作用過程：「土弊則草木不長，水煩則魚鱉不大，世濁則禮煩而樂淫。鄭衛之聲、桑間之音，此亂國之所好，衰德之所說。流辟、誂越、慆濫之音出，則滔蕩之氣、邪慢之心感矣；感則百奸眾辟從此產矣。故君子反道以修德，正德以出樂，和樂以成順。樂和而民鄉方矣。」這裡所說的音樂與人心、社會的關係，也是一種「互涵」「互動」的關係。「樂淫」是因為「世濁」，「鄭衛之聲，桑間之音」源於「亂國」、「衰德」。若以這樣的音樂去「感」人，「百奸眾辟」就會產生，社會民風就會敗壞。所以，正確的做法就是「反道以修德，正德以出樂」。「正德」所出之樂就是「和樂」；「和樂」出現，人心感而應之，民風就會歸於純正。

2. 通過模仿建立感應關係

　　如何才能使所作之樂對自然社會人心有更強大的影響力？根據《周易》「同類相動」的原理，就必須使音樂與自然「相類」。「相類」的方法，就是仿傚。仿傚才能夠建立音樂與自然萬物的聯繫通道，為感應提供契機。就這個意義上看，《古樂》中的許多作樂的故事也就容易理解了。例如：

> 昔黃帝令伶倫作為律。伶倫自大夏之西，乃之阮隃之陰，取竹
> 於嶰溪之谷，以生空竅厚薄鈞者，斷兩節間，其長三寸九分而吹之，
> 以為黃鍾之宮，吹曰「含少」。次制十二筒，以之阮隃之下，聽鳳凰

〔註17〕「陰康氏」：與炎帝同時（一說在炎帝之前）的一位部落首領。原作「陶唐氏」，誤。陶唐氏即堯，按年代順序應在後，而後面又確有其事蹟記載。故據他本改。

之鳴，以別十二律。其雄鳴為六，雌鳴亦六，以比黃鍾之宮適合。
黃鍾之宮皆可以生之，故曰黃鍾之宮，律呂之本。（《仲夏紀・古樂》）

　　帝顓頊生自若水，實處空桑，乃登為帝。惟天之合，正風乃行，
其音若熙熙淒淒鏘鏘。帝顓頊好其音，乃令飛龍作樂〔註18〕，效八
風之音，命之曰《承雲》，以祭上帝。乃令鱓先為樂倡。鱓乃偃寢，
以其尾鼓其腹，其音英英。（《仲夏紀・古樂》）

　　帝堯立，乃命質為樂。質乃效山林溪谷之音以作歌，乃以麋鞈
置缶而鼓之，乃拊石擊石，以象上帝玉磬之音，以致舞百獸。（《仲
夏紀・古樂》）

這裡，黃帝一則是制律，即為音樂制定基本的標準和制度；顓頊和堯的故
事則是從自然取得音源，創作音樂。這三人的樂官——伶倫、飛龍和質的作樂，
有幾個共同點值得注意：

其一，他們都是取自然之物的材料製作發聲之器，如竹、石、獸皮。

其二，都是以模仿自然界的聲音為音響，如鳳凰之鳴、八風之音、山林溪
谷之音等。

其三，也都以自然之數規範音樂形態，如十二律之於十二月，雌雄之於陰
陽等。

音樂本來是人類的一項發明，是純粹的創造，但《古樂》中的幾個故事卻
反覆將其歸於自然，溯源於自然，目的何在？就是在音樂與萬事萬物之間建立
聯繫的機制，從而形成感應關係。

再從另一方面看，音樂要影響社會人心，也得從模仿社會人心入手。《古
樂》中的另外幾則故事表達了這個思想。

　　禹立，勤勞天下，日夜不懈。通大川，決壅塞，鑿龍門，降通
漻水以導河，疏三江五湖，注之東海，以利黔首。於是命皋陶作為
《夏籥》九成，以昭其功。（《仲夏紀・古樂》）

　　殷湯即位，夏為無道，暴虐萬民，侵削諸侯，不用軌度，天下
患之。湯於是率六州以討桀罪，功名大成，黔首安寧。湯乃命伊尹
作為《大護》，歌《晨露》，修《九招》、《六列》，以見其善。（《仲夏
紀・古樂》）

〔註18〕原文無「樂」字，據許維遹校補。

周文王處岐，諸侯去殷三淫而翼文王。散宜生曰：「殷可伐也。」文王弗許。周公旦乃作詩曰：「文王在上，於昭于天。周雖舊邦，其命維新。」以繩文王之德。武王即位，以六師伐殷。六師未至，以銳兵克之於牧野。歸，乃薦俘馘於京太室，乃命周公作為《大武》。（《仲夏紀·古樂》）

成王立，殷民反，王命周公踐伐之。商人服象，為虐於東夷。周公遂以師逐之，至於江南。乃為《三象》，以嘉其德。（《仲夏紀·古樂》）

禹的時代，洪水泛濫，禹率民用力治水。這個工程浩大，需要增強人民的信心，故命皋陶創作《夏籥》九章，激勵民心。夏桀無道，湯除而建商；商紂無道，武王伐商而建周。這兩次重大的改朝換代，使社會發生強烈震盪。為使眾民盡快從內心接受並認同這一變化，商湯命伊尹創作《大護》，歌《晨露》，修《九招》、《六列》，武王命周公創作《大武》，都是用音樂來表現這些重大事件，其目的則是借助音樂的力量、通過感應的方式來影響人心，統一臣民思想和意志。

在上古時期，人的生產力十分低下，生存的能力比較薄弱。為了獲得生存的信心，尋求自然或神靈的幫助，往往會用到巫術，而音樂也常常作為巫術的重要工具。音樂之所以能夠作為巫術的工具，就在於當時盛行的「感應」思想，即相信通過音樂的力量可以影響到與之相關的事物。《古樂》一則著名的樂事記載，即屬此類：

昔葛天氏之樂，三人操牛尾，投足以歌八闋：一曰載民，二曰玄鳥，三曰遂草木，四曰奮五穀，五曰敬天常，六曰達帝功，七曰依地德，八曰總萬物之極。（《仲夏紀·古樂》）

直觀地看，這則故事只是描述了一次歌舞表演活動，但仍然透露出當時普遍存在的巫術思維，反映出的也仍然是感應的影響方式。「歌八闋」即唱八段歌詞，每段一個主題。第一闋「載民」，是歌頌人類生活其上的大地。第二闋「玄鳥」，是歌頌葛天氏部落的圖騰。第三闋「遂草木」，是希望百草樹木能夠生長茂盛。第四闋「奮五穀」，是祝願莊稼長得壯，有好收成。第五闋「敬天常」，對天地永恆的規律表示敬畏和感謝。第六闋「達帝功」，表達能夠獲得通向天帝之功的道路。第七闋「依地德」，表示要遵循四時的規律安排生產和生活。第八闋「總萬物之極」，總結自己的願望，是要讓萬物都能充分發展，各

得所安。這八個方面的內容，幾乎包括當時生活的全部。他們一一唱來，就是相信自己的歌聲能夠使天地自然有所感應，從而能夠滿足自己的願望；同時又能夠在同伴的心中引起共鳴，從而產生共同的意念和信心。

三、從感應凸顯「適音」的重要

正因為音樂有此巨大影響，故而必須重視音樂的製作。因為，不同的音樂對人發生的影響也很不相同。

在《仲夏紀》中，論樂諸篇其次序是：《大樂》、《侈樂》、《適音》和《古樂》。《古樂》是敘史，是述例，而前三者都是論理。《大樂》講音樂的本原和本質，是正；《侈樂》是對大樂的違背，是反；《適音》則是對作樂標準和原則的陳述，是合。

1. 音樂感應標準的根據

音樂感應的標準應該在哪裏？《呂氏春秋》認為應該在人的心中尋找，因為是心統領身體，支配耳目鼻口等諸種感官。他說：「耳之情慾聲，心不樂，五音在前弗聽；目之情慾色，心弗樂，五色在前弗視；鼻之情慾芬香，心弗樂，芬香在前弗嗅；口之情慾滋味，心弗樂，五味在前弗食。欲之者，耳目鼻口也；樂之弗樂者，心也。」快樂源於感官的需求，但不是只要感官需求得到滿足就可以產生快樂。還有一個更重要的因素，就是「心」。心不樂，則儘管感官得到滿足，仍然不會有快樂產生。那麼，「心」如何才能快樂？答案是：「心必和平然後樂。」就是說，心過分緊張和過分鬆弛都不能產生快樂。心理學已經表明，人的心理若過分緊張或鬆弛，感官上的刺激反應就會受到抑制，變得無法感知。只有心快樂了，它通向諸感官的道路才會暢通，快樂的感覺才會湧上心頭。用書中的話說就是：「心必樂，然後耳目鼻口有以欲之。」（《仲夏紀·適音》）

那麼，心如何才是快樂？回答是：平和。「故樂之務在於和心，和心在於行適。夫樂有適，心亦有適。」使心平和是獲得快樂的關鍵，而使心平和的關鍵又在於做事適度。快樂要適度，心的使用也要適度。每個人都有自己的好惡，「欲壽而惡夭，欲安而惡危，欲榮而惡辱，欲逸而惡勞。四欲得，四惡除，則心適矣。」求得所欲，驅除所惡，心就會得到快樂。但這種快樂不是欲的放縱，而是通過遵循事物的規律獲得的，因而是合理的、適度的。「四欲之得也，在於勝理。勝理以治身，則生全以（矣）；生全則壽長矣。勝理以治國，則法立；

法立則天下服矣。故適心之務在於勝理。」（《仲夏紀·適音》）使心適中的關鍵在於遵循事物之理，或者說，使自己的心同事物之理相吻合。心與理相合，則會發生感應，而這就是快樂的來源。

2.「適音」之於感應的意義

與心的適中相呼應，在音樂上，就是對「適音」的提倡。何謂「適音」？理論上不難把握，適音就是「適中之音」。他說：「夫音亦有適：太巨則志蕩，以蕩聽巨則耳不容，不容則橫塞，橫塞則振；太小則志嫌，以嫌聽小則耳不充，不充則不詹，不詹則窕；太清則志危，以危聽清則耳溪極，溪極則不鑒，不鑒則竭；太濁則志下，以下聽濁則耳不收，不收則不摶〔註19〕，不摶則怒。故太巨、太小、太清、太濁，皆非適也。」「巨」和「小」是指音量，「清」和「濁」是音高，音量過大過小，音域過高過低都非「適」，故都不合要求。這是從音樂形態講「適」。要想「音適」，就要取「衷」，即折衷。「何謂適？衷，音之適也。大不出鈞，重不過石，小大輕重之衷也。……衷也者，適也。」（《仲夏紀·適音》）「衷」即「中」，就是適中、節制、平和。遵循「中」的原則，音樂就會「適」。

接下來的問題是，為什麼一定是「衷」，一定是「適音」？難道僅僅就是因為「太巨」則「耳不容」，「太小」則「耳不充」，或者「太清」則「耳溪極」，「太濁」則「耳不收」？這當然是一個方面的原因，但不是全部原因。還有一個更重要的因素，就是與其「感應」思想有關。前面說過，心只有在平和之時才是快樂的，只有平和才能夠感受到感官所提供的快樂。心的平和狀態就是「衷」和「適」的狀態。聽樂之心是「適」，那麼，音樂要想得到聽樂者心靈的感應，就必須與之相應，也是「適」的。他說：「以適聽適則和矣。」這兩個「適」，前者是心，後者是音。兩者「相類」，才會發生感應，出現審美活動。

與「適音」相反的是「侈樂」。「侈樂」的特點就是不「衷」，就是「以巨為美」。「夏桀、殷紂作為侈樂，大鼓、鐘、磬、管、簫之音，以巨為美，以眾為觀；俶詭殊瑰，耳所未嘗聞，目所未嘗見，務以相過，不用度量。」這種追求極端的過分行徑，總是同特定的政治狀態相吻合的。「宋之衰也，作為千鍾；齊之衰也，作為大呂；楚之衰也，作為巫音。侈則侈矣，自有道者觀之，則失樂之情。失樂之情，其樂不樂。」（《侈樂》）侈樂表面上似乎是為了求得最大的快樂，但由於違背了樂的本性，結果反而不能給人帶來快樂。《呂氏春秋》

〔註19〕 「摶」原作「特」，誤，據他本改。摶：專也。

特別強調音樂與政治的緊密聯繫，他說：「故治世之音安以樂，其政平也；亂世之音怨以怒，其政乖也；亡國之音悲以哀，其政險也。」（《仲夏紀・適音》）「流辟、誂越、慆濫之音出，則滔蕩之氣、邪慢之心感矣；感則百奸眾辟從此產矣。故君子反道以修德，正德以出樂，和樂以成順。」（《季夏紀・音初》）說明這種聯繫不但非常緊密，而且嚴格地對應，其對應中的溝通機制，就是「感」，亦即「感應」。《適音》說：「凡音樂，通乎政而風乎俗者也，俗定而音樂化之矣。」這裡的「通」，就是以感應而通，因此是雙向的、互相的，音樂能夠感應政治，政治也能夠感應音樂，彼此是協同關係。「適音」和「侈樂」能夠各自引發不同的心理感應，產生不同的社會效應，所以才引起古人的特別重視。

3. 「適」也是「欲」的必然要求

在《呂氏春秋》的思想體系中，「欲」是一個重要範疇，雖然不是理論的核心、思想的本原，但卻是生命活動、文化創造的最原始的動力。他說：「天生人而使有貪有欲。」欲源自人的本性，故而也是自然（天）的一部分。是自然，就必須肯定。所以他說：如「耳不樂聲，目不樂色，口不甘味，與死無擇。」關鍵在於對欲的滿足是否有節制：「欲有情，情有節。聖人修節以止欲，故不過行其情也。」這裡的「情」不是情感之「情」，而是情理之「情」，本性之「情」。「行其情」就是遵循其中之「理」，符合其中法度。他說：「故耳之欲五聲，目之欲五色，口之欲五味，情也。此三者，貴賤、愚智、賢不肖，欲之若一，雖神農、黃帝，其與桀、紂同。聖人之所以異者，得其情也。」（《仲春紀・情慾》）耳、目、口之欲，是人的本性，所有人都有，聖人、常人乃至惡人均無不同。不同之處僅僅在於，聖人能夠「得其情」，即按其「理」來獲得滿足，而其他人很難完全做到。

欲的滿足只要遵循其理，就會有「適」。「適」是養「欲」的過程中調理出來的。《侈樂》云：「有情性則必有性養矣。寒、溫、勞、逸、饑、飽，此六者非適也。凡養也者，瞻非適而以之適者也。」養就是將非適變成適，以適驅除不適。此適，即適中，不過分，有節制。「能以久處其適，則生長矣。生也者，其身固靜，感〔註20〕而後知，或使之也。」如果「遂而不返，制乎嗜欲；制乎嗜欲無窮，則必失其天矣。且夫嗜欲無窮，則必有貪鄙悖亂之心、淫佚奸詐之事矣。」（《仲夏紀・侈樂》）欲之「適」與音之「適」，其理相通，其效亦相類，

〔註20〕「感」原作「或」，誤，據他本改。

兩者之間亦互相感應。「適音」之「適」之所以重要，於此亦可見出。

到這裡，我們可以對本節開始處所引擊磬現象作出解釋了。心非臂，臂非椎非石，卻能夠將心中之悲實現在石的聲音中，不是因為有什麼特殊的通道，而是因為心中的悲情控制了敲擊的臂和椎，使之發出的聲音呈現出特定的結構形式。這個形式與悲情的動態有著相似的節律，形成兩者的同構，故而能使聽者的心理產生感應，即引發聽者相似的情感體驗。音樂與道德、政治、風俗之間的互相影響，也是通過其結構的相似實現的，就是說，也正是「同類相感」的結果。作者所謂「誠乎此而諭乎彼，感乎己而發乎人」，其道理正在此。

第三節 《淮南子》：以審美為中心的音樂感應論

《淮南子》〔註21〕，亦稱《淮南鴻烈》，西漢武帝時淮南王劉安（前179～前122）與其門人所撰。該書主要以先秦道家文獻為基礎，又吸收儒、墨、法、陰陽諸家的思想編纂而成，內容涉及哲學、政治、歷史、神話、藝術、醫學、軍事等諸多方面，是一部綜合性的著作。原有內篇21卷，中篇8卷，外篇33卷，目前存世的只有內篇。書中雖以先秦文獻為基礎，但亦有自己的獨到發揮，論述較為深透，有較高的理論價值。胡適在《淮南王書》中曾說，道家集古代思想之大成，而《淮南子》又集道家之大成。《淮南子》的音樂思想散見於各卷之中，內容豐富，有新意，有深度，其論樂文字中亦表現出濃厚的「感應」思想。如果說，《呂氏春秋》主要將「感應論」運用到作樂方面，那麼，《淮南子》則主要立足於音樂的審美。當然，這並不意味著它只討論審美而不涉及其他，而是說，它是以審美為中心，在審美的基礎上運用「感應」的原理解釋諸多現象和解決諸多問題，如創作、表演、功能等等。

一、《淮南子》的感應論模式

《淮南子》中的感應論思想和《呂氏春秋》一樣強烈。他在書的末篇、實為全書之序的《要略》中，就明確指出，該書的目的就是利用「物之可以喻意象形者，乃以穿通窘滯，決瀆壅塞，引人之意，繫之無極，乃以明物類之感，同氣之應，陰陽之合，形埒之朕，所以令人遠觀博見者也。」讓人們「原本人

〔註21〕 本書所引《淮南子》，除另行標注者，均見何寧：《淮南子集釋》（上、中、下），中華書局1998年。為節省篇幅，所引該書文字只在文中夾註章節標題，不再另列注釋。

之所由生，而曉寤其形骸九竅，取象與天，合同其血氣與雷霆風雨，比類其喜怒與晝宵寒暑，並明〔註22〕審死生之分，別同異之跡，節動靜之機，以反其性命之宗，所以使人愛養其精神，撫靜其魂魄，不以物易己，緊守虛無之宅者也。」（《要略》）這兩段話的意思是說，《淮南子》著書的目的，就是要使人懂得同類相感之理，領悟天人萬物的一體，使自己的行為不違背天道。

1. 音樂與萬物的對應關係

在《淮南子·時則訓》中，它繼承《呂氏春秋》的做法，也是按照十二個月安排結構，並列述與每個月相對應的自然現象和社會事務，按照陰陽五行的模式來解釋不同事物現象的聯繫和規律。旨在說明，違背自然的規律，社會政治就會出現問題，人的身體也會出現病狀。例如：「孟春行夏令，則風雨不時，草木早落，國乃有恐。行秋令，則其民大疫，飄風暴雨總至，黎莠蓬蒿並興。行冬令，則水潦為敗，雨霜大雹，首稼不入。」「仲春行秋令，則其國大水，寒氣總至，寇戎來征。行冬令，則陽氣不勝，麥乃不熟，民多相殘。行夏令，則其國氣早來，蟲螟為害。」「季春行冬令，則寒氣時發，草木皆肅，國有大恐。行夏令，則民多疾疫，時雨不降，山陵不登。行秋令，則天多沈陰，淫雨早降，兵革並起」（《時則訓》），如此等等。

《淮南子》還進一步描述了天人之間、事物之間的對應關係和感應機制。例如他把人的身體與天地宇宙聯繫起來，指出兩者的對應、相通關係。「天地宇宙，一人之身也；六合之內，一人之制也。」是將「天」比喻為人的身體，則人體與天也就存在對應關係。「孔竅肢體，皆通於天。天有九重，人亦有九竅；天有四時以制十二月，人亦有四肢以使十二節；天有十二月以制三百六十日，人亦有十二肢以使三百六十節。」天與人之間有著對應的關係，也就可以以此知彼，通萬物之理。「故聖人者，由近知遠，而萬殊為一。」因為有此對應關係，故人不能逆天而作，而應順天而行。「舉事而不順天者，逆其生者也。」（《本經訓》）

《淮南子》也重視《周易》中的陰陽相感之理，認為自然萬物皆由陰陽之氣相感應而成。「陰陽相薄，感而為雷，激而為霆，亂而為霧。陽氣勝則散而為雨露，陰氣盛則凝而為霜雪。」（《天文訓》）自然界中的雷霆、雨露、霜雪等氣象變化，也就是陰陽相互感應的結果。

〔註22〕據何寧《淮南子集釋》注，這裡的三個「與」字，當訓為「如」，「並明」二字為衍文。

2. 感應機制：相似性

《淮南子》也主張「同類相動」，認為感應的機制是「相似性」。他以調弦為例：「今夫調弦者，叩宮宮應，彈角角動，此同聲相和者也。」這是最直觀的「同類相動」。還有一種比較隱蔽的「同類相動」：「夫有改調一弦，其於五音無所比，鼓之而二十五弦皆應，此未始異於聲，而音之君已形也。」（《覽冥訓》）將瑟的某弦音高改變，使之與二十五弦皆不同。現在再彈這根改調了的弦，則二十五弦皆應。同頻率的弦相應，是因為頻率相同；不同頻率的弦相應，則因為都是弦，且都在振動。前者只能使相同頻率的弦共振，只不過是「同類相動」而已；而後者則能以一弦而使所有弦一起共振。為什麼？因為它是在更深的層次發生作用，所以能夠在更廣的範圍內得到響應。前者只是單純的「同類相動」，只能影響與其相似頻率的音；後者則因其從表層進入深層，能夠影響的音就廣泛得多，故而才成為「音之君」（即所謂「音之君已形也」）。在《齊俗訓》中也有相似的文字：「故叩宮而宮應，彈角而角動，此同音之相應也。其於五音無所比，而二十五弦皆應，此不傳之道也。」（《齊俗訓》）最後的「不傳之道」，正說明後者是在更深的層次、亦即「道」的層次上而言的。層次越深，共振的範圍就越大，其強度就越小，它們成反比。可見，在《淮南子》看來，感應存在著不同的層次，有的淺顯，直觀，強烈；有的深邃，玄渺。而在最深層的地方，則就是「道」本身了。而道是不可言說的，所以深層次的感應也是難以覺察，也難以言傳。例如他說：「夫物類之相應，玄妙深微，知不能論，辯不能解，故東風至而酒湛溢，蠶呰絲而商弦絕，或感之也。」（《覽冥訓》）這樣的「同類相應」因為特別幽深，故十分神妙莫測，我們無法對它進行分析研究，無法瞭解它背後的機理，所以只能知其然，而無法知其所以然。

3. 音樂的特殊感應能力

《淮南子》十分重視音樂，認識到音樂對外界事物，尤其是對人的巨大影響力。正因其影響力大，所以應該特別謹慎。「故慎所以感之也。夫榮啟期一彈，而孔子三日樂，感於和；鄒忌一徽，而威王終夕悲，感於憂。動諸琴瑟，形諸音聲，而能使人為之哀樂。縣法設賞而不能移風易俗者，其誠心弗施也。」音樂的力量十分強大，遠遠超過設法懸賞。設法懸賞不能移風易俗，而音樂能。音樂之所以能，就在於它能直通人心，無法抗拒。「寧戚商歌車下，桓公喟然而寤，至精入人深矣。故曰：樂聽其音，則知其俗；見其俗，則知其化。孔子學鼓琴於師襄，而論文王之志，見微以知明矣。延陵季子聽魯樂，而知殷、夏

之風，論近以識遠也。」（《主術訓》）通過音樂可以感知心志，察知風俗。又說：「歌哭，眾人之所能為也，一發聲，入人耳，感人心，情之至者也。」（《繆稱訓》）「夫歌者，樂之徵也；哭者，悲之效也。憤於中則應於外，故在所以感。」（《脩務訓》）「夫聲色五味，遠國珍怪，瑰異奇物，足以變心易志，搖盪精神，感動血氣者，不可勝計也。」（《本經訓》）這種感知、察知的渠道，就是感應。「老母行歌而動申喜，精之至也；瓠巴鼓瑟，而淫魚出聽；伯牙鼓琴，駟馬仰秣；介子歌龍蛇，而文君垂泣。」（《說山訓》）這四個例子，講的都是音樂審美所產生的巨大感染力，這個力量沒有物理通道傳輸，靠的就是「同類相動」的感應。

二、「感應」意義上的「君形者」

1.「形」、「神」概念的提出

　　形、神概念的提出並成對舉，最早始於莊子。莊子首先是從「道—氣」和「道—器」的意義上提出形神概念的。他說：「夫昭昭生於冥冥，有倫生於無形，精神生於道，形本生於精，而萬物以形相生。」（《莊子·知北遊》）這裡「精」、「神」連用，「精」偏重於氣，而「神」更偏重於道。兩者合稱，形成一個完整的概念，表示道與氣相合後所形成的第一個現象。它的生成次序是：「道—神／精—形—萬物」。這裡已經將形神對舉，認為萬物產生於形，而形產生於「精」和「神」。也就是說，形與神是有著天然的聯繫的。在另一個地方，他又強調神的重要，而形則為次。《莊子·德充符》曾以孔子之口云：「丘也嘗使於楚矣，適見豚子食於其死母者，少焉眴若皆棄之而走。不見己焉爾，不得類焉爾。所愛其母者，非愛其形也，愛使其形者也。」小豬「食於其死母者」，不一會兒發現其母已死（神已離），便驚慌地「棄之而走」。原因就在於小豬愛其母，「非愛其形也，愛使其形者也」。「使」即支配、統率。「使其形者」，便是「神」。後《淮南子》應該就是受這裡「使其形者」的啟發，才提出「君形者」的概念的。「君」就是統率、支配。與此相似，《淮南子》也有一則寓言：「萬乘之主卒，葬其骸於廣野之中，祀其鬼神於明堂之上，神貴於形也。」（《詮言訓》）君主戰死疆場，屍體就地掩埋，而在明堂之上設其靈位，就是重神而輕形。在古人看來，「形」的生命和意義全靠「神」的支持。莊子說：「目無所見，耳無所聞，心無所知，女神將守形，形乃長生。」（《莊子·在宥》）「守形」即在形之中。神在形中，形才能長生。所以說，在莊子那裏，形與神是有聯繫

的兩個概念，但神貴形輕，神可以脫離形而存在，但形如果沒有神，則毫無意義。

「道—氣」意義上的形神觀在養生論上也得到體現。由於哲學上重道輕器，故在養生論中自然也是重神而輕形。在莊子看來，所謂的養生，核心在養「神」。「執道者德全，德全者形全，形全者神全。神全者，聖人之道也。」（《莊子·天地》）一方面，形全才有神全，但最根本的還是神全。又說：「無視無聽，抱神以靜，行將自正。必靜必清，無勞女形，無搖女精，乃可以長生。目無所見，耳無所聞，心無所知，女神將守形，形乃長生。」（《莊子·在宥》）這說明精神不為外物所困，達到一定境界，有保形的作用。但最根本的還是形中要有神，神在形才有生命，有意義。養生之要在於神全，但神全源於形全，形全源於德全，德全又源於道。所以說：「形體保神，各有儀則謂之性；性修反德，德至同於初。」（《莊子·天地》）總體上看，在莊子那裏，形、神是二分的，並特別強調神不能為形所累、所役，以至於還有所謂「油然不形而神」（《莊子·知北遊》）之說。而眾人總是以「形」役「神」，所以常有煩惱和痛苦。

莊子的形神思想也被《淮南子》繼承下來，他在闡述形神關係時有一段話，可以作為這方面的代表性論述：「夫形者，生之所也；氣者，生之充也；神者，生之制也。一失位，則三者傷矣。是故聖人使人各處其位，守其職，而不得相干也。故夫形者，非其所安也而處之則廢，氣不當其所充而用之則泄，神非其所宜而行之則昧。此三者，不可不慎守也。」（《原道訓》）形是生之「所」，神是生之「制」，他在這兩者之外還增加了一個「氣」，認為氣是生之「充」，認為三者應各守其位，才符合天道。他所增加的「氣」本為莊子所有，故並未脫離莊子形神相合、神主形從的思想。如《原道訓》曰：「今夫狂者之不能避水火之難而越溝瀆之險者，豈無形神氣志哉？然而用之異也。失其所守之位而離其外內之舍，是故舉錯不能當，動靜不能中，終身運枯形於連嶁列埒之門，而蹎蹁於污壑陷阱之中。雖生俱與人鈞，然而不免為人戮笑，何也？形神相失也。故以神為主者，形從而利；以形為制者，神從而害。」《詮言訓》也說：「神貴於形也，故神制則形從，形勝則神窮。聰明雖用，必反諸神，謂之太沖。」形神需要相得，但兩者非平等關係，而是神貴形輕，神主形從。這也是《淮南子》貫穿全書的基本思想。

但是，更能體現《淮南子》形神論的創造性的，還是它的藝術論，其中也包含關於音樂的思想。

2. 音樂中的「君形者」

將莊子的形神思想再從養生論擴展到藝術論，是《淮南子》的獨特貢獻。體現在音樂上，就是強調音樂必須擁有統領自己的東西，那就是「君形者」，也就是「神」。以「君形者」標示藝術中的「神」，有以下三則：

> 昔雍門子以哭見於孟嘗君，已而陳辭通意，撫心發聲，孟嘗君為之增欷鳴唈，流涕狼戾不可止。精神形於內，而外論哀於人心，此不傳之道。使俗人不得其君形者而效其容，必為人笑。（《覽冥訓》）

> 畫西施之面，美而不可說；規孟賁之目，大而不可畏：君形者亡焉。（《說山訓》）

> 使但（倡）吹竽，使工厭竅，雖中節而不可聽，無其君形者也。……異音者不可聽以一律，異形者不可合於一體。（《說林訓》）

這三段話用的都是「君形者」一詞，也都是講藝術的，其中兩條講音樂，一條講繪畫。它們主要表達了三層意思：

第一，要有真實的情感體驗，即所謂「精神形於內」，也就是要有「君形者」主宰你的精神世界。第一則是以雍門周以琴見孟嘗君的故事為例的。這個故事在漢代文獻中常常述及，目前所見記述較為詳細的有劉向《說苑》和桓譚《琴道》，內容大致相同：戰國時，有一個叫雍門周的人，善彈琴和歌哭，並因此而成為孟嘗君的門客。有一次，孟嘗君對他說：「先生鼓琴，亦能令我悲傷嗎？」雍門周說：「臣何獨能令足下悲哉？臣之所能令悲者，有先貴而後賤，先富而後貧者也。不若身材高妙，適遭暴亂無道之主，妄加不道之理焉；不若處勢隱絕，不及四鄰，詘折儐厭，襲於窮巷，無所造愬；不若交歡相愛，無怨而生離，遠赴絕國，無復相見之時；不若少失二親，兄弟別離，家室不足，憂戚盈胸。當是之時也，固不可以聞飛鳥疾風之聲，窮窮焉固無樂已。」而你現在是「千乘之君也，居則廣廈邃房，下羅帷，來清風，倡優侏儒處前，迭進而諂諛；燕則鬥象棋而舞鄭女，激楚之切風，練色以淫目，流聲以虞耳；水遊則連方舟，載羽旗，鼓吹乎不測之淵；野遊則馳騁弋獵乎平原廣囿，格猛獸；入則撞鐘擊鼓乎深宮之中。」像這樣優越的處境，我怎麼能讓你悲、讓你流淚呢？孟嘗君聽了搖搖頭，不以為然。接著雍門周話鋒一轉：「然臣之所為足下悲者一事也。夫聲敵帝而困秦者，君也；連五國之約，南面而伐楚者，又君也。天下未嘗無事，不從（縱）則橫，從成則楚王，橫成則秦帝。楚王秦帝，必報讎於薛矣。夫以秦、楚之強而報讎於弱薛，譬之猶摩蕭斧而伐朝菌也，必不留行

矣。天下有識之士無不為足下寒心酸鼻者。千秋萬歲之後，廟堂必不血食矣。高臺既以壞，曲池既以漸，墳墓既以下而青廷矣。」孟嘗君聽著聽著，感到自己的末日好像真的到來，不知不覺間已經「泫然泣涕，承睫而未殞」。雍門周看火候已到，便「引琴而鼓之，徐動宮徵，微揮羽角，切終而成曲。孟嘗君涕浪汗增，欷而就之曰：『先生之鼓琴，令文立若破國亡邑之人也。』」(《說苑．善說》) 這個故事是說，一個人要想被音樂打動，就必須先有過與音樂相似的情感體驗。用《淮南子》的話說，就是「精神形於內，而外諭哀於人心」，並說這是「不傳之道」。這「精神」，就是「君形者」。它說明，無論是彈琴人，還是聽琴人，都必須有此「君形者」，才能夠發生真正的審美感應。第二則的「畫西施之面，美而不可說（悅），規孟賁之目，大而不可畏」，也是因為缺了「君形者」。缺了「君形者」，剩下的就只能是空洞的、沒有內涵、沒有生命力的「形」，所以才既「不可說」，又「不可畏」，即不能引起人的審美感應。

第二，其精神要能夠貫通始終。這主要在第三則中得到體現。假設讓一個樂工吹竽，讓另一樂工按孔（「厭竅」），「雖中節而不可聽」。「中節」是指節奏一致，符合音樂的要求。一般來講，兩個人一按一吹，是不太可能完全合拍的。現在假設，即使能夠完全合拍，也是「不可聽」的。為什麼？因為是兩個人在操作一件樂器。兩個人的「形」即操作技巧可以通過訓練使其趨於一致，但兩個人的「神」即「君形者」卻無法完全相同。無法完全相同，即意味著吹奏時樂曲的「神」是分裂的，即沒有一個統一的靈魂一以貫之。而沒有一以貫之的靈魂，作品就不是有機的，也就不可能有生命力和感染力。其中的道理，就是所謂「異音者不可聽以一律，異形者不可合於一體。」這則故事說明，音樂不僅需要「君形者」，而且要求這「君形者」必須是一個完整的、一以貫之的、生動的有機整體。〔註23〕這個思想在《原道訓》中也有表述，他說：「凡人之志，各有所在，而神有所繫者。其行也，足蹪趎坎、頭抵植木而不自知也，招之而不能見也，呼之而不能聞也；耳目非去之也，然而不能應者，何也？神失其守也。故在於小則忘於大，在於中則忘於外，在於上則忘於下，在於左則忘於右；無所不充，則無所不在。是故貴虛者，以毫末為宅也。」常人做事，「神」往往是分散的，偏於一點而不及全體，在此則忘彼，在彼則忘此。有機體中的

〔註23〕這個思想應該是受《韓非子》的影響，《韓非子．外儲說右下》云：「田連、成竅，天下善鼓琴者也，然而田連鼓上，成竅擫下，而不能成曲，亦共故也。」「共」即「多」、「雜」、「非一」，即缺乏某種一以貫之的東西。

「神」應該是「無所不充」、「無所不在」，應該滲透到每一個「毫末」之端。這裡強調的就是神的這種完整性、統一性和貫通性。

第三，「神」在這裡所起的是「支配」的作用。這三則故事的文本中，值得注意的是，用以表示「神」的概念的都是「君形者」。在《淮南子》中，直接用「神」或「精神」來自指的地方很多。如前所述，早在莊子那裏，「神」和「精神」一詞即已經經常使用，到《淮南子》使用就更加頻繁，如「保其精神，偎其智故」、「形神氣志，各居其宜」、「志與心變，神與形化」等。但在這裡，書的作者偏偏不用現成的「神」字，而另行杜撰出一個「君形者」出來，用以代替它。為什麼？就是因為這三個字能夠直接體現「神」在與「形」的關係當中所具有的特殊地位和獨特功能——「君」，亦即統治、支配，而「神」則不具這樣的能力。「神」與「形」相舉，就其直接性來說，它只是表示兩者的相對，並不自然地含有「神」對「形」的優勢地位。而這個優勢地位，才是《淮南子》所要著力強調的東西。

「君形者」的這三個特點，說明「神」是音樂的靈魂所在。

3. 「君形者」的超越性

音樂必須有「君形者」亦即「神」的統領，才能獲得生命。那麼，神是如何統領音樂，統領眾形的？《淮南子》的回答是：要統領形體就要能夠超越於形體，要統領聲音，就要有超越聲音的東西。「君形者」即具有超越性的品格。他說：「故鼓不與於五音，而為五音主；水不與於五味，而為五味調；將軍不與於五官之事，而為五官督。」在中國古代樂隊中，鼓是指揮。但鼓沒有精確的音高，不屬於五音。但也正因其與五音「不與」，所以才能統領五音。就好像水不屬於五味而能調和五味，將軍不屬於五官而能統領五官一樣。「故能調五音者，不與五音者也；能調五味者，不與五味者也；能治五官之事者，不可揆度者也。」（《兵略訓》）他還以琴和車輻為例，說的也是這個道理：「琴不鳴，而二十五弦各以其聲應；軸不運，而三十輻各以其力旋。弦有緩急小大，然後成曲；車有勞逸動靜，而後能致遠。」這裡的琴是指琴體，琴體無聲，但張於其上的弦則能「緩急大小」，悠然成曲。軸心不動，但車卻因此而能「勞逸動靜」，悠然致遠。他接著總結說：「使有聲者，乃無聲者也；能致千里者，乃不動者也。故上下異道則治，同道則亂。」（《泰族訓》）要統領什麼，你就必須有超越於它們的要素和品格。你若與其完全相同，就不能獲得統領的功能，其群就會大亂。

　　明白這個道理，《淮南子》中下面的兩段話就好理解了。這兩段話都是在講了「叩宮而宮應，彈角而角動，此同音之相應也」之類表示同類相感的意思之後出現的：《覽冥訓》說：「夫有改調一弦，其於五音無所比，鼓之而二十五弦皆應，此未始異於聲，而音之君已形也。」《齊俗訓》也說：「其於五音無所比，而二十五弦皆應，此不傳之道也。」這兩段話，乍一看，與我們所知的常識不相符合。因為在一般的音樂知識範圍內，只有同頻率的兩根弦之間才會產生感應共振，不同頻率的弦間是不會共振的。而這裡所強調的恰恰是不同頻率的弦之間的「皆應」。瑟是五聲定弦，所謂「於五音無所比」，就是指此弦與另一瑟的二十五弦頻率皆不相同，但卻能夠使它們「皆應」。為什麼？其實也就在它們之間的更深層次的相類，即在同是弦、且同是弦的振動的意義上，它們是相同的，故而仍然符合「同類相動」的基本原理。這是從「同類相動」的意義上講的。若從「君形者」意義上講則是：雖然你有與25弦相同之處（即同是弦和振動），但若要統領25弦，就還必須具有25弦所沒有的東西。這沒有的東西，就是「改調一弦」，就是「與五音無所比」。「同類相動」是就感性形態層面而言，「君形者」則是在超感性層面，亦可說是在「道」的層面或接近「道」的層面而言的，所以才說這是「不傳之道」。這種超越感性形態、具有道的特點的東西，與「神」相似，它才是統領著形的「音之君」。所以，《齊俗訓》緊接著說：「故蕭條者，形之君；而寂寞者，音之主也。」蕭條、寂寞，正是「神」之所在。

　　由於道是對形的高度抽象，而神作為形的超越者，也必然是對形的一定程度的抽象。抽象即意味著更加簡易。越是接近道，就越是簡易。因此，只有簡易，才能夠涵蓋大千，而且，越是簡易，就越能涵蓋大千世界萬事萬物。《詮言訓》說：「非易不可以治大，非簡不可以合眾。大樂必易，大禮為簡。易故能天，簡故能地。」強調禮樂的簡易，就是為了獲得與天地萬物發生感應活動的高幾率。

4.「君形者」的以「形」而顯

　　「君形者」的超越性是為了獲得對形的支配和統領的功能，故而它和「形」亦即器、技的關係是支配與被支配、統領與被統領的關係，在音樂上，它就是「聲」與「所以聲」、「巧」與「所以巧」、「悲」與「所以悲」的關係。《原道訓》說：「若夫規矩鉤繩者，此巧之具也，而非所以巧也。故瑟無弦，雖師文不能以成曲；徒弦，則不能悲。故弦，悲之具也；而非所以為悲也。」（《齊俗

訓》）〔註24〕「規矩鉤繩」（即「技」）只是「巧」的形態，不是「巧」本身（即「所以巧」），「弦」只是「悲」的載體，不是「悲」本身（即「所以悲」）。「所以巧」、「所以悲」是「君形者」，「技」和「弦」只是「形」。前者總是通過後者才能實現出來，但只有後者才是前者的直接支配者。

「君形者」雖然處於支配的地位，但它自身不能獨立存在，而總是通過特定的「形」才得以呈現，才真正實現自己。在《淮南子》看來，音樂的本質在於它所內涵的生命感覺，在於它所特有的傳神旨趣，但這種生命感覺和傳神旨趣全部要通過特定的技術才能表現出來。而技術是需要日積月累的訓練，即「服習積貫」：「今夫盲者目不能別晝夜，分白黑，然而搏琴撫弦，參彈復徽，攫援摽拂，手若蔑蒙，不失一弦。使未嘗鼓瑟者，雖有離朱之明，攫掇之捷，猶不能屈伸其指。何則？服習積貫之所致。」（《脩務訓》）古代許多傑出的琴師都是盲人，但其彈琴卻能動天地，感鬼神；而那些沒有彈過琴的人，雖然他們視力超人、手指靈活，卻無法成曲。不是他們沒有「神」，而是此「神」沒有能夠在琴的技術與音響中得到展示，因而也就不存在以琴為載體的「神」，不存在支配「琴」與「音」的那個「君形者」。

「君形者」需要特定的「形」才能真正存在，但這個「形」必須是一個完整的、有機的生命體。「行一棋，不足以見智；彈一弦，不足以見悲。」（《說林訓》）只走一步棋，只彈一個音，其形遠未完成，故其神也就無法體現，所以不能見其「智」與「悲」。只有在一個相對完整的棋路上或音調中，「君形者」才會現身。不僅如此，「君形者」的呈現，還必須有較為豐富的細節來成就。《要略》說：「今《易》之『乾』、『坤』，足以窮道通意也，八卦可以識吉凶、知禍福矣，然而伏羲為之六十四變〔註25〕，周室增以六爻，所以原測淑清之道，而捃逐萬物之祖也。夫五音之數，不過宮商角徵羽，然而五弦之琴不可鼓也。必有細大駕和，而後可以成曲。」傳說中，伏羲作八卦，用以整理天下萬事萬物，文王覺其較為簡單，故又推演成六十四卦，所涉方面更為豐富詳盡，更能解釋多樣的事物現象，故而也就更為適用。同樣的道理，在音樂中，也不能僅僅局限於宮、商、角、徵、羽五個音，而總是要作更大幅度和更加細微的變化，並加以必要的應和（即「細大駕和」），才能將樂曲中的「神」亦即「所

〔註24〕此段文字亦見《文子》（參本書第二章）。以前一般認為是《文子》抄《淮南子》，1973年河北定縣竹簡本《文子》發現後，可以認為是《淮南子》抄《文子》。
〔註25〕這裡是以伏羲演六十四卦的，在其他文獻（如《史記》）中，一般認為是伏羲作八卦，周文王將其推演為六十四卦。

以悲」淋漓盡致地表現出來。缺少完整豐滿細膩的「形」,「君形者」也難以豐富、生動、有力。

5.「君形者」的美學功能

《淮南子》在論及藝術、音樂時之所以特別強調「君形者」即「神」,除了它在形神關係中居有特殊的地位和作用外,還有一個重要的因素,就是「君形者」能夠為藝術的審美感應提供充足的能量和應和的契機。一方面,就藝術的創造者說,只有在其創造過程中充分展示其內在精神即「君形者」,其作品才能強烈、深入、持久地打動別人,感染別人;另一方面,就藝術的接受者說,人們在欣賞音樂的過程中,也應具備與作品相通的精神底蘊亦即「君形者」,才能夠完滿地感知音樂的魅力,發生審美感應活動。這後一方面,前引雍門周的故事即能說明其道理;而前一方面,《淮南子》也有相關的論述。在《覽冥訓》中記有師曠和庶女兩則音樂故事:「昔者,師曠奏白雪之音,而神物為之下降,風雨暴至,平公癃病,晉國赤地。庶女叫天,雷電下擊,景公臺隕,支體傷折,海水大出。」這兩則故事在先秦文獻中多有記載,在漢代也十分流行。它們是否為歷史事實,在這裡並不重要。重要的是由此所反映出來的一種觀念,這個觀念是歷史的真實。那麼,這個觀念的基礎是什麼?就是「感應」,是建立在感應的基礎之上:人的精神可以與自然萬物相通,可以互相激發,互相作用。所以他接著評論說:「夫瞽師、庶女,位賤尚蒪,權輕飛羽,然而專精厲意,委務積神,上通九天,激厲至精。」(《覽冥訓》)「專精厲意,委務積神」,就是對自己精神能量的不斷積累,不斷提升,使之達到某種飽和、充溢、強盛的地步,這樣才能「上通九天,激厲至精」,使天地神靈產生感知而響應。沒有這種至誠至強的內在精神,就不可能產生如此強烈的外部效應。這個故事中關於音樂與天地神靈之間的關係,無疑帶有誇張的成分,使它披上了一層神秘的色彩,但其道理的表達則是清晰明白的。而《氾論訓》中的一則是直接講音樂的創造和欣賞之間的關係,與我們這裡的話題更為接近。他說:「譬猶不知音者之歌也,濁之則鬱而無轉,清之則燋而不謳。及至韓娥、秦青、薛談之謳,侯同、曼聲之歌,憤於志,積於內,盈而發音,則莫不比於律而和於人心。何則?中有本主以定清濁,不受於外而自為儀表也。」(《氾論訓》)「不知音者」指沒有掌握音樂之「道」者,而韓娥、秦青、薛談、侯同、曼聲等歌手則是掌握了音樂之「道」的人。他們之間的差別不僅在於對「清濁」的技術處理,而且在於是否具有「君形者」,是否以「君形者」有效地支配自己的歌唱。所謂

「憤於志，積於內」，所謂「中有本主以定清濁」，就都是屬於「君形者」的事，都是對「君形者」的地位、性質、功能、意義的強調。有了「君形者」，其音樂才能夠「比於律而和於人心」，產生強烈的感染作用。

明乎此，則《淮南子》在論樂時之特別強調「君形者」，且特別喜歡使用「君形者」這個詞，就不難理解了。

三、音樂審美感應的主體因素

《淮南子》有一個較為特別的地方，就是它較早地關注藝術與審美中的主體因素，其論樂過程中較多地體現出對主體性的重視。這表現為兩個方面，一是作樂者即創造者的主體因素，一是聽樂者即欣賞者的主體因素。

1. 作樂者的主體因素

一個作品能不能夠引發人們的審美感應，直觀地看，是作品本身的問題，實際上當然是創造者的問題，對於音樂，就是作樂者（包括制曲者和演奏者）的問題了。在這個問題上，《淮南子》突出地強調了以下三點：

（1）作樂者感受的真切深刻

從「君形者」的意義上說，作樂的過程中，是否有「君形者」在，便是一個重要的因素。而所謂的「君形者在」，就是創作者是否具有對所表現內容的真切深刻的體驗和經驗。前面所說「韓娥、秦青、薛談之謳，侯同、曼聲之歌」，之所以能夠「比於律而和於人心」，就是因其「憤於志，積於內」，「中有本主」，「不受於外」，講的就是作樂者的真切深刻強烈的人生體驗。此外，《淮南子》還在多處闡述過這一思想，例如《繆稱訓》說：「寧戚擊牛角而歌，桓公舉以大政；雍門子以哭見孟嘗君，涕流沾纓。歌哭，眾人之所能為也，一發聲，入人耳，感人心，情之至者也。」（《繆稱訓》）這裡講到兩個人物：寧戚和雍門周。雍門周的故事前面已有介紹，為使琴聲能夠引發感應，他特地營造了一種情境和情緒，使聽者產生情感反應。寧戚，春秋時衛國人，家貧，精於農事。年輕時，適逢齊桓公廣招人才，便特意隨商車來到臨淄。當看到齊桓公率眾大臣出行時，他便敲擊牛角，引吭而歌。他的歌聲引起桓公注意，經過交談，發現他對農業十分精通，便旋即拜為大夫，後長期擔任大司田，主管農業，成為齊桓公時五大功臣之一。寧戚之所以一開口便能夠吸引齊桓公的注意，就在於他的唱歌，情真意切，也就是：「一發聲，入人耳，感人心，情之至者也。」所以，《淮南子》說：「夫歌者，樂之徵也；哭者，悲之效也。憤於中則應於外，

故在所以感。」(《脩務訓》)「中」有「憤」,「外」才能夠有所「感」。重視「所以感」,就是重視情感的動因和內容要真實。如果情感狀態與所歌所哭不一致,就無法實現「感」(即動人)的效果。所謂「心哀而歌不樂,心樂而哭不哀」(《繆稱訓》),即謂此。

作樂者情感體驗的真切深刻,是作品之所以能夠引發審美感應的「根本要素」,是其「本體」所在。

(2)具有不可言傳的高妙技術

如果說,真切深刻的情感體驗是作品能夠引發人們產生感應的「本體」所在,那麼,具有不可言傳的高妙技術則是其必不可少的「手段」。

首先,要想使音樂具有引發強烈深刻的審美感應能力,一定離不開高超的演唱演奏技巧。「若夫工匠之為連𨨏、運開、陰閉、眩錯,入於冥冥之眇,神調之極,遊乎心手眾虛之間,而莫與物為際者,父不能以教子。瞽師之放意相物,寫神愈舞,而形乎弦者,兄不能以喻弟。今夫為平者準也,為直者繩也。若夫不在於繩準之中,可以平直者,此不共之術也。」(《齊俗訓》)高超的技巧都具有這樣的特點,即都是不可言說、不可傳遞。按照一定的規矩、法則而行,是可以言說、可以傳遞的;但真正高妙的技巧都是在規矩、法則亦即「繩準」之外,它不可言傳,是「不共之術」。

不過,說這種高妙技術不可言傳,並不意味著它是神秘的,是天生如此的。《淮南子》明確地告訴我們,這些高妙技術都是有其可循可見的來歷的。《脩務訓》云:「今鼓舞者,繞身若環,曾撓摩地,扶旋猗那,動容轉曲,便媚擬神。身若秋藥被風,發若結旌,騁馳若騖;木熙者,舉梧檟,據句枉,蝯自縱,好茂葉,龍夭矯,燕枝拘,援豐條,舞扶疏,龍從鳥集,搏援攫肆,蔑蒙踴躍。且夫觀者莫不為之損心酸足,彼乃始徐行微笑,被衣修擢。」「木熙」,緣木而戲,即雜技。這些歌舞雜技演員的嫻熟、驚險、高超的表演,看似出神入化,非人力所能為,實則全是長期習練的結果:「夫鼓舞者非柔縱,而木熙者非眇勁,淹浸(漬)漸摩使然也。」「柔縱」,柔軟而能隨意屈伸;「眇勁」,輕盈而又有力。「淹浸」,長久練習;「漸摩」,逐漸熟練。意思是,這些歌舞雜技演員柔軟輕盈的工夫不是天生的,而是長期練習而成,用書中另一處的話說,是「服習積貫」的產物。

(3)應是「不得已」而為之

如果說,作樂者的情感體驗是作品能夠引發人們產生感應的「本體」,高

妙的技術是其實現的「手段」，那麼，「不得已」的創作態度則是一個不可缺少的「保證」。

《淮南子》以道家思想為宗旨，道家的核心思想是自然無為，但它在書中又吸取其他諸家如儒家、法家的思想，故在自然無為之外，亦免不了還是要有為的。這樣的有為，便被稱之為「不得已」。〔註26〕在《淮南子》一書中，「不得已」一詞計出現12次，大多使用在真人、聖人、至人以及如周公、管仲這類歷史名人身上。例如：

> 「所謂真人者也，性合於道也。……忘其五藏，損其形骸，不學而知，不視而見，不為而成，不治而辯，感而應，迫而動，不得已而往。」（《精神訓》）

> 「故至人之治也，心與神處，形與性調，靜而體德，動而理通，隨自然之性而緣不得已之化。」（《本經訓》）

> 「聖人不為名尸，不為謀府，不為事任，不為智主。藏無形，行無跡，遊無朕，不為福先，不為禍始，保於虛無，動於不得已。」（《詮言訓》）

> 「升降揖讓，趨翔周遊，不得已而為也，非性所有於身，情無符檢。行所不得已之事，而不解構耳，豈加故為哉！」（《詮言訓》）

> 「聖人不先風吹，不先雷毀，不得已而動，故無累。」（《說山訓》）

這裡，無論是真人、至人還是聖人，他們之「往」、之「動」、之「行」、之「為」，都是「感而應，迫而動」，「隨自然之性」的產物，所以是合道的。這個思想在音樂上也同樣合適，因為音樂本來就是人的情感的外在表現。《齊俗訓》云：「且喜怒哀樂，有感而自然者也。故哭之發於口，涕之出於目，此皆憤於中而形於外者也。譬若水之下流，煙之上尋也，夫有孰推之者？故強哭者雖病不哀，強親者雖笑不和，情發於中而聲應於外。」「憤於中而形於外」，「情發於中而聲應於外」，本身就是最自然不過的事，所以音樂的創作也應順隨其自然，做到「不得已」而為之。所謂「不得已」而為，就是只有當情感醞

〔註26〕實際上，在《莊子》中即已使用「不得已」一詞，且出現多達15次。這也是因為，在道家的思想中，其核心是「自然無為」，但「自然無為」本身又具有「為」亦即「無不為」的要素。當其論及「為」，便也往往要以「不得已」來作為限定。在這方面，《淮南子》應該也是受了《莊子》的影響。

釀、積蓄到不得不發時，才進行自己的創作。只有在此時的創作，作品中的「君形者」才會充溢、強大，形成「感應」的審美之「場」。《詮言訓》云：「故不得已而歌者，不事為悲；不得已而舞者，不矜為麗。歌舞而不〔註27〕事為悲麗者，皆無有根心者。」「事」，即做，有「以……為目的」之義；「矜」，即持，執著。〔註28〕「根心」，即一己之心，人為之心，固執之心，算計之心。歌舞一定要自然而然地活動，一定是在自己有了強烈的情感蓄積於內，不得不發時才進行，而不是為了表現「悲」和「麗」而作。「悲」、「麗」只是歌舞者的內在情感在歌舞中得以表現時的副產品。以「悲」、「麗」為目的，是以末為本，結果必然會失其悲、麗，因為它「有根心」；不為「悲」、「麗」，「不得已」而為之，才會有真正的「悲」和「麗」，因為它植根於內在不得不發的生命衝動。

強調「不得已」，是因為只有它，才能夠保證作樂者在作樂時具有真情實感，才能保證其作品能夠引發人們的審美感應。

2. 聽樂者的主體條件

著眼於感應，音樂的創造者必須具備特定的條件，才能創作出具有感應力的作品；而音樂的聽賞者也必須具備一定的條件，才能與作品產生感應和共鳴。縱觀《淮南子》這方面的論述，大致可以概括為以下幾點：

（1）聽賞者應有平和之心

聽賞音樂的最佳心態是平和，即平靜、祥和。內心不平，時有波瀾，甚至波濤洶湧，對於聽賞音樂來說，是為大忌。《詮言訓》云：「心有憂者，筐床衽席弗能安也，菰飯牛螺牛弗能甘也，琴瑟鳴竽弗能樂也。患解憂除，然後食甘寢寧，居安遊樂。」（《詮言》）心有憂患，則會寢食不安，音樂之美也會難以領略。只有「患解憂除」，心態平和，才能體會音樂的微妙之處。不僅如此，心態不平，哀樂迭起，還會對所聽之樂起到歪曲的作用。《齊俗訓》云：「夫載哀者聞歌聲而泣，載樂者見哭者而笑。哀可樂者，笑可哀者，載使然也。是故

〔註27〕蔣禮鴻、楊樹達認為此「不」字衍，非也。這裡關鍵在後面的「根心」如何理解。如果將「根心」理解為「本心」、「道心」，此「不」即為衍。但這裡的「根心」是指「一己之心」，「人為之心」，「固執之心」，與「不得已」相反。那麼，此「不」就不能少了。在沒有其他證據表明「不」字為衍的情況下，還是作後一種理解為妥。作後一種理解，語意也更順。蔣、楊之說參見何寧《淮南子集釋》，中華書局 1998 年，第 1026 頁。

〔註28〕「矜」，蔣禮鴻認為「矜」為「務」之誤，可參考。但作「矜」亦通，為執持、執著之義。蔣說參見何寧《淮南子集釋》，北京：中華書局 1998 年，第 1026 頁。

貴虛。」（《齊俗訓》）自己的感受與音樂本身嚴重錯位，即所謂「哀可樂者，笑可哀者」。不合適的情感會干擾感應的正常發生，故感應者的內心應該安靜平和，這就是「貴虛」。

（2）聽賞者應有音樂之耳

音樂是人所創造的，因而也依賴人而存在，在這裡，首要的便是音樂之耳。《齊俗訓》云：「《咸池》《承雲》《九韶》《六英》，人之所樂也，鳥獸聞之而驚。」人和鳥獸的差別當然不是有沒有耳，有沒有物理的聽覺，而在於有沒有音樂之耳，能夠領略音樂之意義與美的聽賞能力。人與人之間呢？也同樣如此。《泰族訓》云：「三代之法不亡，而世不治者，無三代之智也；六律具存，而莫能聽者，無師曠之耳也。故法雖在，必待聖而後治；律雖具，必待耳而後聽。」（《泰族訓》）好的法律必須由能夠理解它的人去運用它才真正有意義，好的音樂必須有音樂之耳才能發揮其功用。這個道理，和馬克思的那句名言十分相像，那就是：「對於不辨音律的耳朵說來，最美的音樂也毫無意義，音樂對他來說不是對象」〔註29〕。音樂是依存於人的耳朵，依存於人的音樂感。聽賞者的音樂之耳是賦予音樂以意義的真正主體。

（3）聽賞者文化修養的意義

聽賞者的音樂感還同其文化修養密切相關。首先，就文化來說，音樂存在著不同的層級，自古以來，就有「陽春白雪」和「下里巴人」、「雅樂」和「俗樂」、「文人音樂」與「民間音樂」之別。「今夫窮鄙之社也，叩盆拊瓴，相和而歌，自以為樂矣。嘗試為之擊建鼓，撞巨鐘，乃性仍仍然，知其盆瓴之足羞也。」（《精神訓》）「叩盆拊瓴，相和而歌」，是層次較低的鄉間音樂，形式簡單，內容直白，樂器簡陋。而另一種是「擊建鼓，撞巨鐘」，則屬於黃鍾大呂的雅樂。在古人看來，兩者存在著高下之別。不同的音樂需要不同的文化修養與之相配。「夫歌《采菱》，發《陽阿》，鄙人聽之，不若此《延路》、《陽局》。非歌者拙也，聽者異也。」（《人間訓》）《采菱》《陽阿》屬「陽春白雪」，《延路》《陽局》即「下里巴人」。「鄙人」欣賞不了前者，就因為文化修養不夠。又如：「徵羽之操，不入鄙人之耳。捻和適切，舉坐而喜。」（《說林訓》）「捻」，轉，改變；「切」，節奏快。徵調和羽調的琴曲，平和寧靜，一般文化修養不高的人會聽得昏昏欲睡，興致低落。一旦改彈節奏明快、起伏跌宕（「切」）的俗

〔註29〕〔德〕馬克思：《1844 年經濟學——哲學手稿》，劉丕坤譯，北京：人民出版社 1979 年，第 79 頁。

曲，便頓然來神。對這兩種音樂的不同反應，也同文化修養有關。

（4）聽賞者的價值觀與美學觀

聽賞者的人生觀、價值觀、美學觀等觀念性的因素，也影響著對音樂的聽賞。面對音樂，你是以何種姿態接觸它，直接關係到音樂對於你有什麼樣的意義，你從音樂中得到的究竟是什麼。「夫建鍾鼓，列管絃，席旃茵，傅旄象，耳聽朝歌北鄙靡靡之樂，齊靡曼之色，陳酒行觴，夜以繼日，強弩弋高鳥，走犬逐狡兔，此其為樂也。炎炎赫赫，怳然若有所誘慕；解車休馬，罷酒徹樂，而心忽然若有所喪，悵然若有所亡也。是何則？不以內樂外，而以外樂內。樂作而喜，曲終而悲。悲喜轉而相生，精神亂營，不得須臾平。察其所以不得其形，而日以傷生，失其得者也。」（《原道訓》）這裡的關鍵，是看你是「以內樂外」還是「以外樂內」，如是前者，則說明你的內心是自足、充實、獨立的，聽賞外面的音樂時主動權在自己，故而不會形成對外在事物的強烈依賴。如是後者，則正好相反，因為你的內心不充實、不自足、不獨立，所以極容易為外部之物牽著走，形成對外物的強烈依賴。有了這個依賴，則得時欣喜異常，失時悲苦萬分。在這悲喜的相繼交替中，難免不「精神亂營」，「日以傷生」。所以，正確的做法只能是「以內樂外」。《原道訓》云：「通於神明者，得其內者也。是故以中制外，百事不廢；中能得之，則外能收之。」「以內樂外」同前面第一條「平和心態」其實是相通的，心態講的是表層的狀態，這裡的觀念則考察其深層的質素，兩者互為表裏，相輔相成。

《淮南子》音樂觀中這種對主體性的重視，同他在感應思想上的自覺有著直接的聯繫。由於感應現象雖然也體現在客觀事物上面，但更多的還是在作為主體的「人」的身上，這在藝術、音樂上面尤為突出。這樣，在音樂的論述中特別重視主體因素，分析主體條件，就是十分自然的了。

第四節 《樂記》：以功能為中心的音樂感應論

《樂記》〔註30〕是儒家經典《禮記》中的一篇，其作者和成書年代有不同的說法。最早記錄這一信息的是《漢書·藝文志》，其中《六藝略·樂類》書

〔註30〕 本節所引《樂記》，除另行標注者，均為蔡仲德校注本，載《中國音樂美學史資料注譯》（上、下），人民音樂出版社1990年版。為節省篇幅，本節所引該書文字只在文中夾註章標題，不再另列注釋。

目後有一段說明文字，謂「武帝時，河間獻王好儒，與毛生共採《周官》及諸子言樂事者以作《樂記》」。河間獻王即劉德，是漢景帝劉啟次子，武帝劉徹異母兄，封河間王，後諡曰「獻」，故稱河間獻王。劉德大約生於文帝四至十年（公元前 176～前 170 年）之間，卒於武帝元光五年（前 130 年）。這是說，《樂記》是劉德同其門人在搜集先秦儒家論樂文獻基礎上撰寫而成，時間是漢武帝時代。另一說法最早見於《隋書‧音樂志》，認為「《樂記》取《公孫尼子》」。公孫尼子是戰國初期人（一說為孔子七十二弟子之一）。如作者是公孫尼子，則該書的成書年代將提前到戰國初了。此後，關於《樂記》的作者與成書年代的這兩種觀點就一直在爭論之中，並延續到當代。以郭沫若為代表的主張是公孫尼子，成書於戰國初；以蔡仲德為代表的主張是劉德，成書於漢武帝時代。筆者閱讀了兩種觀點的討論文章，並結合《樂記》的文本、思想及與先秦相關文獻的關係，認為「劉德說」較為合理。〔註 31〕

歷史上的《樂記》原有二十三篇和二十四篇兩種版本，已失傳。其中十一篇通過《禮記》、《史記‧樂書》得以保存，其他十二篇篇名見於劉向《別錄》，為《奏樂》《樂器》《樂作》《意始》《樂穆》《說律》《季札》《樂道》《樂義》《昭本》《昭頌》《竇公》。今存三種書的篇次均無內在聯繫，《禮記》的篇次是：《樂本》《樂論》《樂禮》《樂施》《樂言》《樂象》《樂情》《魏文侯》《賓牟賈》《樂化》《師乙》。按照蔡仲德先生的意見，這十一篇可分作四類：《樂本》《樂象》《樂言》為一類，是論音樂的本原的；《樂化》《樂施》為一類，是論音樂的個人感化作用的；《樂論》《樂禮》《樂情》為一類，是論音樂的社會作用的；《賓牟賈》《師乙》《魏文侯》又為一類，是對孔子、師乙、子夏論樂的記錄。〔註 32〕

《樂記》成書既然也在西漢初年，與《淮南子》同時，因而也突出地體現了以「感應」論樂的基本思路。不同處只是，《呂氏春秋》是以作樂為中心運用感應原理論樂，《淮南子》是以審美為中心運用感應原理論樂，而《樂記》則是以功能為中心運用感應原理論樂。

〔註31〕關於「劉德說」的具體論證，參閱蔡仲德：《〈樂記〉作者辯證》、《〈樂記〉作者再辯證》、《〈樂記〉作者再再辯證》等論文，見《音樂之道的探求——論中國音樂美學史及其他》，上海音樂出版社 2003 年。

〔註32〕蔡仲德：《中國音樂美學史資料注譯》，人民音樂出版社 1990 年，第 223 頁。蔡注本即按此順序編排。本書的研究即以此版本為基礎，所引文字除特別注明外，均出自本書，且只在文中夾註其篇章名。

一、以功能為中心的論樂理路

1.《樂記》功能論的類型

音樂具有非凡的功能，這是先秦論樂文獻中常常能夠看到的一個特別現象，諸如師曠奏《清角》而令晉國大旱，瓠巴鼓琴而令鳥舞魚躍，舜歌《南風》而天下大治，等等。到《樂記》時，功能論則成為它的突出主題，其對音樂功能的論述也得到更為充分的展開。整個《樂記》，論述音樂功能的文字和段落，佔了全書的百分之八十以上。《樂記》中的功能論涉及的內容很多，主要可以歸納為以下幾種類型：

一是音樂的認知功能。由於音樂與其他事物現象存在著對應關係，所以通過音樂可以掌握音樂以外事物和現象的狀態和變化。《樂本篇》云：「凡音者，生於人心者也；樂者，通於倫理者也。是故知聲而不知音者，禽獸是也；知音而不知樂者，眾庶是也。唯君子為能知樂。是故審聲以知音，審音以知樂，審樂以知政，而治道備矣。是故不知聲者不可與言音，不知音者不可與言樂，知樂則幾於禮矣。禮樂皆得謂之有德，德者得也。」因為音樂「生於人心」，「通於倫理」，所以通過音樂便能夠瞭解音樂得以產生的背後的東西，即以聲知音，以音知樂，以樂知政。季札在魯觀樂以評各地民風政況，就是典型的例子。

二是音樂的道德功能。道德功能植根於對「欲」的控制。「欲」為快樂的根源，但不是快樂的全部，欲只有在有節制的滿足中才能得到真正的快樂。音樂在這裡就起到節制、使之適度的功能。《樂象篇》云：「『樂者，樂也。』君子樂得其道，小人樂得其欲。以道制欲，則樂而不亂；以欲忘道，則惑而不樂。是故君子反情以和其志，廣樂以成其教。樂行而民鄉方，可以觀德矣。」《樂化篇》亦云：「夫樂者，樂也，人情之所不能免也。樂必發於聲音，形於動靜，人之道也。聲音動靜，性術之變盡於此矣。故人不耐無樂，樂不耐無形，形而不為道不耐無亂。先王恥其亂，故制雅頌之聲以道之，使其聲足樂而不流，使其文足論而不息，使其曲直、繁瘠、廉肉、節奏，足以感動人之善心而已矣，不使放心邪氣得接焉，是先王立樂之方也。」音樂源於快樂，又能夠以其有序、有節而對快樂進行疏導（即「道」），使之適度。而「欲」的適度，就是道德的核心。

三是音樂的政治功能。政治功能與道德功能相通，也是強調通過對個人行為的節制而使人與人的關係更協調、和諧，使社會有序。在這個意義上，音樂是通過對人心的作用來實現其政治功能的。《樂化篇》云：「致樂以治心，則易、

直、子、諒之心油然生矣。易、直、子、諒之心生則樂，樂則安，安則久，久則天，天則神。天則不言而信，神則不怒而威。」在樂之外，再加上禮的作用，其政治功能就更為完備。「致樂以治心者也，致禮以治躬者也。治躬則莊敬，莊敬則嚴威。心中斯須不和不樂，而鄙詐之心入之矣；外貌斯須不莊不敬，而易慢之心入之矣。故樂也者，動於內者也；禮也者，動於外者也。樂極和，禮極順。內和而外順，則民瞻其顏色而弗與爭也，望其容貌而民不生易慢焉。故德輝動於內而民莫不承聽，理發諸外而民莫不承順。故曰：致禮樂之道，舉而錯之天下，無難矣。」兩者內外配合，其政治功能備矣。

四是音樂的社會群體功能。由於現實中的政治結構是分層的，有君臣、父子、夫妻、兄弟、官民等等，禮使他們相區別，給他們分別定位，並各守其分，各行其道。這就容易給社會帶來分裂，使社會層級固化。於是便需要另一種力量來充當黏合劑，對各個階層、各種角色進行協調、整合。音樂就是這樣的力量。《樂化篇》云：「是故樂在宗廟之中，君臣上下同聽之，則莫不和敬；在族長鄉里之中，長幼同聽之，則莫不和順；在閨門之內，父子兄弟同聽之，則莫不和親。故樂者，審一以定和，比物以飾節，節奏合以成文，所以合和父子君臣，附親萬民也。」音樂之所以能夠充當黏合劑（「合和」、「附親」），是因為它以「和」為本，並通過樂器（「物」）實現出來，形成有規則的音響形式（「文」）。這也是先王的「立樂之方」。

五是音樂的生物功能。《樂記》不僅重視音樂對社會、政治、人倫道德方面的功能，還特別指出其對自然萬物的生長發育也具有相當的影響。《樂情篇》云：「是故大人舉禮樂，則天地將為昭焉。天地訢合，陰陽相得，煦嫗覆育萬物。然成草木茂，區萌達，羽翼奮，角觡生，蟄蟲昭蘇，羽者嫗伏，毛者孕鬻，胎生者不殰，而卵生者不殈，則樂之道歸焉耳。」（《樂情篇》）是說音樂能夠影響天地陰陽，能夠使萬物生長發育。「區萌」，即豆類和穀類的莊稼；「角觡」，指各種走獸。從「草木」到「卵生者」，列數各個種類的生物，它們都能在音樂的激發下蓬勃地生育成長。乍一看，會覺得難以相信，音樂怎麼可能對自然事物有如此廣泛、深入而又強大的影響呢？但只要瞭解當時普遍存在的濃厚的「感應」意識，就不難理解了。

2. 功能論的突出主題

說《樂記》是以功能論為中心，並不意味著它單一地只涉及功能問題，而不及其他。首先，我們知道，《樂記》的開篇就是闡述「人心之感於物」的音

樂本體論，在其他地方還不時出現音樂創作論、音樂形態論、音樂審美論等文字和段落。但是，所有這些非功能論的論述，最後都導向功能的闡述，都是為功能論服務的。若分而言之，則主要有以下四個方面：

一是由音樂本體論導向功能論。《樂記》的本體論，我們在第一章已有專門論述，這是一個非常平實但又有很強解釋能力的本體論。不過，在《樂記》中，本體論是直接服務於功能論的，故論述完之後，總是最後落實到功能論上。《樂本篇》一開始即是本體論的表述：「凡音者，生於人心者也。情動於中，故形於聲；聲成文，謂之音。」是說音樂源於人心之動，而人心之動又與行為相關，故而音樂與政治緊密關聯：「是故治世之音安以樂，其政和；亂世之音怨以怒，其政乖；亡國之音哀以思，其民困。聲音之道，與政通矣。」為了說明音樂──人心──政治之間的關聯，它又將音樂分解為不同的元素，並同政治一一對應：「宮為君，商為臣，角為民，徵為事，羽為物。」認為「五者不亂，則無怗懘之音矣。」五者若亂，則政治也必亂：「宮亂則荒，其君驕；商亂則陂，其官壞；角亂則憂，其民怨；徵亂則哀，其事勤；羽亂則危，其財匱。五者皆亂，迭相陵，謂之慢。如此，則國之滅亡無日矣。」可見，在這裡，音與心、情與聲的關係直接是為了說明「聲音之道與政通」的。

二是由音樂形態論導向功能論。音樂理論離不開形態分析，但《樂記》中的形態分析並非單純審美的，而是為功能服務的。《樂象篇》是講音樂形態較多的一章，其中每一節都是從形態入手，然後又導向功能。例如：「是故清明象天，廣大象地，終始象四時，周還象風雨；五色成文而不亂，八風從律而不姦，百度得數而有常；小大相成，終始相生，倡和清濁，迭相為經。故樂行而倫清，耳目聰明，血氣和平，移風易俗，天下皆寧。」這裡共四句。第一句是講音樂具有「清明」、「廣大」、「終始」、「周還」的特點，這些特點來自天地、四時、風雨，所以突出的是音樂的「自然性」。第二句的「成文」、「從律」、「得數」以及「不亂」、「不姦」、「有常」，是說音樂形態的「有序性」。第三句的「小大」、「終始」、「清濁」而又能「成」、「生」、「和」，是指對立而又統一，講的是音樂的「和諧性」。最後一句則是由前三句推導而出的結論：正因為音樂具有自然、有序、和諧的特點，所以才能夠「樂行而倫清，耳目聰明，血氣和平，移風易俗，天下皆寧」，落實在音樂的功能上面。這是靜態的音樂形態，還有動態形態，也是導向功能。同在《樂象篇》中：「樂者，心之動也；聲者，樂之象也；文采節奏，聲之節也。」這是本體論的表述，接著進入創作論：「君

子動其本，樂其象，然後治其飾。是故先鼓以警戒，三步以見方，再始以著往，復亂以飭歸，奮疾而不拔，極幽而不隱，獨樂其志，不厭其道；備舉其道，不私其欲。」對樂舞進行中的形態作了比較細緻的描述，但著意突出「警戒」、「飭歸」、「不拔」、「不隱」、「不私」以及「樂」、「道」等關鍵詞，目的也是為了最後的「是故情見而義立，樂終而德尊，君子以好善，小人以聽過」，回到功能上來。

　　三是由音樂創作論導向功能論。《樂記》有幾處講到音樂創作問題，其基本思路都是要本之性情，然後發以形式，故能獲「四氣之和」，通「萬物之理」。《樂象篇》云：「是故君子反情以和其志，比類以成其行。姦聲亂色不留聰明，淫樂慝禮不接心術，惰慢邪辟之氣不設於身體，使耳、目、鼻、口、心知、百體皆由順正，以行其義。」這是創作的準備工作，重點即在要返回人的本性，使內心平靜和諧，使感官「皆由順正」。「然後發以聲音，而文以琴瑟，動以干戚，飾以羽旄，從以簫管，奮至德之光，動四氣之和，以著萬物之理。」《樂言篇》也涉及創作問題，思路與之相似：「是故先王本之情性，稽之度數，制之禮義，合生氣之和，道五常之行，使之陽而不散，陰而不密，剛氣不怒，柔氣不懾，四暢交於中而發作於外，皆安其位而不相奪也。」也是先講創作之前的準備工作，這些要素亦都與作品及其擁有的功能相關。「然後立之學等，廣其節奏，省其文采，以繩德厚。律小大之稱，比終始之序，以象事行。使親疏、貴賤、長幼、男女之理，皆形見於樂。」其「德」，其「序」，其「事」，其「理」，都是音樂功能的重要元素，所以才說：「樂觀其深矣。」

　　四是由音樂審美論到功能論。《樂記》也涉及音樂審美的問題，但在審美論的討論中，最終也是導向了功能論。《樂化篇》云：「夫樂者，樂也，人情之所不能免也。樂必發於聲音，形於動靜，人之道也。聲音動靜，性術之變盡於此矣。故人不耐無樂，樂不耐無形，形而不為道不耐無亂。」認為音樂植根於人的尋求快樂的本性，內心快樂自然會表現出來，表現在聲音上，就是音樂。所以，人不能沒有快樂，快樂不能沒有形式，形式如果不加引導，就會泛濫無序。「先王恥其亂，故制雅頌之聲以道之，使其聲足樂而不流，使其文足論而不息，使其曲直、繁瘠、廉肉、節奏，足以感動人之善心而已矣，不使放心邪氣得接焉，是先王立樂之方也。」先王所做的工作，就是在形式上加以規範。表現情感而不放縱（「流」），歌詞合範而不死板（「息」），音樂形式的組織要能夠「感動人之善心」，使放縱之心、偏邪之氣不得入內。最後還是歸到政治道

德功能上了。

由此可見，在《樂記》全部文本中，功能論是它的突出的主題，其他方面的論述都是為功能論服務，在功能論的框架內得到解釋的，它的「感應」思維也是在功能論的意義上展開的。

3. 功能論的「感應」機制

表面上看，《樂記》似乎與感應關係不大，因為在它那裏，看不到像《呂氏春秋》和《淮南子》那樣建構一套天地自然與社會人事之間的對應關係，也沒有專門的章節來描述感應論的基本原理。實際上當然不是這樣。《樂記》中的感應論思想貫穿著論樂的始終。即從表層的形態看，其感應的信息也是十分明顯而且豐富的。在《樂記》全文中，共使用「感」字有 18 處，「應」字有 7 處。在《樂本篇》一開始，即有「感於物而動」、「人心之感於物也」用以描述音樂生成的本體論問題，及人心與外部事物的接觸、交往的方式。《樂言篇》的「應感起物而動，然後心術形焉」，也是這個意思。在《樂象篇》的開頭，又以「感」和「應」來分別表示人心與事物之間的作用與被作用的方式：「凡姦聲感人而逆氣應之，逆氣成象而淫樂興焉；正聲感人而順氣應之，順氣成象而和樂興焉。」（《樂象篇》）「感」是主動，「應」為受動。《師乙篇》還以感應來說明音樂的強大感染力：「夫歌者，直己而陳德也，動己而天地應焉」。這就是說，音樂的審美，本質上就是音樂和人心、和萬物的一次感應活動。正因為此，先王才十分重視音樂：「故聖人作樂以應天，制禮以配地。」（《樂禮》）以禮樂配天地，就是欲以音樂來感應天地。

那麼音樂與天地萬物相感應的機制是什麼？《樂記》也同《呂氏春秋》、《淮南子》等一樣，認為是「同類相動」。《樂象篇》說：「倡和有應，回邪曲直各歸其分，而萬物之理各以類相動也。」（《樂象篇》）「以類相動」，便是《樂記》所遵循的音樂與心理、萬物相互作用的基本機制。《樂禮篇》說：「天尊地卑，君臣定矣。卑高已陳，貴賤位矣。動靜有常，小大殊矣。方以類聚，物以群分，則性命不同矣。在天成象，在地成形。如此，則禮者天地之別也。」這講的是禮與天地萬物之間「以類相動」的關係，是說禮的尊卑、貴賤與天地相合，社會的秩序也與自然相應。又說：「地氣上齊，天氣下降，陰陽相摩，天地相蕩，鼓之以雷霆，奮之以風雨，動之以四時，暖之以日月，而百化興焉。如此，則樂者天地之和也。」這講的是音樂與陰陽之氣之間的「以類相動」，強調音樂也就像陰陽二氣的互相感應而化生萬物一樣，能夠使世界生生不息，

和諧發展。

「以類相動」的關鍵是在確立人心與事物以及事物之間的對應關係。例如，就上引《樂禮篇》的文字來說，就有幾種不同的對應關係。如天地—君臣—尊卑—貴賤，是為社會與自然之間的對應；天地—陰陽—日月—風雨—四時—音樂—和，是為音樂與自然事物之間的對應。《樂記》中所描述的對應關係很多，現將較重要者列表如下：

《樂記》中音樂與其他事物現象對應關係一覽表

音　樂	自　然	政　治	精　神	備　注
噍以殺／嘽以緩／發以散／粗以厲／直以廉／和以柔			哀心／樂心／喜心／怒心／敬心／愛心	《樂本篇》
治世之音／亂世之音／亡國之音		政和／政乖／民困	安以樂／怨以怒／哀以思	《樂本篇》
宮／商／角／徵／羽		君／臣／民／事／物		《樂本篇》
宮亂／商亂／角亂／徵亂／羽亂		荒，君驕／陂，官壞／憂，民怨／哀，事勤／危，財匱		《樂本篇》
姦聲／正聲//淫樂／和樂		逆氣／順氣		《樂象篇》
志微噍殺／嘽諧慢易繁文簡節／粗厲猛起奮末廣賁／廉直勁正莊誠／寬裕肉好順成和動／流辟邪散狄成滌濫			民思憂／民康樂／民剛毅／民肅敬／民慈愛／民淫亂	《樂言篇》
審一以定和，比物以飾節，節奏合以成文		合和君臣父子，附親萬民		《樂化篇》
雅頌之聲／俯仰屈伸／綴兆節奏			志意得廣／容貌得莊／行列得正，進退得齊	《樂化篇》

樂／禮	流而不息，合同而化／天高地下，萬物散殊	春作夏長／秋收冬藏	仁／義	《樂禮篇》
樂者和也	天地、上下、陰陽、雷霆、風雨、四時、日月之相摩相蕩			《樂禮篇》
舉禮樂	天地訢合，陰陽相得，煦嫗覆育萬物			《樂情篇》
鐘聲鏗／石聲磬／絲聲哀／竹聲濫／鼓鼙之聲讙		立號立橫立武／立辨致死／立廉立志／立會聚眾／立動進眾	思武臣／思死封疆之臣／思志義之臣／思畜聚之臣／思將帥之臣	《魏文侯篇》

二、「感應」基礎上的音樂運行模式

「感應」作為《樂記》的論樂理路，它不僅僅是本體論中的重要連接機制，而且是音樂運行中各個環節之間普遍存在的連接機制。就是說，《樂記》的音樂美學思想，是通過「感應」才得以成為一個有機系統的。這個系統，我們可以把它粗略地劃分為四個環節。

1. 不同的「物感」產生不同的「心動」

樂既然由心所生，是心動的產物，那麼，心動是如何發生、又是如何產生差異的？在《樂記》中，這個問題是從兩個方面進行論述的。一是從「感於物」的方面，一是從「感於心」的方面。

（1）從「感於物」的方面說

《樂記》開頭第一段關於音樂本體論的話，就是從「感於物」的方面立論的：「凡音之起，由人心生也。人心之動，物使之然也。感於物而動，故形於聲；聲相應，故生變；變成方，謂之音。比音而樂之，及干、戚、羽、旄，謂之樂。」（《樂本篇》）這裡所講是以人心感於物而動，然後發而為聲，再由聲而音、由音而樂的形成過程，突出的是由物所感而至於產生音樂的邏輯理路。這裡的「物」不僅僅是指自然界的事物，同時也包括社會和精神領域的一切客觀存在的現象。由於音樂產生的終極根源是「感於物」，而這樣的物又是無窮無盡、多種多樣的，因此，由它而引起的心動也必然是豐富多樣。不同的物態會形成不同的心態，然後再進一步影響到音樂。「土敝則草木不長，水煩則魚

驚不大，氣衰則生物不遂，世亂則禮廢而樂淫。」（《樂言篇》）土有肥瘠，水有靜躁，氣有盛衰，它們都直接影響著生物的生存狀態。同樣，社會亦有治亂，也會影響到人的心理；再由不同的心理，便會產生不同的音樂。因此，以什麼樣的「物」相感，就是十分重要的事，就需要我們特別謹慎地對待：「是故君子反情以和其志，比類以成其行。姦聲亂色不留聰明，淫樂慝禮不接心術，惰慢邪辟之氣不設於身體，使耳、目、鼻、口、心知、百體皆由順正，以行其義。然後發以聲音，而文以琴瑟，動以干戚，飾以羽旄，從以簫管，奮至德之光，動四氣之和，以著萬物之理。」（《樂象篇》）之所以要警惕「姦聲亂色」、「淫樂慝禮」和「惰慢邪辟之氣」，就是因為相感之「物」對於人心之動有著直接的影響。

（2）從「感於心」的方面說

由物之感到心之動，不僅僅在於物的方面，同時也取決於心的方面。這個意思是在《樂本篇》的第二小段得到闡述的。它在重申了「樂者，音之所〈由〉生也，其本在人心之感於物也」之後，便從「心」的方面述其所感的意義，說明以不同的心感之，就會有不同的心動狀態。「是故其哀心感者，其聲噍以殺；其樂心感者，其聲嘽以緩；其喜心感者，其聲發以散；其怒心感者，其聲粗以厲；其敬心感者，其聲直以廉；其愛心感者，其聲和以柔。六者非性也，感於物而後動。」（《樂本篇》）這裡的「其聲」如何如何，講的是音樂，實際上也就是人的心動狀態。以哀、樂、喜、怒、敬、愛之心感之，則會分別產生「噍以殺」、「嘽以緩」、「發以散」、「粗以厲」、「直以廉」、「和以柔」的不同心動狀態；再以此不同的心動狀態，便會產生不同的音樂類型。所以它接著說：「人生而靜，天之性也；感於物而動，性之欲也。物至知（智）知，然後好惡形焉。好惡無節於內，知誘於外，不能反躬，天理滅矣。夫物之感人無窮，而人之好惡無節，則是物至而人化物也。人化物也者，滅天理而窮人欲者也。」（《樂本篇》）「人之好惡」就是用以感物的「心」，這個「心」不能「無節」，「無節」，人就會被物所化（「人化物」）。只有有「節」，即有所節制，有主導性的鑒別和選擇，才能使所感之「心動」進入良性狀態。這也就是《樂化篇》所謂「致樂以治心，則易、直、子、諒之心油然生矣」的意思所在。

2. 不同的「心動」產生不同的音樂

音樂是「心動」的產物，所以，不同的「心動」自然會產生不同的音樂。《樂本篇》云：「凡音者，生〔於〕人心者也。情動於中，故形於聲；聲成文，

謂之音。是故治世之音安以樂，其政和；亂世之音怨以怒，其政乖；亡國之音哀以思，其民困。聲音之道，與政通矣。」(《樂本》)這段文字中，關於「治世之音」以後的三句如何理解，是可以有不同看法的。一種理解是從音樂到現實，是講功能的；另一種是從現實到音樂，是講生成的。乍一看，前一種好像更順暢；但若結合前面的「凡音者」一句，則應該是後一種意思更合理。因為這一句講的正是音樂生成問題，是由現實到音樂的邏輯過程。實際上，這兩種理解都能夠成立，也都符合《樂記》的基本思想。這裡我們先取後一種理解。在這個意義上，「治世之音安以樂」與「其政和」等句之間，應該有個省略了的「是因為」之類表示原因的詞語。「政和」、「政乖」、「民困」是音樂形成前的現實，人們感於它，發生心動，便產生「安以樂」、「怨以怒」、「哀以思」的「音」。

這個思想在《樂記》中有多處表述。前文所引《樂本篇》中「是故其哀心感者，其聲噍以殺；⋯⋯其愛心感者，其聲和以柔」一段，也是比較典型的由心到樂的生成論文字。另如《樂象篇》中關於「德音」的論述，也表述了這樣的意思：「德者，性之端也；樂者，德之華也。金石絲竹，樂之器也。詩，言其志也；歌，詠其聲也；舞，動其容也。三者本於心，然後樂器從之。是故情深而文明，氣盛而化神，和順積中，而英華髮外，唯樂不可以為偽。」(《樂象篇》)「德音」就是德者之心所發之音。德是人的本性向音樂發生過程的開端，其中間環節，或者說，其載體就是「心」。

3. 不同的音樂導致不同的心理和行為

不同的音樂導致不同的心理和行為，屬於音樂功能論的範疇。這方面的問題是《樂記》的中心論題，其他方面的問題都是在討論該問題的基礎上展開的。因為是它的中心論題，故所論非常多，這裡只舉其代表性的文字為例加以說明。如《樂言篇》云：「是故志（纖）微噍殺之音作，而民思憂；嘽諧、慢易、繁文、簡節之音作，而民康樂；粗厲、猛起、奮末、廣賁之音作，而民剛毅；廉直、勁正、莊誠之音作，而民肅敬；寬裕、肉好、順成、和動之音作，而民慈愛；流辟、邪散、狄成、滌濫之音作，而民淫亂。」(《樂言篇》)不同的音樂導致不同的心理和行為，在音樂和心理、行為之間便存在著相似性。《魏文侯篇》則將各種樂器的音響特點同人的心理行為特點相聯繫，描述出兩兩的相應關係：「鐘聲鏗，鏗以立號，號以立橫，橫以立武，君子聽鐘聲則思武臣；石聲磬，磬以立辨，辨以致死，君子聽磬聲則思死封疆之臣；絲聲哀，哀以立

廉，廉以立志，君子聽琴瑟之聲則思志義之臣；竹聲濫，濫以立會，會以聚眾，君子聽竽笙簫管之聲則思畜聚之臣；鼓鼙之聲讙，讙以立動，動以進眾，君子聽鼓鼙之聲則思將帥之臣。君子之聽音，非聽其鏗鏘而已也，彼亦有所合之也。」（《魏文侯》）值得注意的是，這裡對每一個對應關係之間，都詳細描述出兩者之間的諸多環節。如鐘聲與「思武臣」之間，就有「鏗、立號、立橫、立武」四個環節；鼓鼙與「思將帥之臣」之間，則有「讙、立動、進眾」三個環節。這裡，中間的幾個環節都是起到從音樂到心理行為之間的過渡作用，是對其機制的描述。《樂化篇》還具體分析一種音樂形式——《雅》、《頌》的音樂形式與心理行為之間的對應關係：「故聽其《雅》、《頌》之聲，志意得廣焉；執其干、戚，習其俯仰、屈伸，容貌得莊焉；行其綴兆，要其節奏，行列得正焉，進退得齊焉。」《雅》、《頌》之聲比較舒展和緩，與志意寬廣大氣相通；舞步中的俯仰、屈伸與容貌姿態的莊重典雅相通，隊列行進的節奏亦與眾人行進的步調一致相通。所以，通過前者的訓練，就可以達成後者之功。也因為此，才有後面「故樂者，天地之命（齊），中和之紀，人情之所不能免也」（《樂化篇》）的結論，從而也才使得古人特別重視音樂的這種調節心理、行為的功能：「故人不耐無樂，樂不耐無形，形而不為道不耐無亂。先王恥其亂，故制雅頌之聲以道之，使其聲足樂而不流，使其文足論而不息，使其曲直、繁瘠、廉肉、節奏，足以感動人之善心而已矣，不使放心邪氣得接焉，是先王立樂之方也。」（《樂化篇》）人的本性就需要快樂，有快樂就不能沒有外部表現，外部表現如果不加引導就會導致混亂。先王之所以制禮樂，目的就是製作出和諧協調的音樂形式，來對人的心理行為加以引導和調節。有了音樂的作用，人的這種良好的心理行為就會更加深入和持久。「致樂以治心，則易、直、子、諒之心油然生矣。易、直、子、諒之心生則樂，樂則安，安則久，久則天，天則神。天則不言而信，神則不怒而威。」（《樂化》）此即為音樂的「修身」功能。

4. 不同的心理行為形成不同的社會狀況

《樂記》認為，音樂能夠影響人的心理和行為，而影響人的心理行為的直接結果，便是對社會狀況、道德政治的影響。《樂本篇》云：「凡音者，生人心者也。情動於中，故形於聲；聲成文，謂之音。是故治世之音安以樂，其政和；亂世之音怨以怒，其政乖；亡國之音哀以思，其民困。聲音之道，與政通矣。」這段文字前面已經出現過，我們也介紹了它可以有兩種不同的理解。前面我們取的是由現實到音樂的生成論意義上來理解，現在我們可以再從由音樂到現

實的功能論意義上的理解，即「其政和」、「其政乖」、「其民困」，都是前面各
自音樂形態的產物，是它們作用於現實的結果。《樂化篇》還論述了音樂作用
於社會的具體方法及其效果：「是故樂在宗廟之中，君臣上下同聽之，則莫不
和敬；在族長鄉里之中，長幼同聽之，則莫不和順；在閨門之內，父子兄弟同
聽之，則莫不和親。」音樂在國家、宗族、家庭之中，均有其協調、和諧與增
強凝聚力的作用。正因為此，《樂記》才說：「樂也者，聖人之所樂也，而可以
善民心，其感人深，其移風易俗易。故先王著其教焉。」（《樂象篇》）又說：
「是故審聲以知音，審音以知樂，審樂以知政，而治道備矣。」（《樂本篇》）
「審樂」之所以能夠「知政」，實施樂教之所以能夠「移風易俗」，都是因為這
種從物到心，又從心到物中各個環節間的相感、相應和相通，亦即「倡和有應」、
「以類相動」。

　　不過，值得注意的是，《樂記》中的這種由物到心、又由心到物的過程，
並非單向線性的過程，而是一個「物→心→樂」和「樂→心→物」雙向互動、
不斷循環的過程。它是由物感使人心動，心動產生音樂，又由音樂影響心理，
心理再作用於物即現實這樣一個無限反覆的過程。而支撐這種循環的，就是
「感應」，即所謂「倡和有應，回邪曲直各歸其分，而萬物之理各以類相動」
（《樂象篇》）。它的具體機制和環節，我們可以下面的一段話為例作一分析。
這段話也在《樂象篇》：「凡姦聲感人而逆氣應之，逆氣成象而淫樂興焉；正聲
感人而順氣應之，順氣成象而和樂興焉。」這裡的「姦聲」和「正聲」是指原
有的音樂，「逆氣」和「順氣」則是由這兩種音樂分別通過「感人」而激發出
來的心理、風俗、政治狀況，而這兩種不同的心理、風俗、政治狀況又反過來
通過對心的影響，強化了「淫樂」與「和樂」的再生產，形成兩種不同的動態
循環。其中，由「姦聲」到「逆氣」再到「淫樂」的循環是惡性循環，由「正
聲」到「順氣」再到「和樂」的循環則是良性循環。如何將惡性循環轉變為良
性循環，便是儒家樂教的主要課題。其方法無非有二，一是通過禮的教化調整
人的行為，一是通過樂的感應調節人的心理。但實質只有一個，都是從人的方
面入手，在人自身方面做工作，即「反情以和其志，比類以成其行」。意思就
是，必須回到人性的根本，使自己的心進入平和狀態。這樣，就能夠將負面的
因素排除在外，即「姦聲亂色不留聰明，淫樂慝禮不接心術，惰慢邪辟之氣不
設於身體，使耳、目、鼻、口、心知、百體皆由順正，以行其義。」這就是儒
家「正心」的工作。有了這樣的工作，「然後發以聲音，而文以琴瑟，動以干

戚，飾以羽旄，從以簫管，奮至德之光，動四氣之和，以著萬物之理」（《樂象篇》），就能夠擺脫原有模式中再循環到「淫樂」的命運，轉而進入「和樂」創作的軌道。「和樂」產生後，又會遵循「感應」的原理作用於人心和行為，再進而作用於風俗政治的改良。而風俗政治改良後，又會以其「正聲」而引發「順氣」，再由「順氣」而創作「和樂」，從而進入儒家所理想的良性循環。

第五節 「感應」的全息論原理

那麼，「感應」究竟是一個什麼樣的過程，它有什麼樣的現實基礎，又是遵循什麼樣的機制？在古代的感應論中，只是講到「以類相動」，但同類的事物是如何「相動」的？其「相動」又以何種方式進行？如此等等。這些問題在古代理論中並未得到應有的闡釋，因而找不到令人滿意的答案。好在現代科學的研究已經進入這一領域，其成果可以作為參考。全息理論就是其中的一種。[註33]

一、全息理論的基本內容

全息理論是關於事物間普遍存在的全息關係的性質和規律的學說。全息理論認為，宇宙是一個全息統一體，在這個統一體中，各個部分之間、部分與整體之間存在著全息對應關係。任何一個部分都濃縮著整體的信息，而任何一個整體，也只是部分信息的放大。在宇宙整體中，凡相互對應的部位較之非對應的部位在物質、結構、能量、信息、精神與功能等要素上相似程度較大。全息理論誕生於全息照相，此後又在宇宙學和生物學中得到發展。此處即以生物學中的全息理論為例來闡述其基本內容。

生物學中的全息理論由我國山東大學張穎清教授在 20 世紀 80 年代創立，主要體現在他的《生物體結構的三定律》（1982）、《生物全息診療法》（1987）、《全息生物學》（1989）、《全息胚及其醫學應用》（1992）、《新生物觀》（1992）等著作中。雖然早在 20 世紀初德國植物學家哈伯蘭德（G.Haberlandt）即已發現植物細胞包含著植物整體的信息、因而可以由體外培養成完整植株，60 年後美國斯坦福大學普列布萊姆（Pribram）又發現人腦的記憶不是分區而是全

[註33] 還有量子理論也涉及這個問題，如「量子糾纏」、「超距作用」等，也與「感應」有相似之處。如何用量子理論解釋「感應」現象，也是一個很有魅力的課題。但是，限於筆者的知識結構，此處暫不涉及。

息的等現象，但直到張穎清那裏，才真正開始全面、自覺地考察各種形態的生物全息現象，建立起生物全息理論。這個理論的具體內容可以通過以下幾個關節點見出。

有機整體。全息理論與整體概念有著緊密的聯繫。在我們經驗的世界中存在著三種整體類型，一是聚合型整體，即一個一個獨立的個體偶然地、只是以某種外部因素而聚合在一起，如一袋馬鈴薯。但嚴格地說，聚合型整體不是整體。二是機械型整體，即不同的個體按照一定的方式相連接，形成單向性的能量傳遞。它無法自運動，而需要一個外部的動力。它是一個閉合的系統，無法與外部環境進行能量交換，如一臺發動機。三是有機型整體，最典型的例子就是生命體，許多社會組織也屬於有機型整體。我們通常認為，有機型整體的特點在於它具有雙向互動機制，即整體內部的各部分雙向互動，整體本身具有開放性，能夠與他系統進行能量交換，進行自我更新，具有自平衡功能。這是不錯的，但還不夠，還有一個非常重要也許是更為重要或真正重要的特點，就是全息響應機制。就是說，在一個整體中，它的各個部分之間、部分與整體之間存在著全息關係，具有全息響應的功能。這一點在全息生物學中被闡述得最為清晰、透徹。

「全息胚」。全息生物學對生命體的理解是以全息胚為單位而形成的多層感應整體。「人們過去對生物體在細胞層次之上的結構單位的認識，是以解剖學為基礎的。從而有各種器官的詳細的劃分。但卻忽視了這些形態各異的器官和部分的統一性。」全息生物學則「揭示了它們之間的統一性，揭示了生物體在細胞層次之上還存在著統一的結構和功能單位」〔註34〕。所謂全息胚，就是「生物體上處於向著新整體發育的某個階段的發育單元，同時又是生物體的結構單元」〔註35〕。就是說，每一個機體都是由若干全息胚組成的，任何一個全息胚都是機體的一個獨立的功能和結構單位，或者說，機體的一個相對完整而獨立的部分，就是一個全息胚。在每個全息胚內部鑲嵌著機體各種器官或部位的對應點，或者全息胚上可以勾畫出機體各器官或部位的定位圖譜。全息胚猶如整體的縮影。所以，生物體每一部分，小到細胞，大到肢體，都包含著整體的信息，從理論上說，都具有發展成整體的潛能。

「相似度」。全息生物學中的生物全息律是指：「在生物體，兩個全息胚的

〔註34〕張穎清《生物全息診療法》，山東大學出版社1987年版，第106頁。
〔註35〕張穎清《生物全息診療法》，山東大學出版社1987年版，第104頁。

未來器官圖譜的同名部位生物學特性相似程度較大。」〔註36〕這裡的關鍵詞是
「相似程度」，它表明，正是全息的各個單元即全息元之間（部分與整體、部
分與部分之間）的「相似性」決定著它們之間具有「感應」功能，形成「感應」
關係。實際上，有機體的有機性在更大程度上取決於它的全息關聯性，而非因
果性，因為因果關係的本質是單向性，它是機械性的基本原理所在，有機整體
中的雙向互動只是因果關係的疊合，從性質上只不過是複合機械性，或者說，
只不過是複雜機械整體而已。而由「相似性」形成的全息關係，才是生命體有
機性的奧秘所在。根據張穎清的研究，中醫的診療機制實際上就是建立在全息
關係的基礎之上。他說：「事實上，中醫學在認識人體時，從《黃帝內經》以
來，就有著兩個互相依存的基本思想，一個是經絡學說，另一個則是全息思想。
中醫學的全息思想認為：部分可以反映整體各部位的信息，通過部分又可以治
療整體各部位的疾病。」〔註37〕實際上，經絡學說和全息思想並不是兩個互相
獨立的東西，而是互相疊合、互相嵌入的一個完整的生物機制。經絡中的穴位
之所以能夠互相感應，就是因為全息關係的存在。而全息的實質，就是「相似
性」。

　　「泛控」與「識別響應」。為了從理論上弄清楚全息在有機整體中的作用
機制，張穎清在控制論的基礎上提出「泛控論」，認為生物體的全息感應是通
過「泛控」實現的。首先，傳統和現代控制論中，信息輸入所作用的對象（靶）
都是單個的，屬於單靶控制；而全息生物學則更像大眾傳播，它們的靶是多個
的，甚至可以是無窮的、性質完全不同的、廣泛存在的受體，所以稱為「泛控」。
其次，因為單靶傳輸，所以傳統和現代控制論的信息傳輸是單向的、線性的；
而全息生物學的信息傳輸則是彌漫性的，它以「泛作用」的方式到達受體，影
響受體。再次，由於各受體的性質不同，需求有異，故不可能對所接收到的信
息作出同樣的反應，而是根據自己的情況，各自選擇性地進行響應。它可以有
響應，也可以無響應；可以強響應，也可以弱響應；可以作此種響應，也可以
作彼種響應。同樣一個信息的傳輸，卻可以有各不相同的響應內容，這就叫「識
別響應」。這響應的程度，是由信息源同受體「相似」的程度決定，相似度越
高，則響應度也越高，兩者成正比。這種「泛控」和「識別響應」的現象，在
我們的生活中是廣泛存在的，如無線電波的發射和接受，其發射是彌漫性的，

〔註36〕張穎清《生物全息診療法》，山東大學出版社 1987 年版，第 123 頁。
〔註37〕張穎清《生物全息診療法》，山東大學出版社 1987 年版，第 35 頁。

充滿空間的每一個地方，但只有頻率與之相同的接收器，才能夠作出響應。廣播中的天氣預報，是彌漫性地存在於不同空間之中，並作用於眾多不同的個體，但有的人關心溫度升降，有的人關心風力大小，有的人關心陰晴變化，還有的人根本不關心，聽而不聞。陽光普照大地，綠色植物藉此進行光合作用，人體因此產生維生素 D，但黴菌卻會遭到滅頂之災。

由此可見，全息的關聯機制不是什麼「通道」，而就是古代哲人所說的「感應」。「感應」就是「識別響應」。例如經絡理論中穴位的作用與反應，就是一種「識別響應」。全息生物學認為：「經絡是人體神經胚時期由生物學特性相似程度較大的細胞群組成的縱向器官或構造的痕跡圖譜。或者說，經絡是人體的過去器官圖譜。就經絡的現狀來說，某一經絡以該經線以外的部分為對照，是生物學特性相似程度較大的細胞群的連續。」〔註38〕「以非對應部位為對照，穴位是與對應的部位生物學特性相似程度較大的細胞群，這就是穴位的實質。」〔註39〕就是說，經絡圖譜是建立在全息（即相似）基礎上的關係圖譜，它是各個體全息胚和層級全息元之間相關部位的對位圖。因此，在經絡體系中，穴位之間不存在像血管和神經那樣的專門「通道」，它的信息的傳送媒質就是人的身體，具體地說，是身體的體液。「體液就是人體泛控信息傳播的載體。」〔註40〕媒質是體液，所以其傳播必然是彌漫性的，是「泛作用」，而相關部位或穴位的反應也只能是「選擇響應」。即使在個體之間，也能見出這一點，比如雙胞胎的心理感應，就不存在「通道」；物理學中的「超距作用」可能也是這個原理。所以，全息傳遞無需「通道」，在經絡研究中致力於通道的尋找，免不了是緣木求魚。經絡通道始終未有解剖學的發現，原因即在此。

再回到音樂感應論，我們發現，與全息理論相一致，在音樂感應論看來，世界萬物、宇宙生命也都是一個有機的整體，這個整體有著緊密的內在聯繫，各部分各層級之間能夠相通相感。而這，正是我們這裡所說的「全息」。所以，古代音樂思想中的這種普遍聯繫和廣泛對應，並不是一種神秘思想，更不是我們通常所說的迷信，因為它有自然中的全息規律為背景的。古人根據自己的經驗，以樸素的方式感受到冥冥自然中的全息現象，遂用以解釋自己所面對的自然人文事件。雖然這種解釋還不完全具備科學的形態，但其中應該是包含著科

〔註38〕張穎清《生物全息診療法》，山東大學出版社 1987 年版，第 116〜117 頁。

〔註39〕張穎清《生物全息診療法》，山東大學出版社 1987 年版，第 124 頁。

〔註40〕張穎清《生物全息診療法》，山東大學出版社 1987 年版，第 137 頁。

學的成分。

二、從全息理論看「感應」的適用閾

那麼，對古人的這種運用應該如何評價？我們說它並不「神秘」，也不是「迷信」，這是否意味著它就是科學？如果是，在何種意義上是？如果不是，又在何種意義上不是？作為理論研究，這是一個無法迴避的問題。我們的回答是，它既有其局限性，同時又有積極的意義。

1. 全息理論的局限性

音樂感應論建立在全息基礎上，而全息機制，同任何其他機制一樣，也有自己的局限。概括起來，主要有三點：

（1）全息只是世界圖景的一個側面。全息機制的核心是「有機整體」、「同類相動」、「識別響應」，這樣一種聯繫方式並非原子組合意義上各組成部分之間的結構關係，而是跨越各組成部分的整體的超結構關係。這個關係不是以「部件」為單元、按照因果的關係相連接，而是以信息傳遞的方式溝通聯絡，成為整體的。實際上，有機體的有機性在更大程度上取決於它的全息關聯性，而非因果性，因為因果關係的本質是單向性，它是機械性的基本原理所在，有機整體中的雙向互動只是因果關係的疊合，從性質上只不過是複合機械性，或者說，只不過是複雜機械整體而已。而由「相似性」形成的全息關係，應該是生命體有機性的奧秘所在。這是全息理論為我們描繪的世界圖景，也是它為我們更全面、更深刻地認知世界作出的重要貢獻。但是，我們知道，雖然世界只有一個，但對世界的描述卻可以有無數個。例如，經典科學曾經為我們描述了一個清晰的世界圖景，那就是由最小粒子一層層組合而成的整體。在這個整體中，它的內部關係就是結構－功能關係，即以結構為載體的功能關係。因以結構為載體，故從性質上說，它屬於實體性關係。這個認知模式有力地推動了人類科學文明的發展。歷史的實踐已經證明，這個圖景儘管也是一個側面，但它是真實的、有效的。而全息論所描繪的圖景，歷史的實踐也已經證明它是真實的、有效的，但它仍然只是真實世界的一個側面，而非全部。全息也只是事物內部聯繫的一種方式，而非全部。

（2）全息之處只是「相似程度較大」。整體的結構性聯繫在於各部分之間的物理連接，在機器上是各零部件的直接接觸，在生物體則是各器官間通過骨骼、肌肉、神經、血脈等的物理貫通。在全息關係中則全無此類物質性的通道，

而只是依靠相關部位的「相似度」產生感應：「在生物體，兩個全息胚的未來器官圖譜的同名部位生物學特性相似程度較大。」〔註41〕按照全息生物學的觀念，任何一個全息胚，在理論上都有生長為完整生命體的可能。在那些生命體同名部位之間，其生物學特性相似程度比與那些不同名部位要大，這就是全息感應的全部機制。關於「相似度」，全息生物學指出其有兩個特點：其一是，與整體越接近，其相似程度越大；反之，則越小。「全息胚發育程度越高，全息胚就與未來新整體從而與現在的整體的差別越小，全息胚的一部位與整體的對應部位之間生物學特性相似程度就越大。」〔註42〕其二是，聯繫不具恒常性和穩定性：「全息胚與主體之間的聯繫既可以是緊密的，也可以是鬆散的；既可以是暫時的，也可以是長久的；既可以是能夠發育成新整體的，也可以是停止在某個發育階段上的；既可以是同型的，也可以是異型的。」〔註43〕在這裡，一個重要的差別即顯示出來：「相似度」只是一個相對的概念，它本身具有模糊性，對它的衡量主要表現為程度的大小和高下，而這又是無法加以定量描述的。因此，「相似度」的這個特點，便決定了全息機制的運用只具或然性和相對性。

（3）存在著一定的適用範圍。根據現代科學的研究，全息機制是有機整體內部的聯繫機制。這意味著它有兩點限制：首先，必須在一個整體內部，超越這個整體，全息關係就不存在。例如，對穴位的刺激的有效性只限定在穴位所在的個體身上，對另一個體無效或基本無效；雙胞胎或直系親屬之間的心靈感應，也是因為他們之間在一定程度上屬於一個整體。其次，全息機制主要存在於有機體中，在非有機體中，是無所謂全息機制的。例如在一臺機器中，任何一個部件與其他部件乃至整體之間，無全息可言。這意味著全息機制只存在於一定的領域，有著一定的適用閾。超過這特定的閾，往往就會無效，運用就會顯得「牽強」。古代音樂思想中那些將音樂與政治、軍事乃至天地、神靈相聯繫的做法中，有一些我們之所以覺得它有點神秘、迷信，或者誇張、虛構，就是這個道理。這一點，漢代王充即指出過。他在談及師曠奏《清角》而風雨驟至、平公癃病、晉國大旱、赤地三年之事，即謂其「殆虛言也」，並分析說：「或時奏《清角》時，天偶風雨；風雨之後，晉國適旱；平公好樂，喜笑過度，

〔註41〕張穎清：《生物全息診療法》，山東大學出版社 1987 年版，第 123 頁。
〔註42〕張穎清《生物全息診療法》，山東大學出版社 1987 年版，第 107 頁。
〔註43〕張穎清《生物全息診療法》，山東大學出版社 1987 年版，第 102 頁。

偶發癃病。傳書之家，信以為然，世人觀見，遂以為實。實者樂聲不能致此。何以驗之？風雨暴至，是陰陽亂也。樂能亂陰陽，則亦能調陰陽也。王者何須修身正行，擴施善政？使鼓調陰陽之曲，和氣自至，太平自立矣。」（《論衡·感虛篇》）嵇康《聲無哀樂論》也對「師曠吹律，知南風不競，楚多死聲」提出質疑：「請問師曠吹律之時，楚國之風邪？則相去千里，聲不足達。若正識楚風來入律中邪？則楚南有吳越，北有梁宋，苟不見其原，奚以識之哉？凡陰陽憤激，然後成風，氣之相感，觸地而發，何得發楚庭來入晉乎？」他認為如果真有其事，則應該是「師曠博物多識，自有以知勝敗之形，欲固眾心而託以神微，若伯常騫之許景公壽哉」。王充、嵇康之所以質疑師曠上述事蹟的真實性，就在於音樂與風雨、癃病、大旱等沒有多少相似之處，關係又過於遙遠，很難屬於一個有機整體，所以顯得牽強，斷為「虛言」。這是因為，政治、軍事乃至天地、神靈等是否與音樂為一個整體，或者在何種意義、多大程度上才是整體？進一步說，宇宙是不是一個有機的整體，如果是，則在什麼意義上是？並且在多大程度上是？這些問題，目前科學還不能作出完滿的回答。而對另一些記述，如「瓠巴鼓瑟，淵魚出聽；師曠鼓琴，六馬仰秣」；師曠鼓《清角》，玄鶴延頸而鳴，舒翼而舞等，王充即認為「此雖奇怪，然尚可信。何則？鳥獸好悲聲，耳與人耳同也。禽獸見人欲食，亦欲食之；聞人之樂，何為不樂？」這是持肯定的態度，其原因亦在於它們都是有生命的靈性之物，有著許多相似之處，故而在一定意義上屬於同一有機整體。

2. 全息理論的科學性與現代意義

首先，全息雖然只是事物的一個側面，但因為反映了事物的真實，所以具有科學性。我們知道，所謂全面的理論、全方位的科學認知，實際上是不存在的，科學總是從特定的角度對世界進行的認知。各種認知不斷發展，互相補充，才能不斷接近自然事物的整體真實。而作為某一個理論來說，它總是有角度的。有角度，即有視域，在視域之外的，就必然會被遮蔽。所以，任何科學理論都是有局限的。牛頓力學有牛頓力學的適用閾，相對論也有自己的適用閾，超過其閾限，理論便不再有效。從這個意義上說，全息理論的局限性也有其合理性。

其次，西方科學從本質上是元素論的，這個傳統可直接追溯到古希臘。它把任何事物都理解為由最小的單元不斷進行組合而形成整體，揭示了自然事物構成中的一個真實，但也只是自然事物存在的一種狀況，也只是反映了世界

的一個側面。世界所存在的另一側面，即事物內部的全息感應關係，元素論無法揭示，因而在他們的理論中是被遮蔽的。而中國的元氣論自然觀則在很早便認識到這種關係，並在自己的理論中廣泛運用。這是對自然事物存在規律的另一種揭示，也就是說，它是從另一個側面彌補了元素型科學的不足。雖然西方在很早也發現過自然中的全息關係，如古希臘醫學家希波克拉底就指出：「在身體的最大部分中所存在的，也同樣存在於最小部分中，這個最小部分本身具有一切部分，而這些部分是相互關係的，能把一切變化傳給其他部分。」這確實是對全息現象的一種描述。但是由於西方認知模式的逐漸定型，這一方面未能發展起來。直到他們在那條路上走了很遠時，才又發現曾經放棄的路。而我們則在這條路上走了幾千年，積累了豐富的成果，發揮了巨大的功用。在元素型科學得到充分發展並逐漸顯示其弱點的今天，中國古代那種有機整體觀念和全息感應思維的認知模式，將會以其作另一面的補充而具有重要意義。

再次，我們說全息理論具有模糊性，缺乏精確性，是否就可以因此而說它與科學無緣呢？回答也是否定的。科學的本質特點不在精確性，而在真實性和有效性。這一點已為科學的發展本身所證實。我們知道，數學是以追求精確而著稱的，但是，隨著數學本身的不斷發展，出現了模糊數學理論。物理學也是以追求確定性著稱的，但隨著自身的不斷發展，出現了闡述非確定性的量子理論。既然自然科學的理論都可以模糊、不確定，則全息理論的模糊與不確定便也不應是其缺點，只要它在解釋世界的實踐中有效，則也是科學的。

既然全息理論可以稱為科學，那麼，建立在全息關係之上的音樂感應論是否也能稱為「科學」？應該說，在它們當中「有」科學性，但還不「就是」科學，因為其中許多機理尚未被揭示，對全息的運用尚未達到理論的自覺，運用中的度尚未達到準確適中。它還有待現代科學（如全息理論）的進一步觀照，以便更清晰地揭示其中的原理和機制。否則，我們就難免還會出現對它的「過度運用」或「越界使用」，導致聯繫的「隨意性」和「牽強附會」。

第四章 「聲無哀樂」的學理呈現
——嵇康的「自律論」
音樂美學思想

　　《聲無哀樂論》為三國魏時名士嵇康所作的一篇音樂論文，收於《嵇康集》和《全三國文》等文集中。這篇樂論在近世通行的有四種校注本，一是周樹人（魯迅）校本（簡稱「周校本」），收入 1938 年上海復社版《魯迅全集》第九卷；二是戴明揚校注本（簡稱「戴校本」），人民文學出版社 1962 年版；三是夏明釗譯注本（簡稱「夏注本」），黑龍江人民出版社 1987 年版；四是蔡仲德校注本（簡稱「蔡校本」），載《中國音樂美學史資料注譯》，人民音樂出版社 1990 年版。本文所據為「蔡校本」〔註 1〕，同時參考其他諸本。

　　嵇康（223～262），字叔夜，譙郡銍縣（今安徽濉溪臨渙）人，官中散大夫，故世稱嵇中散。他是魏晉時期著名的文學家、音樂家，「竹林七賢」的代表人物之一。他崇尚老莊，喜歡清談，學識淵博，善寫詩賦文論，尤其熱愛音樂，作有琴曲「嵇氏四弄」（《長清》《短清》《長側》《短側》）、《玄默》、《風入松》等，擅彈《廣陵散》；並作有《琴賦》一篇，既是詠琴的文學作品，又是論琴的理論文章，它同《聲無哀樂論》一起，反映了嵇康的音樂美學思想。

　　《聲無哀樂論》採用清談辯難的形式寫成，文章擬一「秦客」向作者即「東野主人」問難，再由「東野主人」回答構成全篇。共有八個回合，形成八個單

〔註 1〕「蔡校本」《聲無哀樂論》，見蔡仲德：《中國音樂美學史資料注譯（增訂版）》（上、下冊），人民音樂出版社 2007 年，第 446～490 頁。本書所引該篇文字，除另有注明外，均出於此，不再出注。個別字句參周校本和戴校本。

元。根據對話的內容及其進展，這八個單元又可歸納為四個部分。

第一部分即第一單元，主要從音樂的生成、感知和主客三個方面，說明音聲與哀樂無必然聯繫，從而證明「聲無哀樂」的道理，是為基本觀點的闡述。

第二部分為第二、三、四單元，以秦客所提疑問和詰難為線索，圍繞「聽音知意」的問題對秦客所舉例證一一辯駁，重點以「音」與「意」的無必然聯繫進一步證其「聲無哀樂」。

第三部分為第五、六、七單元，將前文的關係考察轉向機理考察，提出「舒疾」和「躁靜」概念，指出由音聲引發情感的機制就是音樂形態，即由舒疾到躁靜，再由躁靜通過聯想或聯覺喚起自身的情感體驗。

第四部分為第八單元，論述「移風易俗」的真正奧秘不是「聲有哀樂」，而是形式上的「平和之聲」，其機制就是「舒疾」與「躁靜」之間的感應，以一個現象的解釋來驗證其理論的有效。

以上四個部分，第一部分是中心論點的正面闡述；第二部分針對幾個論據進行分析；第三部分轉向深入，探討其內在機理；最後部分則以一個問題的分析來印證其有效。全篇論點鮮明，層次清楚，論述嚴密，思路完整。南朝劉勰《文心雕龍·論說篇》評論說：「嵇康之辨聲……師心獨見，鋒穎精密，蓋論之英也。」〔註2〕明末張運泰、餘元熹《漢魏名文乘》亦謂其「以無礙辨才，發聲律妙理，迴旋開合，層折不窮。如遊武夷三十六峰，愈轉愈妙，使人樂而忘倦。」〔註3〕

《聲無哀樂論》在中國音樂美學史上有著特別的地位，這特別的地位更多的是與它那明確而堅定的「自律論」有關，因為在中國古代，音樂美學似乎一直為他律論所佔據，故嵇康的這一理論就顯得更為特別。其實，我們只要仔細地考察一下魏晉以前的音樂美學理論及其發展，就會發現，「聲無哀樂」的思想並非絕無僅有，而是有著一個相應的傳統。在魏晉之際提出完整的自律論，其實已經具備了一定的條件。

〔註2〕范文瀾：《文心雕龍注》，人民文學出版社1958年，第327頁。引文中「論」原作「人倫」，注者於其下曰：「鈴木云《御覽》、《玉海》『人倫』作『論』，一字。」張立齋：《文心雕龍考異》按：「人倫之英，是論人，論之英，是論文，本皆可通，緣下文言，『原夫論之為體，及是以論為析薪』，皆指論言而不及於人也，從《御覽》是。」此處從改。
〔註3〕張運泰、餘元熹：《漢魏名文乘》，轉引自戴明揚：《嵇康集校注》，人民文學出版社1962年，第230頁。

第一節 「聲無哀樂論」提出的理論背景

　　嵇康的一生，幾乎與魏朝同步。而在魏前的兩漢，為時 420 多年，除去漢初奉行黃老之學的 70 多年時間，從武帝時的獨尊儒術，直到東漢末，儒學統治了大約有 350 年。在這 350 年中，特別是東漢時期，儒學思想越來越保守、僵化，社會風氣也日益敗壞，政治危機時常發生，文化和美學趣味也在悄悄轉型。到了曹丕廢漢建魏後，便形成對漢代意識形態的反思和批評。在這股反思和批評的聲浪中，儒家思想首當其衝，成為眾矢之的。這種反儒的傾向，早在曹操、孔融以及正始名士那裏即已開始，後在竹林名士那裏又得到進一步的發展。而在竹林名士中，嵇康又是這方面表現最為激烈的一個。因此，嵇康的撰寫《聲無哀樂論》，首先是受到漢儒樂論中的一些思想激發而來的，是漢儒音樂美學從反面激發他進行新的理論思考的產物。

一、因儒家樂論的不足而產生的反撥

　　那麼，最直接地激發嵇康進行新的理論思考的，主要有哪些因素呢？

　　首先，漢代儒家樂論中包含了過盛的人文氣息。儒家從其誕生時起，就十分強調音樂與政治、道德等方面的緊密聯繫，強調音樂所承擔的種種文化功能。音樂與政治、道德、文化有聯繫，音樂當中滲透著這方面的文化內涵，這本來沒有錯。但是，如果將這種聯繫過分誇大，就會走向自己的反面，變成謬誤。這方面較為典型的例子如「樂以知軍」「樂以知政」等命題。如「樂以知軍」：「楚師伐鄭，師曠曰：『不害。吾驟歌北風，又歌南風。南風不競，多死聲。楚必無功。』」（《左傳・襄公十八年》）從歌聲中能夠預見戰爭的勝敗，在現在說給誰也不會相信的，但在當時卻被傳為佳話的。再如「樂以知政」，是說吳國的大夫季札到魯國，觀樂評政，十分準確。他在觀《周南》《召南》時說：「始基之矣，猶未也。然勤而不怨矣。」觀《邶》《鄘》《衛》時說：「淵乎！憂而不困者也。」觀《王》時曰：「思而不懼，其周之東乎？」觀《鄭》時則是：「其細已甚，民勿堪也，是其先亡乎！」（《左傳・襄公二十九年》）對這兩個命題和故事，嵇康在《聲無哀樂論》中都作了駁斥，指出其荒謬。再如音樂與道德的關係，本來是能夠成立的，但儒家樂論往往也將它推向極端，終使人難以置信。如《史記》中說：「故音樂者，所以動盪血脈，通流精神而和正心也。故宮動脾而和正聖，商動肺而和正義，角動肝而和正仁，徵動心而和正禮，羽動腎而和正智。」（《樂書》）宮、商、角、徵、羽五音確有不同，但這樣與

脾、肺、肝、心、腎及聖、義、仁、禮、智一一對應，就顯得過於牽強，也過於刻板。

其次，儒家樂論還表現出濃重的神秘色彩，這最突出地表現在對音樂影響力的描述上。這方面例子很多，最為典型的要數師曠的故事，如師曠鼓琴，六馬仰秣，玄鶴列舞之類：師曠奏《清徵》，「一奏之，有玄鶴二八道南方來，集於郎門之塊；再奏之而列；三奏之，延頸而鳴，舒翼而舞。音中宮商之聲，聲聞于天。」又奏《清角》，「一奏之，有玄雲從西北方起；再奏之，大風至，大雨隨之，裂帷幕，破俎豆，隳廊瓦，坐者散走，平公恐懼，伏於廊室之間。晉國大旱，赤地三年。平公之身遂癃病。」（《韓非子·十過》）把琴聲的威力說得如此之大，以至於東漢的王充就指出它的虛妄離奇，嵇康就更不用說了。此外，儒家樂論中的神秘化還體現在對樂器內涵的解釋上。樂器本來只是用來發出聲音、演奏樂曲的工具，但儒家樂論卻將它與太多非音樂的東西相聯繫，並賦予許多音樂所難以承擔的功能。荀子《樂論》說：「聲樂之象：鼓大麗，鐘統實，磬廉制，竽笙簫和，筦籥發猛，塤篪翁博，瑟易良，琴婦好，歌清盡，舞意天道兼。鼓，其樂之君邪？故鼓似天，鐘似地，磬似水，竽笙簫和筦籥似星辰日月，鞉柷、拊鞷、椌楬似萬物。」前面講各種樂器的風格特性，大體還能夠說得通，後面將一些樂器比附為天地日月星辰等，就基本上沒有什麼道理了。再看看對琴的解釋，神秘色彩就更為濃厚。桓譚《琴道》說：「昔神農氏繼宓羲而王天下，上觀法於天，下取法於地，近取諸身，遠取諸物。於是始削桐為琴，練絲為弦，以通神明之德，合天地之和焉。」這是從琴的起源講它的文化功能的，其中有著明顯的巫術時代的印跡，但總體上還能夠理解。但再往後所作的引申，其神秘色彩就更重了。如蔡邕《琴操·序首》對琴的形制的解釋：「琴長三尺六寸六分，象三百六十日也。廣六寸，象六合也。文上曰池，下曰岩。池，水也，言其平；下曰濱，濱，賓也，言其服也。前廣後狹，象尊卑也；上圓下方，法天地也。五弦，宮也，象五行也。大絃者，君也，寬和而溫；小絃者，臣也，清廉而不亂。文王、武王加二弦，合君臣恩也。宮為君，商為臣，角為民，徵為事，羽為物。」其他樂器也不例外，如班固《白虎通》，就對塤、匏、笙、鼓、簫等十餘種樂器一一作了神秘化的解釋：「塤在十一月，塤之為言薰也，陽氣於黃泉之下，薰蒸而萌。匏之為言施也，牙也，在十二月，萬物始施而牙。笙者太簇之氣，象萬物之生，故曰笙。有七政之節焉，有六合之和焉，天下樂之，故謂之笙。」這股風氣在東漢中期以後越刮越猛。根據辯

證法的原理，一件事物發展到極端，就意味著即將轉向自己的反面。在東漢，即有王充等富有理性精神的思想家開始反撥，而嵇康則是這一反撥的一個延伸，顯示了歷史的必然性張力。

漢代儒家樂論中的這兩種傾向，都源自傳統文化中的整體思維。整體思維的特點是，以事物之間存在普遍聯繫的觀念和比附類推的方法進行思考，屬於一種比較質樸的內涵邏輯，概念不夠清晰，推論缺少中介，結論也就不具必然性。他們對音樂與音樂以外的現象如軍事、政治、道德乃至自然事物等相聯繫，就帶有很大的隨意性，至少是過度闡釋。

二、此前樂論中另一種聲音的啟發

嵇康的《聲無哀樂論》所展示出來的論樂精神，確實與漢代儒學不同，在許多方面還是正好相反。這就容易給人一種錯覺：嵇康的論樂理路是全新的，在他之前沒有先驅，他好像是一位橫空出世的天才，劃出了一個嶄新的時代。實則不然，在嵇康身上所體現出的「新」精神，其實早已有之。

1. 在形態中考察音樂的意義

嵇康論樂的一個重要特點是注重音樂形態的考察，對諸多音樂現象的解釋最終也總是到音樂形態本身去尋求解決。當秦客以「平和之人聽箏、笛、批把〔註4〕，則形躁而志越；聞琴瑟之音，則體靜而心閒」發難，欲以證明箏、笛、琵琶和琴、瑟之聲當中即有哀樂之別時，嵇康便從兩種樂器的不同音響形態進行解釋：「批把、箏、笛間促而聲高，變眾而節數，以高聲御數節，故使形躁而志越。」「琴瑟之體間遼而音埤，變希而聲清，以埤音御希變，不虛心靜聽則不盡清和之極，是以體靜而心閒也。」「間促」是指弦短，音位距離近，弦振動頻率高，故而音調就高，音符密度高，旋律的起伏變化更為頻繁，聽琵琶、箏、笛的人情緒易為激昂。相反，琴、瑟有效弦長長，音域偏低，音位寬，旋律起伏變化少，不用心就聽不出妙處所在，故能使人情緒趨於平和、安靜。這樣解釋是能夠令人信服的。

其實，這種從聲音形態來解釋音樂效果的途徑，也並非嵇康首創，而是在他之前很久即已出現。早在春秋時期，晏嬰就是以音樂形態上的要素來論述音樂之「和」的，他說：「先王之濟五味，和五聲也，以平其心，成其政也。聲亦如味，一氣，二體，三類，四物，五聲，六律，七音，八風，九歌，以相成

〔註4〕批把：即琵琶。下同。

也。清濁，小大，短長，疾徐，哀樂，剛柔，遲速，高下，出入，周疏，以相濟也。君子聽之，以平其心。心平，德和。」（《左傳・昭公二十年》）這段話是解釋先王如何以音樂來「平其心，成其政」的，但沒有空談，沒有作無謂的比附，而是從音樂的形態入手，指出：要想「成其政」，就必須「德和」；而想「德和」，就必須「心平」；而「心平」則是靠不同音樂形態的對立統一，即「清濁，小大，短長，疾徐，哀樂，剛柔，遲速，高下，出入，周疏，以相濟」來實現的。在先秦樂論中，這還不是孤立現象，荀子也在其《樂論》中採用過這種方法，他說：「先王惡其亂也，故制雅頌之聲以道之，使其聲足以樂而不流，使其文足以辨而不諰，使其曲直、繁省、廉肉、節奏，足以感動人之善心，使夫邪污之氣無由得接焉。」先王以雅頌之聲治天下，不是靠那些神秘莫測的因素，而就靠一種特定的音樂形態，一種特定的旋律、節奏以引發人的平和之心，才使邪氣無法侵入的。

2. 在自然中尋找音樂的本體

　　嵇康論樂的另一個特點是他的自然本體論。在漢代，佔有統治地位的音樂美學思想是《樂記》。《樂記》在闡述音樂的本原時，採取的是「心」本體論，即將音樂的本原歸之於人的方面。「凡音之起，由人心生也。人心之動，物使之然也。」又說：「樂者，音之所（由）生也，其本在人心之感於物也。」都是強調音由心生，心是音樂的本原。但嵇康卻在《聲無哀樂論》的一開始就提出一種與之不同的觀念：「夫天地合德，萬物資生。寒暑代往，五行以成。章為五色，發為五音。」這是把音樂當作自然的產物，是天地五行、四時萬物運行的結果，它與人的情感無關，與社會文化狀況無關。

　　實際上，這樣的思路並不奇怪，中國先秦時即存在這樣的自然本體論。早在商周之際，就有《周易》《洪範》等書開始以陰陽五行來解釋自然萬物，春秋時，又有管仲以「氣」為本原解釋萬物的形成，而稍後的老子又以「道」來統之，提出「道生一，一生二，二生三，三生萬物」的宇宙生成論模式。因此，到戰國末年，便有人將它運用到音樂當中，形成音樂中的自然本體論，那就是《呂氏春秋》：「音樂之所由來者遠矣：生於度量，本於太一。太一出兩儀，兩儀出陰陽。陰陽變化，一上一下，合而成章。……凡樂，天地之和，陰陽之調也。」（《大樂》）可見，嵇康音樂觀中的自然本體論並非突然出現的，而是也有著深遠傳統的。

3. 懷疑精神和理性態度

嵇康《聲無哀樂論》給人的一個突出印象是他的懷疑精神和理性態度，我們在他的文章中幾乎隨處都能看到他對流行看法的質疑。例如師襄奏操而睹文王之容，季札觀樂而能知眾國之風，師曠吹律而能察楚軍必敗，羊舌母聽聞兒啼而知其喪家，葛盧氏聽牛鳴而知三犧之哀等，都是載之史書、人們不假思索就相信的故事，唯嵇康表示了自己的懷疑，並做出理性的分析，指出此類說法的真實情況可能是什麼。這確實是一種了不起的品格，值得包括我們現在人都應好好學習的。但這也不是從嵇康才有的精神，而是部分士人的一個傳統。即以音樂為例，較著名的就有東漢王充對各種傳說的質疑。他針對師曠奏《清角》而風雨暴至的傳說，指出：「傳書之家，載以為是；世俗觀見，信以為然。原省其實，殆虛言也。」他認為，「三尺之木，數弦之聲，感動天地，何其神也！」明確地表示不可信。然後他又對此作了猜想性的解釋，認為如果真有這回事，那也是一種巧合，是「師曠學《清角》時，風雨當至也。」接著又進一步分析，揭出音樂能夠直接引起治亂的虛假：「風雨暴至，是陰陽亂也。樂能亂陰陽，則亦能調陰陽也。王者何須修身正行，擴施善政？使鼓調陰陽之曲，和氣自至，太平自立矣。」（《論衡‧感虛篇》）

嵇康對音樂感染力問題也持十分理性的態度。首先，他認為音樂不能表現感情，只能引發感情，在音樂中所體驗到的情感也不是音樂本身的，而是聽者自己早已存在於內心之中的。這看上去是一個很違反常識的看法，其實也是早已有之。《淮南子》說：「夫載哀者聞歌聲而泣，載樂者見哭者而笑。哀可樂者，笑可哀者，載使然也，是故貴虛。」（《齊俗訓》）同一樂曲能夠引起不同的情感反應，根源在聽者的心情，而不在音樂。這與嵇康的觀點何其相似！其次，嵇康認為聽音樂而能產生某種情感，是因為你的內心中有這種情感，否則你就無法體會到它。因此，音樂的感染力是有條件的。這樣的觀念也早已出現過。在東漢初年劉向《說苑》和桓譚《新論》中都載有雍門周為孟嘗君鼓琴的事蹟。當孟嘗君問雍門周鼓琴能否使他悲時，雍門周說：「臣何獨能令足下悲哉？臣之所能令悲者，有先貴而後賤，先富而後貧者也。」說明當對方飽食無憂，不知何者為悲的情況下，再高超的琴家也不能令其生悲的。但是，經過一番分析，當孟嘗君看清自己的境況其實已經危機重重，難逃悲慘的結局時，雍門周只需微動宮商，即已令其泫然泣涕了。這裡，他們以極為冷靜的態度和理性的方式對待音樂的感染力，與嵇康的思想也是一致的。

三、自然精神與分析方法的自覺

上述兩個方面，儒家樂論是從反面激發其思想的走向，形成一系列的美學命題；其他方面的音樂理論命題則是從正面啟發了嵇康，並給他提供了進一步創造的理論素材。這兩個方面，觀念有異甚至對立，但都是嵇康音樂美學思想得以形成的理論背景。除此而外，還有一個方面的理論背景是不可忽視的，那就是在漢魏之際正在崛起的自然精神和分析方法。

1. 自然精神與分析方法的由來

自然精神和分析方法都有深遠的歷史，它們早在中華文明的軸心時代即已出現。自然精神源自陰陽家和道家。陰陽學說形成於先秦時的《洪範》《月令》，它是古代巫術和科學的混合，其共同特點是都面向自然，體現出尊重自然、探究自然、征服自然的精神。道家亦尊自然為本，主張人要效法自然，即所謂「人法地，地法天，天法道，道法自然」是也。陰陽學說自《洪範》《月令》後，經戰國時鄒衍等人闡發，經呂不韋的《呂氏春秋》和漢董仲舒、夏侯始昌、劉向等人的進一步詮釋，在漢代得到普遍運用，並一直影響著整個古代社會。道家思想在漢初曾一度興盛，自武帝時獨尊儒術之後，一直處於低潮，直到漢末魏初之時才開始逐漸上升為主流。這兩股思潮的會合，推動著自然精神恰好在嵇康的時代日益自覺。

如果說，自然精神主要源自陰陽家和道家，那麼，分析方法則主要源自名家並體現在稍後的玄學之中。名家形成於戰國中期，其特點是對概念本身進行辨析，注重對概念內涵與外延、個別與一般的考察。代表人物有惠施、公孫龍、墨家後學等。惠施注重內涵的變化性和外延的模糊性，揭示出概念的相對性的一面。其代表命題有：「日方中方睨，物方生方死」；「卵有毛」；「今日適越而昔來」等。公孫龍則正好相反，他注重概念內涵的固定性和外延的清晰性，為形式邏輯提供了條件，也為概念的分析提供了材料。代表性命題有：「白馬非馬」；「離堅白」；「雞三足」；「火不熱」；「飛鳥之影未嘗動」等。墨家後學開始將內涵和外延辯證統一起來考察，著重研究名實關係，提出「明是非」的原則是「名實耦」，「耦」即相符，相符即「當」。具體方法是：「以名舉實，以辭抒意，以說出故，以類取，以類予，有諸己不非諸人，無諸己不求諸人。」名家之學到秦漢時長時間中斷，中國古代的邏輯學也在此停頓下來。直到漢魏之際，才又得重新闡發，形成以劉劭、鍾會為代表的名學思潮，致力於「綜覈名實」的工作。之後，又進一步演變成只管內涵、不問外延的「辯名析理」路向，

那已經是玄學了。

2. 在嵇康身上的自覺

嵇康生活在魏晉之際，此時由陰陽五行學說的長期經營和道家思想的勃興所形成的自然精神以及漢末的新名學思潮所帶來的分析方法，都對他產生了重要影響，成為他進行理論思考的思想基礎、出發點和工具。

在哲學上，嵇康很早便形成一元論的元氣自然觀，認為天地萬物皆由元氣所生：「浩浩太素，陽曜陰凝。二儀陶化，天人肇興。」（《太師箴》）「天地合德，萬物滋生。寒暑代往，五行以成。」（《聲無哀樂論》）不僅自然事物由元氣所生，人的稟性、才情等主體因素也由元氣決定：「夫元氣陶鑠，眾生秉焉，賦受有多少，故才性有昏明。惟至人特鍾純美，兼周外內，無不畢備。」（《明膽論》）正是在這樣的基礎上，他才提出「越名教而任自然」（《釋私論》）的主張，推崇一種不以名教束縛人性的「從欲則得自然」（《難自然好學論》）的生活方式；也才會提出音樂上的自然本體論，把音樂看成是自然間元氣運行、組合的產物，即《聲無哀樂論》中所說「聲音之作，其猶臭味在於天地之間」。

在認識論上，嵇康提出首先要注重事物的自然之理，反對盲目聽信前人之言或道聽途說。他說：「夫推類辨物，當先求之自然之理；理已足，然後借古義以明之耳。」（《聲無哀樂論》）首先是求事物的自然之理，在求得自然之理後，再拿前人之說作為佐證。這個思想是以他的名實觀為基礎的。他認為儒家的名實觀存在名不副實和異名而同實的毛病，所以不能僅憑所謂的「名」來判斷實，而是要從「實」的考察出發，再求名之真義，即「因事與名，物有其號」，名乃「非自然之物，五方殊俗，同事異號，趣舉一名，以為標識耳」。名只是標識，具有隨意性，它不是實在本身。嵇康之所以能夠在《聲無哀樂論》中大膽質疑那些前人似乎無可置疑的命題，就是因為他是建立在這個堅實的基礎之上的。

正因為強調自然的本體地位，認識到事物本身之「理」的第一性，故而也就傾向於從形態分析來解決問題。在他看來，研究事物的問題，就是要把握其「理」；而要把握其「理」，最可靠的途徑就是從形態分析出發。他在《琴賦》中批評「歷世才士」對音樂的讚頌不得要領，就是因為他們缺乏對「理」的考察：「然八音之器，歌舞之象，歷世才士，並為之賦。頌其體制，風流莫不相襲；稱其材幹，則以危苦為上；賦其聲音，則以悲哀為主；美其感化，則以垂涕為貴。麗則麗矣，然未盡其理也。」這類論樂文字寫得十分漂亮（「麗」），

但內容空洞，原因就在「未盡其理」。而之所以「未盡其理」，就是因為不懂或者不重視音樂的形態即「音聲」：「推其所由，似原不解音聲；覽其旨趣，亦未達禮樂之情也。」因為「不解音聲」，所以也就無法真正把握音樂的情感人文內涵。所以，嵇康在自己的論樂過程中，總是努力從形態出發來解決問題。這一點，《聲無哀樂論》為我們提供了豐富的例證；而在其他文字中，也能夠隨處可見。例如他在《琴賦》中解釋琴的特殊審美功能，便完全不同於漢儒的比附之途，而是選擇從形態分析入手：「若論其體勢，詳其風聲，器和故響逸，張急故聲清，間遼故音庳，弦長故徽鳴。」在這裡，琴樂的「響逸」「聲清」「音庳」（音域低沉渾厚）「徽鳴」（泛音晶瑩剔透），就都是用弦的長短、張弛、比率等形態特徵來解釋的。

第二節　對「聲無哀樂」的論證

對「聲無哀樂」的論證，嚴格地說，應是貫穿全文的。對這個問題的論證，實際上包含了直接論證和間接論證兩種類型。直接論證是指對「聲無哀樂」得以成立的根據所進行的論證，它包括理論論據和事實論據的證明。間接論證是指從直接論證延伸出來的相關問題的論證，如「音一心關係」、「舒疾」和「躁靜」、「移風易俗」等問題的論證，是對與中心論點相關問題的次級論證，是為「聲無哀樂」得以進一步解釋音樂現象而做的驗證性說明。本節所論即為直接論證，主要包括第一輪問答的內容。

在文章開始即第一輪問答中，作者便以秦客之口提問，對作者所主張的「聲無哀樂」進行質疑：「聞之前論曰：治世之音安以樂，亡國之音哀以思。夫治亂在政，而音聲應之。故哀思之情，表於金石，安樂之象，形於管絃也。又仲尼聞《韶》，識虞舜之德；季札聽弦，識眾國之風。斯已然之事，先賢所不疑也。今子獨以為聲無哀樂，其理何居？」秦客列舉《樂記》等前人的論述，認為不同的音樂（如「治世之音」與「亡國之音」）各有不同的情感特點（「安以樂」與「哀以思」）和社會功能，一些有識之士（如孔子、季札）也都能夠從其音樂中辨別出其中的內涵，這說明音樂中是表現著特定的情感的。而東野主人卻認為音樂中沒有情感（哀樂），不能表現情感，是什麼道理？

針對此問，作者從以下三個方面對「聲無哀樂」進行陳述，也是一個總體性的論證。其論證的思路，主要是從音聲與哀樂的不同所屬著手。

一、從生成角度所作的論證

　　從生成角度所作的論證，是指從音聲與哀樂各自不同的發生途徑來看其不同所屬，從而證明其沒有必然聯繫：

　　　　夫天地合德，萬物資生；寒暑代往，五行以成；章為五色，發為五音。音聲之作，其猶臭味在於天地之間。其善與不善，雖遭濁亂，其體自若，而無變也，豈以愛憎易操，哀樂改度哉？及宮商集比，聲音克諧，此人心至願，情慾之所鍾。古人知情不可恣，欲不可極，故因其所用，每為之節，使哀不至傷，樂不至淫。因事有名，物有其號，哭謂之哀，歌謂之樂，斯其大較也。然「樂云樂云，鍾鼓云乎哉？」哀云哀云，哭泣云乎哉？因茲而言，玉帛非禮敬之實，歌哭非哀樂之主也〔註5〕。何以明之？夫殊方異俗，歌哭不同，使錯而用之，或聞哭而歡，或聽歌而戚，然其哀樂之懷均也。今用均同之情，而發萬殊之聲，斯非音聲之無常哉？

　　關於音聲的形成，嵇康認為，其本原在天地自然。他說：「夫天地合德，萬物資生；寒暑代往，五行以成；章為五色，發為五音。」認為音聲是隨著天地萬物的形成而出現的，是自然本身運行的產物。因為是自然本身的產物，所以它客觀地存在於天地之間，且有自己特定的品質。「音聲之作，其猶臭味在於天地之間。其善與不善，雖遭濁亂，其體自若，而無變也。」音聲一旦產生出來，就客觀地存在著，並有其各自的獨特品質。這種客觀的品質不以人的愛憎好惡而改變，即所謂「豈以愛憎易操，哀樂改度哉？」這裡講的是，音聲的形成源於自然天地，和我們每個人的情感愛好無關。

　　這裡有一個問題，即此處之「音聲」指的是什麼？僅僅是指物理的音響，還是包括人為的音樂？關於「聲」「音」「樂」的區分，在先秦文獻中是存在的。如《樂記》中就有「感於物而動，故形於聲；聲相應，故生變；變成方，謂之音。比音而樂之，及干、戚、羽、旄，謂之樂。」（《樂本篇》）這裡就明確地將三者做了區分：聲是指人因感於物而發出的物理的音響，音是指有規則地排列組合而成的音調，樂則是再加上按照音樂的節奏旋律配上舞蹈之後的產物。聲、音、樂的這個區別，其表述是很清楚的。在另外一處，它又把樂定義為「通於倫理者也」：「是故知聲而不知音者，禽獸是也；知音而不知樂者，眾庶是也。

〔註5〕「哭」原作「舞」，「哀樂」原作「悲哀」。魯迅校曰，此句當作「歌哭非哀樂之主也」，此從之。

唯君子為能知樂。」聲是指物理的音響，只要是有聽覺能力的動物，都能感知。音是指具有音樂性的音調，只有人，也是一般人都能夠感知和欣賞。樂則因其通於倫理，故只有極少數文化道德修養較高的君子才能夠欣賞。這是對聲、音、樂的兩種略有不同的區分。但是，這種區分也只在特定的語境中有效，更多的情況則是三者互用，其義須在上下文中辨別。即在《樂記》中，即有不少地方用的是「聲」，而指的是完整的音樂的。《樂象篇》中「凡奸聲感人而逆氣應之」，「正聲感人而順氣應之」中的兩個「聲」，無疑都是音樂，而非單純的音響。《樂化篇》中「制雅頌之聲以道之」，「故聽其雅頌之聲，志意得廣焉」，其中的「聲」也是完整的音樂。《師乙篇》中「故《商》者，五帝之遺聲也」，「《齊》者，三代之遺聲也」，其「聲」無疑也是成品性、且內含有倫理的音樂。從這個方面看，嵇康的「聲無哀樂」之「聲」，這裡所論證的「章為五色，發為五音」的「聲」與「音」，以及兩者合稱時的「音聲」，也都不是只指物理的音響，而就是指作為審美對象的音樂。否則，在本文後面所及之「仲尼聞《韶》，歎其一致」、「師襄奏操而仲尼睹文王之容」、「夫會賓盈堂，酒酣奏琴，或忻然而歡，或慘爾而泣」等就無法解釋。《韶》、師襄所奏之《文王操》、宴中奏琴，都是成文的音樂，而非僅僅是物理的音響。試想一下，如果嵇康的「聲無哀樂」僅僅是討論物理的音響中有沒有哀樂，那麼，這篇文章的意義便不復存在，因為他只是說出了一個眾所周知的現象。在這裡，嵇康強調音聲來自自然，是指出音樂在其本原上它的所屬，即使是人所發出的聲音，也仍然如此。

　　至於哀樂，則直接發生於人自身，而非天地自然，它的本原則在情慾。他說：「及宮商集比，聲音克諧，此人心至願，情慾之所鍾。」有情慾，才會有哀樂。情慾的本能是尋求滿足，因而其結果也可能有二：得到滿足和未得滿足。滿足會給人帶來快樂，不滿足則會帶來痛苦。這就是情慾的兩面性。而且，情慾越盛，則滿足的幾率就越小，所得痛苦也越大，所以才需要節制，使「樂而不淫，哀而不傷」；「古人知情不可恣，欲不可極，故因其所用，每為之節，使哀不至傷，樂不至淫。」哀樂源於情慾，對情慾有所節制，才能使哀樂得中。所以，哀樂只是人的情慾的一種表徵，一個名稱：「因事有名，物有其號，哭謂之哀，歌謂之樂。」哀樂來自情慾，而情慾屬於主體人的方面，與音聲之源於自然完全不同。音聲源自天地自然，哀樂則源自人的情慾，兩者分處而異屬，可見沒有必然的聯繫。

　　若再進一步言之，則又可發現，不僅哀樂與音聲來源不同，就哀樂與其表

現形式而言，兩者也無必然聯繫。哀樂是人的心理現象，它的表現形式則是歌哭。嵇康以生活中的事情為例來說明這個道理，他說：「『樂（le）云樂（le）云，鍾鼓云乎哉？』哀云哀云，哭泣云乎哉？」這裡他借用孔子論鍾鼓非「樂」（yue）的本體的話，來說明鍾鼓也非「樂」（le）的本體，即所謂「玉帛非禮敬之實，歌哭非哀樂之主」。玉帛是用於祭祀禮儀的物品，祭祀禮儀的本質是「敬」，玉帛只是表達「敬」意的手段，而非「敬」本身。在表達「敬」意方面，除了玉帛，還可以有其他多種手段。同樣，歌哭也是哀樂的表現形式，但除了歌哭，哀樂也還是可以有其他多種表現手段的。不僅有其他多種手段，而且還可以是完全相反的表現形式。他接著說：「殊方異俗，歌哭不同，使錯而用之，或聞哭而歡，或聽歌而戚，然其哀樂之懷均也。」哀樂的情感在人是一樣的，但其表現形式則多種多樣，甚至完全相反。嵇康在這裡特別強調哀樂的表現形式是多樣的，其用意如何？就是要說明哀樂與其表現形式之間沒有必然的聯繫。既然與其表現形式無必然聯繫，則想用某種音樂形式表現某種哀樂也就不能成立了。所以他說：「今用均同之情，而發萬殊之聲，斯非音聲之無常哉？」「均同之情」而能發「萬殊之聲」，本身就說明這「情」（哀樂）與「聲」之間不存在必然的聯繫。

二、從感知層面所作的論證

從感知角度所作的論證，是指從人對音聲與哀樂進行感知時各自的不同所屬來證明其不存在必然聯繫。聽者由音聲所引發或所感知的哀樂，並非是音聲中的哀樂。音聲與哀樂有著不同的屬性。

> 然聲音和比，感人最深者也。勞者歌其事，樂者舞其功。夫內有悲痛之心，則激哀切之言。言比成詩，聲比成音。雜而詠之，聚而聽之。心動於和聲，情感於苦言，嗟歎未絕，而泣涕流漣矣。夫哀心藏於內，遇和聲而後發；和聲無象，而哀心有主。夫以有主之哀心，因乎無象之和聲而後發，其所覺悟，惟哀而已。豈復知「吹萬不同，而使其自己」哉。

首先，嵇康承認，音樂確實能夠引發人的情感反應。他說：「然聲音和比，感人最深者也。」是說音樂不僅能夠引發人的情感反應，而且能夠激發出最為深刻、強烈的情感反應。他也承認，有些類型的音樂也是能夠表現思想情感、描寫生活事件的，但那是通過語言才實現的。「勞者歌其事，樂者舞其功。夫

內有悲痛之心，則激哀切之言。」這是說，不同的人（勞者或樂者）可以通過音樂表現自己的「事」與「功」，也能夠表現自己的內在情感，即所謂「夫內有悲痛之心，則激哀切之言。」這裡應該注意的是，在嵇康的表述中，能夠表現「事」「功」「情」的，是「言」而不是「聲」。「言比成詩，聲比成音」。「比」即組織、排列，意思是，言經過組織而成為詩，聲經過組織而成為音。嵇康在談論這個問題時，用詞十分嚴謹。情、事、功這類有著具體內容的東西只能訴諸「言」，即通過歌詞來表現；而聲只是經過組合後形成「音」，亦即純粹由節奏旋律構成的音調。這是從創作方面所做的論證。

其次，從欣賞方面看，嵇康也特別注意區分「言」與「聲」的不同功能。當這樣的音樂創作出來之後，便「雜而詠之，聚而聽之。」但是，它們是如何發生作用的呢？是「心動於和聲，情感於苦言。嗟歎未絕，而泣涕流漣矣」。這裡仍然要細心留意，嵇康在說「心動」時，即明確指出它是源於「和聲」；而說「情感」時，則表明它源於「苦言」。「苦言」，就是表現悲苦之情的語言，即詩句、歌詞。歌詞是有語義的，所以它能夠表達十分具體的思想情感內涵，能夠描述事件的來龍去脈。但純粹的音樂則不能，所以只能使人「心動」。在嵇康那裏，「心」之「動」與「情」之「感」是有明顯區別的，前者相當於後文所講的「躁靜」，而後者則就是明確的哀樂之情。可見，在嵇康看來，這心之「動」與情之「感」，確實在某種類型的音樂即有詞之樂中是能夠得到表現的，但表現心之動的是純粹的音樂，而表達具體的情感的，只能是「言」。

由於嵇康本文所探討的是「聲」無哀樂，而非「言」無哀樂，「詩」無哀樂，所以，他接下來對「言」的問題便存而不論，而全部轉向「聲」亦即「和聲」的問題。他表示，即使面對此類「和聲」，也是能夠引發人的強烈的情感反應的，即所謂「嗟歎未絕，而泣涕流漣矣。」但是，由「聲」所引發出來的情感反應並不是音樂本身的，而是聽者自己的，是聽者自己本來就有的。聽者在其日常生活中面對萬事萬物，並在與之接觸的過程中，形成各種各樣的情感體驗，這些情感遇到特定的和聲後，便被激發出來。「夫哀心藏於內，遇和聲而後發；和聲無象，而哀心有主。」人的哀樂之情源於現實的生存活動，在生存的活動中，人的情慾與其對象形成不同的關係，便會產生哀樂的情感體驗，並以「經驗」存乎心中（「有主」）。然後方「以有主之哀心，因乎無象之和聲而後發，其所覺悟，惟哀而已。」如果你事先存於心中的是哀，則音樂所引發出的就是哀；如果存乎心中的是樂，則引發的情感就是樂。心中沒有的情感，

任何音樂都不能引發出來。前章所講雍門周和孟嘗君的故事，就是最好的注腳。為了更好地說明這個道理，他還引用莊子的「吹萬不同，而使其自己」來說明。風吹萬物而發出的聲音各不相同，原因不在風的方面，而就在萬物自身，是因為萬物所具的孔穴各不相同，故而發出的聲音才彼此互異。同樣，由音聲引發的哀樂，也不在音聲本身，而在哀樂者自己。

嵇康的這一思想，在文章的其他地方也多有表述。例如：「至夫哀樂，自以事會先遘於心，但因和聲以自顯發。」說的就是哀樂先存乎心，然後才能由音聲顯發的道理。他還以宴中聽琴為例來說明：「夫會賓盈堂，酒酣奏琴，或忻然而歡，或慘爾而泣。非進哀於彼，導樂於此也。其音無變於昔，而歡戚並用，斯非吹萬不同邪？」在同一空間，同一時間，聽同一琴聲，不同人所引發的情感卻各不相同，甚至完全相反（「歡戚並用」），原因者何？就在每個人心中與之相關的情感不同。

在這裡，作者緊緊抓住「和聲無象」與「哀心有主」兩個概念，在前面所述音聲與哀樂具有不同本原的基礎上，又進一步強調了哀樂的情感反應是聽者心中已然存在的，而不是由音聲所表現出來，然後移置到聽者心中的；同時又由「無象」和「有主」的對立，進一步凸顯了音聲與哀樂之間沒有必然聯繫。所以，因音聲而引發情感體驗（感知哀樂），並不能證明音聲本身包含著或者表現著情感（哀樂）。

三、從主客關係所作的論證

從主客關係所作的論證，是指從事物自身本有的客觀性質與人們對它的主觀態度之間的關係所作的論證，從而揭示出兩者屬於不同的範疇，因而沒有必然聯繫。

> 風俗之流，遂成其政。是故國史明政教之得失，審國風之盛衰，吟詠情性，以諷其上。故曰：亡國之音哀以思也。夫喜、怒、哀、樂、愛、憎、慚、懼，凡此八者，生民所以接物傳情，區別有屬，而不可溢者也。夫味以甘苦為稱，今以甲賢而心愛，以乙愚而情憎，則愛憎宜屬我，而賢愚宜屬彼也。可以我愛而謂之愛人，我憎而謂之憎人；所喜則謂之喜味，所怒則謂之怒味哉？由此言之，則外內殊用，彼我異名。聲音自當以善惡為主，則無關於哀樂；哀樂自當以感情而後發，則無繫於聲音。名實俱去，則盡然可見矣。

　　首先，他指出，人的各種情感是人在自己的生活中與外界接觸而形成的，它客觀地並且先期地存在於人的內心。他認為人的常見的情感有八種：「夫喜、怒、哀、樂、愛、憎、慚、懼，凡此八者，生民所以接物傳情，區別有屬，而不可溢者也。」這八種情感實即人對待外在事物的八種態度，它們各有自己的邊界，不可混淆（「溢」）。這八種態度起著界定人與外物之間關係的作用，是區分外物的一種方法和功能，即所謂「接物傳情，區別有屬」。但也僅限於此，我們無論如何也不能將其視為所接之「物」自身的屬性。

　　為了說清楚這個道理，他進一步以比喻來說明。首先，他以「味之甘苦」與「人之賢愚」為例，說明不能用人對某物所生的情感反應來指稱某物，即不能將人的情感反應當成事物本身的屬性。例如：「今以甲賢而心愛，以乙愚而情憎。則愛憎宜屬我，而賢愚宜屬彼也。」「愛憎」是人的主觀的情感或態度，「賢愚」才是事物本身的屬性。雖然面對「賢愚」總不免會產生「愛憎」之情，但情感反應畢竟不能等同於被反應之物，兩者不是一回事。他在第二輪問答中說：「五色有好醜，五聲有善惡，此物之自然也。至於愛與不愛，喜與不喜，人情之變，統物之理，唯止於此。然皆無豫於內，待物而成耳。」事物有自己的好醜善惡，與我們對它的態度，即愛和憎不能等同。嵇康詰問說：難道我們「可以我愛而謂之愛人，我憎而謂之憎人？所喜則謂之喜味，所怒則謂之怒味哉？」回答當然是否定的。又如酒：「酒以甘苦為主，而醉者以喜怒為用，其見歡戚為聲發，而謂聲有哀樂，猶不可見喜怒為酒使，而謂酒有喜怒之理也。」醉酒之人，其反應有悲有樂，有憂有喜，可我們之所以從不將悲、樂、憂、喜等情感反應加諸酒，謂之悲酒、樂酒、憂酒、喜酒，而仍然以酒本身的屬性或品質來稱呼它，如苦酒、甘酒、美酒、濁酒等，道理即在此。事物本身的屬性與人們對它的態度，是兩個完全不同的概念，不能等同，也不能置換。

　　但這樣的情況卻常常發生在音聲上面，將主觀的情感反應強加到客觀的音聲之上，誤認為「聲有哀樂」。「然和聲之感人心，亦猶醞酒之發人性也」，其道理是一樣的。「由此言之，則外內殊用，彼我異名。聲音自當以善惡為主，則無關於哀樂。哀樂自當以感情而後發，則無繫於聲音。名實俱去，則盡然可見矣。」酒能夠激發情感，我們不把情感加諸酒，不用情感指稱酒；那麼同理，音聲能夠激發情感，我們也不該將由音聲所激發出的情感加諸音聲，將情感當成音聲的屬性，謂「聲有哀樂」。

　　以上分析表明，音聲與哀樂在生成層面、感知層面和主客層面都有著不同

所屬，互相之間沒有必然聯繫，故音聲中不可能有哀樂存在。由此可以得出結論，「聲無哀樂」的命題能夠成立。

第三節　對「音─心」關係的剖析

音聲與哀樂既然沒有必然的聯繫，並不意味著它們沒有關係。那麼，它們是如何發生關係的？即音聲是如何激發出情感反應的呢？這就涉及音─心、音─意的關係。

一、析「聽音知意」的虛妄

「聽音知意」是儒家樂論中的一個命題，其具體有「樂以知政」「樂以知軍」「樂以知俗」等眾多方面的表現。在秦客看來，這是能夠說明「聲有哀樂」的最好例證，而作者也認為，要想推出「聲無哀樂」，亦必須破除「聽音知意」的虛妄。因此，在第二輪問答中，秦客就提出這樣的問題：「八方異俗，歌哭萬殊，然其哀樂之情不得不見也。夫心動於中而聲出於心，雖託之於他音，寄之於餘聲，善聽察者要自覺之，不使得過也。」並舉出「昔伯牙理琴而鍾子知其所至（志），隸人擊磬而子產（期）識其心哀，魯人晨哭而顏淵察其生離」，「季札采詩觀禮以別風雅，仲尼歎《韶》音之一致」，以及「師襄奏操而仲尼睹文王之容，師涓進曲而子野識亡國之音」為例，認為他們就是「假智於常音，借驗於曲度」，即由「聽音」而「知意」的。對此，作者一一進行反駁。

嵇康認為，鍾子期能於琴、磬之聲中辨其意，實際上是「心哀者雖談笑鼓舞，情歡者雖拊膺諮嗟，猶不能翳外形以自匿，誑察者於疑似也」。一般人不瞭解真相，「以為就令聲音之無常，猶謂當有哀樂耳。」這裡的意思是，鍾子期之所以能夠聽出伯牙、隸人之意，是因為後者在鼓琴、擊磬時「不能御形以自匿」，無意中透露出自己的心情意思，故而才為人所知。至於季札聽聲以知眾國之風、仲尼操琴而睹文王之容等，也「皆俗儒妄記，欲神其事而追耳」，故「亦誣矣」。否則，「則文王之操有常度，《韶》《武》之音有定數，不可雜以他變、操以餘聲也」。若音聲果為「有常度」、「有定數」，「則向所謂聲音之無常、鍾子之觸類於是乎躓矣。」因為，如果音聲「有常」，那麼「文王之功德與風俗之盛衰皆可象之於聲音，聲之輕重可移於後世，襄、涓之巧又能得之於將來」，甚至「三皇五帝可不絕於今日，何獨數事哉？」

為了把這個道理講得更清楚，他還在第四輪問答中針對秦客所舉的另外

三個事例一一進行駁斥。秦客說：「若葛盧聞牛鳴，知其三子為犧；師曠吹律，知南風不競，楚師必敗；羊舌母聽聞兒啼，而知其喪家。……推此而言，則盛衰吉凶莫不存乎聲音矣。」對此，作者做了如下分析：

關於「牛鳴」，他說：「夫魯牛能知歷犧之喪生，哀三子之不存，含悲經年，訴怨葛盧，此為心與人同，異於獸形耳。此又吾之所疑也。」如果此事屬實，他認為可能有以下兩種情況：

一種情況是，葛盧氏因為通牛語而知其意，那麼他是以語言相通，而非考音而知。「且牛非人類，無道相通，若謂鳥獸皆能有言，葛盧受性獨曉之，此為解其語而論其事，猶傳譯異言耳，不為考聲音而知其情，則非所以為難也。」非「考聲音」而知，則不屬於此處所談之話題，故不論。

另一種情況，是因為聰明而能理解所接觸之事。那麼，他是如何理解的？比如聖人初入異域，是如何聽懂那裏的語言的？是通過接觸逐漸瞭解其語言呢，還是通過「吹律鳴管校其音」呢，抑或是「觀氣彩色知其心」？如是後者，則「知心自由氣色，雖自不言，猶將知之」。此與音聲無關，「可不待言也」。若是吹管辨聲，那麼，如果心在馬而言為鹿，則會將馬誤會為鹿，導致錯誤的認識。「此為心不繫於所言，言或不足以證心也。」若是前者，即以接觸而知曉異域之語言，則「此為孺子學言於所師」，人人皆如此，不足稱道。他說：「夫言非自然一定之物，五方殊俗，同事異號，趣舉一名，以為標識耳。夫聖人窮理，謂自然可尋，無微不照。苟理蔽，則雖近不見，故異域之言不得強通。推此以往，葛盧之不知牛鳴，得不全乎？」此例不足以說明聽音知意，也就不足以反駁「聲無哀樂」。

關於師曠吹律，他認為這裡的問題是：師曠是如何確定那就是楚國的風？「師曠吹律之時，楚國之風邪？則相去千里，聲不足達。」這是說，距離太遠，吹律之聲根本到不了那裏。「若正識楚風來入律中邪？則楚南有吳越，北有梁宋，苟不見其原，奚以識之哉？」如果說吹律時正值楚風而來，則南方有許多國家，楚之南有吳越，楚之北有梁宋，他又是如何確定其來自楚地的呢？一般風的形成，乃「陰陽憤激，然後成風，氣之相感，觸地而發，何得發楚庭來入晉乎？」既無法斷定那就是楚國之風，則也不能作為反駁的例證。他認為，實際情況可能是：「師曠博物多識，自有以知勝敗之形，欲固眾心而託以神微」。師曠吹律只不過是為了鼓舞士氣而使用的一個手段而已。就好像他在第一輪問答中所說的那樣：「且季子在魯，采詩觀禮，以別風雅。豈徒任聲以決臧否

哉？又仲尼聞《韶》，歎其一致，是以諮嗟，何必因聲以知虞舜之德，然後歎
美邪？今粗明其一端，亦可思過半矣。」季札觀樂以知風雅，仲尼聞《韶》以
知舜德，其實都是事先已知其實，並非由音聲而知意的。

　　至於羊舌母聞兒啼，他反問道：「復請問何由知之？」其實也無非兩種情
況：一是「為神心獨悟闇語而當邪？」但「若神心獨悟闇語之當，非理之所得
也，雖曰聽啼，無取驗於兒聲矣。」這種情況還是因為通其語言才知曉其吉凶
的，與音聲無關，不屬本話題，姑不論。另一種情況是：「嘗聞兒啼若此其大
而惡，今之啼聲似昔之啼聲也，故知其喪家邪？」而「以嘗聞之聲為惡，故知
今啼當惡」，這就是「以甲聲為度以校乙之啼也。」但是，「聲之於心，猶形之
於心也，有形同而情乖，貌殊而心均者。」形同而心異，心同而形異，是自然
的常態。例如「聖人齊心等德而形狀不同也，苟心同而形異，則何言乎觀形而
知心哉？」依此推理，聲同而心不一定同，心同其聲也可能相異。「啼聲之善
惡，不由兒口吉凶，猶琴瑟之清濁，不在操音之工拙也。」說明啼聲與善惡吉
凶沒有必然聯繫，「心之與聲明為二物」。因其是「二物」，所以「求情者不留
觀於形貌，揆心者不借聽於聲音也。」「今晉母未得之於考試，而專信昨日之
聲以證今日之啼，豈不誤中於前世，好奇者從而稱之哉？」聲與心既然是「二
物」，又沒有必然的聯繫，那麼，以一種音聲所反映的心來推知另一種音聲所
反映的心，本身就不具必然性。

　　上述三個事例的分析，清楚地說明了古人所謂聽音能夠知意的說法是不
成立的，因而以此來否定「聲無哀樂」也是無效的。

二、「躁靜」與「舒疾」的意義

　　但是，音聲確實能夠引發聽者的情感，這又是如何實現的？嵇康告訴我
們，是因為它的形態結構。

　　在第五輪問答中，秦客問曰：「今平和之人聽箏、笛、批把，則形躁而志
越；聞琴瑟之音，則體靜而心閒。同一器之中，曲用每殊，則情隨之變：奏秦
聲則歎羨而慷慨，理齊楚則情一而思專，肆姣弄則歡放而欲愜。心為聲變，若
此其眾。苟躁靜由聲，則何為限其哀樂，而但云至和之聲無所不感，託大同於
聲音，歸眾變於人情，得無知彼不明此哉？」這裡提出「躁靜」的概念，並以
此詰問：既然不同的音聲會產生「躁靜」不同的反應，為什麼就不能說有「哀
樂」呢？

這裡面有兩層意思，但主題只有一個，即：不同的音聲是如何引發心理反應的？

首先，在不同樂器之間，如琴瑟與箏、笛、批把（琵琶），之所以聞前者「則體靜而心閒」，後者「則形躁而志越」，不是因為裡面所表現的情感不同，而是其音響形態有靜躁之別。「批把、箏、笛間促而聲高，變眾而節數，以高聲御數節，故使形躁而志越。」而「琴瑟之體間遼而音埤，變希而聲清。以埤音御希變，不虛心靜聽則不盡清和之極，是以體靜而心閒也。」「間」是指弦上音位之間的距離，「促」即短，音位距離短，音便高；「遼」即遠，長；音位距離長，音便低（「埤」）。「變」指音調的起伏變化，變化多（「眾」）則音調繁複（「數」），變化少（「希」）則音調平緩舒展（「清」）。「間遼」而「變希」，故有「體靜而心閒」；「間促」而「變眾」，則必然「形躁而志越」。究其原因，都是因為「聲音有大小，故動人有猛靜也。」所以，人們對不同樂器所產生的不同反應，並非是音響中含有情感哀樂，而是純粹由音響形態的不同實現的。

其次，在不同樂曲之間，道理也一樣。如秦聲、齊楚之曲以及姣弄之音，它們之間的差異，也是由音響的舒疾之形和躁靜之功實現的。「齊楚之曲」之所以「情一而思專」，是因為其音多凝重有力，變化較少，即所謂「多重，故情一；變少，故思專。」「姣弄之音」是指當時的時曲、俗曲，之所以較為動聽，也是因為它集中運用了多種手法，「挹眾聲之美，會五音之和，其體贍而用博。〔眾聲挹，〕〔註6〕故心役於眾理；五音會，故歡放而欲愜。」它們之間的不同也不是因為表現了不同的情感，而仍是因為所使用的音響形態不同，是不同的音響形態引發出不同的心理反應，即：「皆以單復、高埤、善惡為體，而人情以躁靜、專散為應。」其中簡單或複雜（「單復」）、高亢或低回（「高埤」）、美或丑（「善惡」），都只是音響形態的特點，由此音響形態特點而引發人的或靜或躁、或專或散的心理反應，再通過這些心理反應，才激發出相應的情感體驗，就好像「遊觀於都肆，則目濫而情放；留察於曲度，則思靜而容端」一樣。

為了更好地理解不同音樂形態與人們所生之躁靜反應，他還以五味為例加以說明。「夫曲用每殊，而情之處變，猶滋味異美，而口輒識之也。」滋味有不同的種類，但可以都為美，而人之口亦都能感知其味美，而且也都能夠知其味美即為味之美。此即為「五味萬殊，而大同於美」。音樂亦如此：「曲變雖眾，亦大同於和。」音樂的形態可以各不相同，但都有其和。味之極境就是味

〔註6〕「眾聲挹」三字原文無，蔡仲德按照上下文意及句式補。

美，也就是味本身的美；同樣，樂之極境就是樂和，亦為樂本身之和。在這裡，是沒有哀樂的藏身之處的。所以他說：「味有美，樂有和，然隨曲之情盡乎和域，應味之口絕於美境，安得哀樂於其間哉？」〔註7〕

那麼，哀樂之感是哪裏來的？回答是：是聽者自己本有的。「然人情不同，各師所解，則發其所懷。若言平和，哀樂正等，則無所先發，故終得躁靜；若有所發，則是有主於內，不為平和也。」哀樂只是在聽樂時「各師所解」「發其所懷」的產物。如果只以平和相感，則沒有哀樂，只有躁靜；如果是「有所發」，那麼說明你心中已有哀樂；既有哀樂，則沒有平和了。「由是言之，聲音以平和為體，而感物無常；心志以所俟為主，應感而發。」「所俟」，即已經存在或儲備好的東西，此即指哀樂之情感。在第六輪問答中，嵇康再次闡明這一思想，並且在同一聲音產生不同情感反應的過程中又涉及「聯想」和「聯覺」現象。「理弦高堂而歡戚並用者，直至和之發滯導情，故令外物所感得自盡耳。」「直」，因為；「發滯導情」，引發、疏導鬱積的情感；「盡」，全部（表現出來）。意思是：「歡戚」乃自己本有的情感，只是在聽到和聲後被引發出來而已。而引發的機理，往往是通過「聯想」或「聯覺」：「夫言哀者或見機杖而泣，或睹輿服而悲，徒以感人亡而物存，痛事顯而形潛」。在心理學上，這就是「聯想」。就是說，其哀不在機杖和輿服上，而在睹者自身的人生經歷和經驗。那麼，在「理弦高堂而歡戚並用者」，其「歡戚」自然也不在「弦」，而在人自身的歷史故往。而人自身的「歡戚」，都有其原因，非憑空而生，即所謂「其所以會之皆自有由，不為觸地而生哀，當席而出淚也。」「觸地」「當席」，即隨時隨地，指剛剛產生。「今無機杖以致感，聽和聲而流涕者，斯非和之所感莫不自發也？」那些沒有睹物，而只是聽到樂聲就產生歡戚之情的，其直接的觸因自然就是音樂本身了，但其歡戚之情仍然是聽者自己的。這裡起作用的不一定是「聯想」，而是更為內在、更為隱蔽的「聯覺」了。

總之，音樂之所以能夠引發人的情感，不是因為音聲中存有哀樂，而在於音聲本身的形式有「舒疾」，心的方面有「躁靜」。他說：「此為聲音之體盡於舒疾，情之應聲亦止於躁靜耳。」「以此言之，躁靜者，聲之功也；哀樂者，情之主也。不可見聲有躁靜之應，因謂哀樂皆由聲音也。」「舒疾」是樂音運動的形態，「躁靜」是人對這運動形態所喚起的力的感覺。這兩者具有同構性

〔註7〕「味有美」後數句，原文為「美有甘，和有樂，然隨曲之情盡乎和域，應美之口絕於甘境，安得哀樂於其間哉？」疑字有錯位，意難通，據蔡仲德改。

質，並通過這種「同構」激發人的心理活動，也包括情感活動。它們的作用過程是：聲的「舒疾」──心的「躁靜」──情的「哀樂」。在這裡，「──」表示「引發」、「激發」，或「引起……反應」，而不是「表現」。另外，還需強調的是，儘管聲的「舒疾」能夠通過「躁靜」引發「哀樂」，這「哀樂」也只是聽者內心本有，而非音聲所有。

第四節　對「移風易俗」的解釋

關於「移風易俗」的討論是最後一輪亦即第八輪問答的內容。秦客試圖再以「移風易俗」來詰難「聲無哀樂」。他說：「仲尼有言：『移風易俗，莫善於樂。』即如所論，凡百哀樂皆不在聲，則移風易俗果以何物邪？又古人慎靡靡之風，抑悝耳之聲，故曰『放鄭聲，遠佞人』。然則『鄭衛之音〔使人心淫〕』，『〔夔〕擊鳴球以協神人』〔註8〕，敢問鄭雅之體隆弊所極，風俗移易奚由而濟？」大意是，既然「哀樂皆不在聲」，那麼「移風易俗」又是如何實現的？

在這個問題上，嵇康是肯定「移風易俗，莫善於樂」之說的，並且認為以樂來「移風易俗」是一件十分重要的事。首先，他指出，「移風易俗」的提倡並非古已有之，而是在風俗衰弊之後出現的：「夫言移風易俗者，必承衰弊之後也。」在三代以前的聖王時代，一切順承自然，合乎道德，風俗淳樸，是無須移易的。那時候的樂，是「八音會諧，人之所悅」，「然風俗移易，本不在此也。」為了突出衰弊之前的理想社會，他不惜以較大的篇幅、細膩的筆觸對此圖景加以描繪：

> 古之王者，承天理物，必崇簡易之教，御無為之治。君靜於上，臣順於下；玄化潛通，天人交泰。枯槁之類，浸育靈液，六合之內，沐浴鴻流，蕩滌塵垢，群生安逸，自求多福，默然從道，懷忠抱義，而不覺其所以然也。和心足於內，和氣見於外，故歌以敘志，舞以宣情。然後文之以採章，照之以風雅，播之以八音，感之以太和；導其神氣，養而就之；迎其情性，致而明之；使心與理相順，氣與聲相應；合乎會通，以濟其美。故凱樂之情見於金石，含弘光大顯於音聲也。若此以往，則萬國同風，芳榮濟茂，馥如秋蘭；不期而

〔註8〕周校本謂此句「鄭衛之音」後有缺文，蔡仲德據文意補「使人心淫」和「夔」，此從。

> 信，不謀而成，穆然相愛；猶舒錦布綵，燦炳可觀也。大道之隆，
> 莫盛於茲；太平之業，莫顯於此。

在古代聖王之治的時代，音樂都是基於平和之心，因而也影響著社會平和之氣的形成，此即所謂「歌以敘志，舞以宣情」，「播之以八音，感之以太和」，使「氣與聲相應」，「以濟其美」。在先王之治的時代，音樂是起了十分重要的作用的。所以他才充分肯定孔子的那句話：「移風易俗，莫善於樂。」

那麼，音樂是如何起到移風易俗的功效的？它對風俗的移易，其機理如何？由於傳統的觀念一般都認為音樂是以其表現的內容（即思想情感道德）來移風易俗的，所以秦客才有前面的詰難，直到現在，也還有人認為嵇康的肯定「移風易俗」同他的「聲無哀樂論」是矛盾的。這個問題，實際上嵇康本人在其論述中已經表述得十分清楚：承認「移風易俗，莫善於樂」同主張「聲無哀樂」並不矛盾，關鍵是要看「移風易俗」的具體機理究竟如何。

這個話題我們可以分為三個方面進行辨析：一是如何理解嵇康的「樂之為體，以心為主」，即「心本體」與「自然本體」是什麼關係？二是既然肯定「聲無哀樂」，那麼「移風易俗」是如何進行的？三是文章前後對「鄭衛之音」評價不同，它與「移風易俗」有何關係？

一、關於心本體與情本體

嵇康在第八輪問答中確實有與「心本體」相似的表述，他說：「和心足於內，和氣見於外，故歌以敘志，舞以宣情。……凱樂之情，見於金石；含弘光大，顯於音聲也。」又說：「然樂之為體，以心為主。」乍一看，這與他在第一輪問答中所表述的自然本體是矛盾的，至少是不同的。如果再由「心本體」向前推衍，便會推出「情本體」，似乎就會成為「聲有哀樂」，嵇康就否定了自己原來的觀點。實際上當然不是這樣，原因如下：

首先，此處之「心」為「和心」，即平和之心，而非哀樂之心，即所謂「和心足於內，和氣見於外」，「正言與和聲同發」，「託於和聲，配而長之」等。在嵇康那裏，平和之心是與哀樂之心區分非常嚴格的，甚至是互相對立的。在第五輪問答中，他說：「若言平和，哀樂正等，則無所先發，故終得躁靜；若有所發，則是有主於內，不為平和也。」就是說，如果基於平和之心，則無所謂哀樂，因而也就無所謂先發，即先存於心，遇聲而後發。平和之心所生平和之樂，只會引發躁靜，而非哀樂。如果有哀樂表現出來，那就一定是先存於心的。

這個意思很清楚了，建立在「和心」基礎上的平和之樂中沒有哀樂。嵇康的「樂之為體，以心為主」，正是出現在對先王治世時代音樂的論述中，也能夠說明這個問題。

其次，這「平和之心」並非音樂表現的內容，而只是創作時的心理狀況，或者說，是心理背景。它是說，作樂之時應該使心處於平和的狀態，這樣才能保證創作出來的音樂是平和的。背景與創作的關係不是表現與被表現的關係，而是驅動與受動、平臺與操作的關係。所以，這裡的「平和」就不是音樂表現的內容，而是在特定驅動力支配下所形成的音樂的特定形態結構，是在特定平臺操作程序中所形成的特定的音樂存在方式。

再次，這「平和之心」恰恰又是源自天地，體現自然的，而非人為的，更不是人的「情慾」的泛濫。所以，「古之王者，承天理物，必崇簡易之教，御無為之治。君靜於上，臣順於下；玄化潛通，天人交泰。枯槁之類，浸育靈液，六合之內，沐浴橫流，蕩滌塵垢，群生安逸，自求多福，默然從道，懷忠抱義，而不覺其所以然也。」就這一點說，他在這裡以「和心」為音樂之體，同他前面的自然本體論也並不矛盾。

那麼問題來了：音樂既然能夠基於平和之心，難道就不能基於動盪之心？回答是：能。其實，在嵇康看來，音樂既可以「舒」的形式引發「靜」的心理反應，同樣也可以「疾」的形式引發「躁」的心理反應；既可以在心「靜」的基礎上產生「舒」的音樂形式，也可以在心「躁」的基礎上產生「疾」的音樂形式。但是，如果只是就「移風易俗」來說，就只能是靠「和聲」來實現，與之相應的也就只能是「平和之心」。「和心」是一種寧靜恬淡之心，依靠它，風俗才能夠化侈為淳。從「移風易俗」的角度而言，單純的由音之「疾」而引發心之「躁」的音樂，不是合適的音樂，應加避免。但儘管如此，音樂也僅僅是能夠引發心的「靜躁」，而不是「表現」這種「靜躁」，更不是「表現」情感的「哀樂」。

此外還應注意的是，音樂的「本體」和音樂表現的「內容」是兩個不同的概念，前者只表示音樂生成時的本原是什麼，本原性的東西不一定進入音樂表現，成為音樂的內容。本原有時候只是一個動機或者動力或者背景，只是起到一種驅動或限定的作用，它與所表現的內容沒有必然聯繫。所以，即使嵇康在這裡提出「心本體」的思想，也不能說他走向「聲有哀樂」，陷入自相矛盾。這個問題在下一節中會有較詳細的討論，此處不作深究。

二、音樂「移風易俗」的機理

　　既然「言移風易俗者，必承衰弊之後」，那麼，要想成功地移易風俗，就必須瞭解其衰弊的原因。然後才能對症下藥，達到移易風俗的目的。在嵇康看來，風俗之所以衰弊，全在情慾的放縱，「猶美色惑志，耽槃荒酒，易以喪業。」而情慾源自人的本能，既無法清除，也不能清除。「自非至人，孰能御之？」情慾之所以難對付，一方面是因為能夠滿足情慾的對象是有限的，而情慾的生長和蔓延則是無限的，對於生產力十分低下的古代社會，尤為如此。另一方面是情慾的自膨脹會直接導致人與環境的對立與衝突，最後必然造成自身生態的破壞。先哲們充分認識到這一點，都紛紛起而尋找解決的方法。其中之一，便是用「禮樂」來疏導。

　　為了闡明肯定「移風易俗」同自己的「聲無哀樂」並不矛盾，嵇康對用禮樂來移風易俗的過程和機理做了較為細緻的描述，他說：「夫音聲和比，人情所不能已者也。」「不能已」，是因為它植根於人的本性。既是人性的基本要素，則不能根絕，但同時也不能放縱。「是以古人知情不可放，故抑其所遁；知欲不可絕，故自以為致。」只能在「放」與「絕」之間尋找平衡，通過節制尋找合適的中間點。然後「為可奉之禮，制可導之樂。」其「可導之樂」的特點是：「口不盡味，樂不極音；揆終始之宜，度賢愚之中；為之檢則，使遠近同風，用而不竭，亦所以結忠信，著不遷也。」其基本原則就是不走極端，哪怕是正面的東西，也不使走向極致。然後通過教育使之推廣開來，在社會生活中運用起來：「故鄉校庠塾亦隨之，使絲竹與俎豆並存，羽毛與揖讓俱用，正言與和聲同發。使將聽是聲也，必聞此言；將觀是容也，必崇此禮。禮猶賓主升降，然後酬酢行焉。於是言語之節、聲音之度、揖讓之儀、動止之數，進退相須，共為一體。」他說，這就是「先王用樂之意」。

　　到這裡，嵇康還只是描述了移風易俗的過程，只有過程的描述還不足以反駁秦客「哀樂皆不在聲，則移風易俗果以何物」的詰難。反駁秦客的關鍵在於講清楚移風易俗的機理究竟是什麼。在秦客看來，音樂能夠移風易俗，是因為音樂表現了真善美，表現了能夠使風俗淳化的內容；嵇康不承認音樂能夠表現這樣的內容，在他看來就是否定音樂的移風易俗功能。但嵇康的理解與他不同。在嵇康看來，能夠影響風俗的不是音樂中的內容（音樂中沒有秦客所說的內容），而就是音樂的形式，即「和聲」：「託於和聲，配而長之，誠動於言，心感於和，風俗壹成，因而名之。」那麼，什麼叫「和聲」？簡單地說，就是

「平和之聲」。具體說來，就是「口不盡味，樂不極音；揆終始之宜，度賢愚之中」；就是強調音樂的形態不要「盡」和「極」，而要「宜」和「中」，也就是要有節制，以達到平和，並且讓它們一一實現在「言語之節，聲音之度，揖讓之儀，動止之數，進退相須」等各個環節，使其「共為一體」。

不過，到這裡，還只是涉及音樂的形態特徵，如何通過這些特徵影響到人的心理行為乃至風俗政治的問題，我們尚未觸及。其實，要弄清楚這個問題，必須回到前面的文字；嵇康這裡的議論，也是在前文論說的基礎上進行的。在第五輪問答中，他對琵琶、箏笛與琴瑟之區別的分析，就已經包含著答案了。「批把、箏、笛間促而聲高，變眾而節數，以高聲御數節，故使形躁而志越」；而「琴瑟之體間遼而音埤，變希而聲清，以埤音御希變，不虛心靜聽則不盡清和之極，是以體靜而心閒也。」這裡不僅是從音響形態入手進行分析，涉及音的高度、密度和速度等多個方面，而且描述了由聲到心的作用過程和影響邏輯。若用嵇康的話說就是：「蓋以聲音有大小，故動人有猛靜也。」或者是：「然皆以單復、高埤、善惡為體，而人情以躁靜、專散為應。」這個規律也就是音樂移風易俗的機理所在。平和之聲以其特殊的形態特點使人的感覺產生適度的躁靜反應，這種適度的躁靜感覺進一步擴展到心理和行為，也使其以平和、有節制的方式運動。如果人人都經歷這樣的過程，則社會的風俗習氣即會得到淨化，變得淳樸。這也就是第八輪問答中所說的「託於和聲，配而長之，誠動於言，心感於和，風俗壹成」的意思所在。這裡的關鍵是，嵇康是把作用於人心的音樂要素歸之於音樂形態，而非音樂內容如哀樂等。所以，他的肯定「移風易俗，莫善於樂」，同「聲無哀樂」不僅不矛盾，而且提出一種新的解釋，具有很好的理論價值。

三、對「鄭衛之音」的態度

嵇康在論述「移風易俗」時，也涉及「鄭衛之音」，而且，我們發現，他在第五輪問答和第八輪問答中，其態度和評價有明顯差異。這是否是他自相矛盾呢？也不是，這不同的態度和評價是由不同的語境造成的。

在第五輪問答中，主要是為了同秦聲和齊楚之曲進行比較，所以充分肯定「姣弄之音」（即鄭衛之音）的形態特點和美感價值。「姣弄之音挹眾聲之美，會五音之和，其體贍而用博。〔眾聲挹，〕故心役於眾理；五音會，故歡放而欲愜。」就是說，「姣弄之音」充分調動並運用了音樂的各種元素和手法，使音樂有著很高的感染力和審美價值。這主要是肯定的。

而第八輪問答的話題是「移風易俗」，講的是音樂的社會功能，故要強調的是平和之心以及平和之聲。而鄭衛之音正好與之相反，他說：「至八音會諧，人之所悅，亦總謂之樂，然風俗移易本不在此也。」這是說，從移風易俗的方面看，這樣的音樂是不合適的，所以在這裡就成為批評的對象：「若夫鄭聲，是音聲之至妙。妙音感人，猶美色惑志，耽槃荒酒，易以喪業。」如果這樣的音樂泛濫起來，就會「上失其道，國喪其紀，男女奔隨，淫荒無度，則風以此變，俗以好成。」此「好」指一己的私欲嗜好。鄭衛之音將人的本能欲望都激發出來，如果任其泛濫開來，風俗就會衰弊。就這個意義上說，用於「移風易俗」的「和聲」就顯得特別重要。「先王恐天下流而不反，故具其八音，不瀆其聲，絕其大和，不窮其變。捐窈窕之聲，使樂而不淫。」因為這是從「移風易俗」的角度談音樂的，所以才說：「淫之於正，同〔係〕〔註9〕乎心，雅鄭之體亦足以觀矣。」因語境不同所做出的不同評價，針對對象的不同方面所做出的不同評價，並不構成矛盾。

嵇康在最後一輪問答中提出「移風易俗」及其相關問題，既是對這一理論的拓展和深化，同時也是對這一理論有效性的驗證和凸顯。

第五節　自律論與他律論的區分與學理

現在我們面對《聲無哀樂論》，自然會想到音樂美學中的一個老問題：他律論與自律論的問題。自從20世紀中葉，漢斯立克的《論音樂的美》譯介過來之後，學界便開始以自律、他律來理解和評價《聲無哀樂論》。人們發現，在漢斯立克之前一千多年，中國就有了比較完整的自律論音樂美學，就是嵇康的這個文本。〔註10〕

那麼何為自律論，何為他律論？區分兩者的標準是什麼？我們應該如何對待這兩種看上去完全對立的理論？

一、區分他律論與自律論的標準

音樂美學中的自律論和他律論的區分，始於德國指揮家和美學家費利克

〔註9〕原無「係」字，蔡仲德認為「同」下疑奪「係」字，故加。

〔註10〕但也有一種觀點認為，《聲無哀樂論》仍然屬於他律論範疇，算不上自律論美學。對於這個問題，本書限於篇幅，不擬細加討論，在此只想表明自己的看法：《聲無哀樂論》是自律論，而且是典型的自律論。

斯・瑪利亞・伽茨（Felix Maria Gatz, 1892～1942），他在選編《音樂美學的主要流派——從康德和早期浪漫派時期到 20 世紀 20 年代末的德國音樂美學資料集》〔註11〕時，首次將一百多年間德奧兩國的音樂美學文獻劃分為自律論與他律論兩大類型，在兩大類型當中又分各種小的類型，論述較為細緻。他認為他律美學又可以分為兩個類型，一是「作為音樂內容的聲音之外東西的表現、語言、映像、比喻、象徵、符號和標記」的「以『內容─形式』這一矛盾為依據」的「內容美學」，它包括教條（直接、純粹）的內容美學、形式美學、部分的內容美學以及假定論的內容美學四種；二是「以聲音之外的東西的形象化、具體化、和化身的形式出現」的、「以『本質─現象』這一矛盾為依據」的「化身美學」。他對自律美學的定義是：「音樂是自成一體的，它不暗示聲音之外的東西。音樂既不是作為音樂內容的聲音之外的東西的表現、語言、映像、比喻、象徵、符號和標記，也不是聲音之外東西的軀體和化身，而是事物本身，亦即是一種只有從其自身角度被理解的現象。就此意義而言，音樂只相當於自身。」

就自律美學與他律美學的區別而言，他提出四個方面的標準：（1）「對於音樂而言，音樂的原理和規則是一種『外來的東西』」；還是「在其自身」。（2）「音樂的本質在聲音之外」，「在『外來的東西』之中」；還是「在聲音之內，即在音的結構本身」。（3）「音樂暗示聲音之外的東西」，「代表著一種本身係非音樂的現實」，包括作為「聲音之外東西的表現」（內容美學）和「聲音之外東西的形象化」（化身美學），即「音樂都不相當於自身」；還是「不暗示聲音之外的東西……音樂只相當於自身」。（4）「音樂只是對一種沒有音樂、但在現實中已經存在的東西的加工和塑造（內容美學），或者是這一東西的新的形象化和化身（化身美學）」；還是「不僅重新塑造了一種沒有音樂就已經存在的東西、或賦予其新的形象，而且發明、創作、創造了一種嶄新的、獨特的、不可比較的東西，它只相當於其自身，只能從自身的角度被理解」。在上述四條的每一條中，在「還是」前面的是他律美學，後面的是自律美學。〔註12〕

〔註11〕 中文譯本書名改為《德奧名人論音樂和音樂美》（副題不變），金經言譯，人民音樂出版社 2015 年。

〔註12〕 伽茨上述觀點均見《音樂美學主要流派的系統分類──對音樂美學主要流派作系統分類的新嘗試》，伽茨《德奧名人論音樂和音樂美──從康德和早期浪漫派時期到 20 世紀 20 年代末的德國音樂美學資料集》，金經言譯，人民音樂出版社 2015 年，第 1～2 頁。

伽茨的四條標準，第（1）條講的是規則的來源，第（2）條是本質之所在，第（3）條是與他者之關係，第（4）條是創造的性質。總體而言，伽茨的這個區分是清楚的，細緻的，系統的，有些方面的辨析還很深入、微妙（如認為形式主義美學不是自律美學，而是他律美學）。但是，他所提出的四條標準，有的並不一定是自律論和他律論的區別所在。如規則的來源，就很難說清楚到底是在音樂本身還是在音樂之外。音樂中的對比、和諧、平衡以及曲式中的拱形結構、迴旋結構等，到底是音樂本身的，還是自然、生活中所早已存在的，就是很難界定的事，所以，討論它意義不大。其他各條，筆者覺得還可以作進一步概括以使其更明晰。伽茨是面對豐富多樣的音樂美學文本進行分類的，所以能夠劃分得比較細微。若是從一般研究者對這兩種理論的常態理解和使用來看，更需要明確的是區分兩者的本質性標準。實際上，自律論和他律論只是理解音樂的兩種方法以及由此形成的兩種觀念，其間的區別主要限於內容與形式的關係層面以及對它的理解上。所以，它們的區分標準，如果用更簡單的方法來表示，那就是看其是否承認音樂中表現了思想情感等非音樂性內容。所謂「非音樂性內容」，就是伽茨所說的「外來的東西」，「聲音以外的東西」或「非音樂的現實」等等。肯定它們存在於音樂形式之中，或與形式有著必然的聯繫，即為他律論，否則，就是自律論。伽茨將「他律論」分為「內容美學」和「化身美學」，認為前者主要表現為內容與形式的關係，後者主要表現為本質與現象的關係。這兩者的不同是：「對於內容美學而言，音樂相當於情感，而……化身美學則認為，音樂就是情感。」我們認為，這兩種關係其實可以理解為內容和形式之間相融合的程度不同。內容與形式的關係本來就是多層的，一個產品的外部包裝是形式，產品本身是內容，這是最外在的內容—形式關係，其特點是兩者沒有必然聯繫，一方的變化並不影響另一方；一個產品的工藝造型是形式，產品本身的功能、性質、質量等是為內容，這是比較內在的內容—形式關係，其中一方的變化會在一定程度上影響另一方。而最內在的內容—形式關係就是本質與現象的關係，這是內容與形式結合最緊密、統一性最強的內容—形式關係。黑格爾所說「形式是內容的形式，內容是形式的內容」，指的就是這種內容—形式關係。所以，我們認為只以內容與形式的關係來考察就夠了。

我們再看一下自律論的代表人物漢斯立克的《論音樂的美》和嵇康的《聲無哀樂論》，他們恰恰都是在內容—形式關係的意義上討論的，是緊緊圍繞著「音樂是否表現思想情感內容」這一問題展開的。漢斯立克指出：「『內容』原

來的真正的意義是：一件事物所包容（enthalten）的、容納（halten）在自己裏面的東西。在這個意義上，組成音樂作品，使之成為整體的樂音，即是樂曲的內容。」〔註13〕所以說，「音樂是以樂音的行列、樂音的形式組成的，而這些樂音的行列和形式除了它們本身之外別無其他內容。」〔註14〕「它們本身」指什麼？是「樂思」。「一個完整無遺地表現出來的樂思已是獨立的美，本身就是目的，而不是什麼用來表現情感和思想的手段或原料。」〔註15〕在這個問題上，伽茨也說過同樣的話：「在其他藝術中被稱為形式和內容的東西，……在音樂中卻從來沒有被看作是分離的，因而音樂既是形式，同時又是內容，換言之，形式和內容在音樂中是疊合的。」〔註16〕正是基於這樣的思考，漢斯立克對音樂內容下了一個十分著名的定義：「音樂的內容就是樂音的運動形式。」〔註17〕在他看來，音樂的形式和內容是緊緊貼合在一起的，無法分開，但這個內容只是音樂本身的，由形式直接呈現出來的。而思想情感等音樂之外的東西，和音樂無關。這是將「內容」的概念音樂化，而將非音樂的要素徹底排除在音樂內容之外。嵇康也是如此，在整個《聲無哀樂論》中，他始終強調音聲與哀樂在來源、性質等方面的不同，指出兩者之間沒有必然聯繫，如「和聲無象，而哀心有主」；「聲之與心，殊途異軌，不相經緯」，與漢斯立克是異曲而同工，殊途而同歸。由此見出，這二人的一個共同之處，就是都從內容與形式的關係入手，闡述自己的自律論音樂觀的。

在對自律論和他律論的理解中，有幾個常見的誤區需要澄清：

1. 他律還是自律同本體論無必然聯繫

他律與自律是內容與形式之關係層面的問題，本體論是音樂本原、本質層面的問題，兩者不屬一個層面，它們有聯繫，但沒有必然聯繫。所謂「必然聯

〔註13〕〔奧〕漢斯立克：《論音樂的美——音樂美學的修改芻議》（增訂版），楊業治譯，人民音樂出版社1980年第2版，第109頁。

〔註14〕〔奧〕漢斯立克：《論音樂的美——音樂美學的修改芻議》（增訂版），楊業治譯，人民音樂出版社1980年第2版，第110頁。

〔註15〕〔奧〕漢斯立克：《論音樂的美——音樂美學的修改芻議》（增訂版），楊業治譯，人民音樂出版社1980年第2版，第49頁。

〔註16〕〔德〕伽茨：《德奧名人論音樂和音樂美——從康德和早期浪漫派時期到20世紀20年代末的德國音樂美學資料集》，金經言譯，人民音樂出版社2015年，第21頁。

〔註17〕〔奧〕漢斯立克：《論音樂的美——音樂美學的修改芻議》（增訂版），楊業治譯，人民音樂出版社1980年第2版，第50頁。

繫」，就是嚴格的一對一的因果聯繫。這就是意味著，他律論和自律論，都可以是自然本體論，也可以是心（情）本體論以及其他本體論。同樣的心（情）本體論，它既可以是他律論的，也可以是自律論。因為，雖然同是心（情）本體論，如果你認為這個「心（情）」已經表現在音樂的音響之中，那麼就是他律論，但是，如果你認為它並沒有表現在音樂的音響之中，只是在音樂的創造過程中起到支配的作用，那麼就是自律論。心本體論和「心」有沒有表現在音響之中，完全是兩回事。心本體只是說明音樂的本原、動力或本質在於人的心，亦即音樂植根於心；而這個本體的心有沒有表現在音響之中，不是它要關心的問題。而對於他律和自律來說，音樂的本原在哪裏，也不是它們關心之事。如果你把音樂的本原規定為自然，但是只要你認為這個本體自然的要素或特點能夠表現在音響之中，那麼你就是標準的他律論。同樣，如果你把音樂的本原認定為人的心或情，但不認為這心和情能夠在音響中得到表現，那麼，即使你堅持心本體論，但仍然屬於自律論。作為本體的東西和表現在音響形式中的東西不是一回事，可以追溯的音樂的本原和在音響形式中的表現既不是一回事，也沒有必然聯繫。也就是說，它可以被認為表現在音響形式之中，也可以被認為不表現在音響形式之中。嵇康的《聲無哀樂論》開頭是以自然本體論來論證「聲無哀樂」的，但後面又出現類似於「心」本體論的文字，即「樂之為體，以心為主」。如果有人認為這是自相矛盾，那也只是同前面的自然本體論相矛盾〔註18〕，即在本體論表述中自相矛盾，與「聲無哀樂」思想並不矛盾，也就是說，不會影響他在前面對「聲無哀樂」的論證。本體論只是表達了音樂與音樂之外的世界之間的關係，不同的本體論只是抓住並突出世界同音樂相聯繫的某一方面之關係。至於音樂同它以外的世界的聯繫，並受其所處世界的影響和制約，這一點幾乎沒有人會否認，但不一定所有的理論思考都會涉及這個問題。所以，如果把本體論與自律、他律相關聯，既不真實，也會給原本並不複雜的問題增加了複雜性。

2. 他律還是自律同創作動機、目的和狀態無關

　　和本體論相似也相關的是創作論，任何創作都或明或暗、或隱或顯地具有創作的動機和目的，都會呈現出一定的創作狀態，音樂也是如此。但這些所謂

〔註18〕但實際上並不矛盾，一是因為他所說的「心」是「和心」，而「和心」就源於自然；二是這裏主要是在創作論的意義上講「心」，而不是在本體論的意義上講「心」，所以嚴格地說，它還不能稱之為「心本體論」。

的動機、目的和狀態也都同他律還是自律沒有必然聯繫。創作的動機和目的可以表現在音響形式之中，也完全可以不表現在、甚至認為它根本無法表現在音響形式之中。所以，動機和目的與音樂的內容也不是一回事。創作一首樂曲，動機和目的可以是非常複雜的，也可以是與音樂本身相距甚遠的，甚至可以是與這首樂曲毫無關係的。在這種情況下，我們無論如何也是無法把動機、目的同音樂內容聯繫起來。至於創作時的狀態，道理也一樣。你創作時處於什麼狀態，激昂的、溫柔的、還是興奮的，都可以只是你此時的精神狀態，並不能證明它就是你創作的作品的狀態，更不能證明這個狀態已經轉移到音響形式之中，成為作品的內容。莊子曾經用「履」和「跡」來作比說明這種關係。他說：「夫跡，履之所出，而跡豈履哉！」(《莊子‧天運》) 足跡是鞋 (履) 的作品，但足跡不是鞋子。足跡最多留下鞋子的一些 (即部分) 特點，但它絕對不是鞋子本身。既不是鞋子本身，則它所留下的究竟是哪些特點，我們是無法確定的。音樂創作中的狀態也是如此，作品只是作者及作者的思想情感留下的印跡，不是作者及其思想情感本身。而且，作者創作時所具的狀態，究竟哪些複製到作品之中，也是無法證明的。在這方面，連漢斯立克也犯了一個小錯誤，他說：「不是樂曲的創造，而是樂曲的再現，即演奏，才是使情感能直接流露在樂音中的行為。……親切的體內感覺通過我的指尖直接把內心的顫慄傳向琴弦或拉響著弓弦，或者在歌唱中唱出聲音，使我的情調能夠在演奏中按照個人最獨特的方式傾吐出來。主觀精神在這裡直接化為樂音，產生聲響效果，而不是默然地用樂音來塑造形式。作曲家的創造是緩慢的、間際性的，演奏家是不停的、一氣呵成的；作曲家是為了永恆，演奏家是為了滿溢的頃刻。」〔註19〕作者認為作曲家的創作無法將情感注入作品之中，演奏家則可以。其實演奏家和作曲家同他們作品之關係是一樣的，也都是履和跡的關係。作曲家是履，其作品是跡，故其創作的狀態是否真實、完整地表現在作品之中，是無法證明的；那麼為什麼演奏家就不是這樣呢？演奏家的創作狀態就一定能夠真實完整地表現在作品當中嗎？它們也是履和跡的關係呀！演奏家不過是用手指在彈擊琴鍵、握著弓在擦奏琴弦，演奏家之「履」只不過在琴弦和音響上留下它的「跡」而已。「跡」不是「履」，他的思想情感在演奏時至多會留下自己的「跡」，但是無法將自己轉移到音響之中。漢斯立克的上述文字說明，作為自律論音樂美

〔註19〕〔奧〕漢斯立克：《論音樂的美——音樂美學的修改芻議》(增訂版)，楊業治譯，人民音樂出版社 1980 年第 2 版，第 73 頁。

學的最為重要的代表，他的自律論也有不徹底的地方。

3. 他律還是自律同具體的作品類型無關

在對他律論和自律論的討論中，由於誰也說服不了誰，於是便會出現這樣的論調，即，現實中本來就存在著兩種不同的音樂，一種是他律的，一種是自律的。認為兩種理論都是只看到其中的一種類型，便急於下一全稱判斷，說音樂是他律或者是自律的。這種做法的用意是想以此來消除兩者的對立和緊張。但這實際上是錯誤的，它是基於對他律論和自律論本身的誤解，沒有把握到兩種理論的核心或實質。好在他律、自律理論的提出者伽茨已經對此有明確的表述，他說：「只有一種類型的音樂；全部音樂都是自律的。沒有一種音樂，它作為音樂以外東西的符號、語言和表現；而只有一種從內容的角度來觀察音樂的方法。有音樂的內容美學，但沒有確實能表達內容的音樂。有兩種音樂美學，即他律美學和自律美學，但是只有一種音樂！把音樂區分為古典派的和浪漫派的，和諧適度的和熱烈縱情的兩類，並不觸及音樂的根子。」[註20] 伽茨是個自律論者，既然認為音樂是自律的，那麼就應該是所有的音樂都是自律的。同樣，如果在他律論者那裏，自然也應該認為，所有的音樂都是他律的。而且，也只有達到這樣的認識，他律和自律的理論才能夠真正站立起來，也才能夠有理論的意義。

但是為什麼？為什麼必須是全稱判斷，無論何種類型，都要麼是他律，要麼是自律的？這是因為，所謂的他律、自律，都只是理解音樂的一種方式，只是在理解音樂的過程中形成的一種觀念。音樂只有一個，無論是他律論者還是自律論者，他們面對的都是同一個音樂，不同的只是對它的理解。對於他律論來說，所有的音樂都是人的創造，這些創造者都是一個有著自己的思想、個性、情感、愛好、信仰、價值觀和思維方法的人，也都有其獨特的創作背景、創作動機和目的，甚至有些還有著明確的表現內容或主題，而所有這一切，都在創作的過程中不同程度地實現在作品之中，對於音樂來說，即都不同程度地體現在音響形式之中。所以，即使是一首看上去是純形式的作品，在它的形式中也一定有其內容的表現，只不過較為隱蔽，較為淡薄而已，如一種情緒，一種心境，一種感覺，都是由音響形式所表現的內容。而對於自律論者來說，情況也

[註20]　〔德〕伽茨：《德奧名人論音樂和音樂美——從康德和早期浪漫派時期到 20 世紀 20 年代末的德國音樂美學資料集》，金經言譯，人民音樂出版社 2015 年，第 23 頁。

一樣，但思路和結論正好相反。在他們看來，他律論者所說的音樂創造的條件、背景和過程，都是存在的，但並不意味著這些因素在創作的過程中可以移置到音響形式當中。作曲家和演奏家在創作時，確實常常是帶有感情的，是有其動機的，也是有自己的思想傾向的，甚至也會有自己要表現的明確內容或主題的。但沒有證據證明它們確實已經表現在音響形式之中，成為音樂的內容。在他們看來，存在於人自身的思想情感是不可能表現到音響中去的，換句話說，在音樂的音響中是不可能找到作曲家或演奏家的思想情感的。思想情感的存在方式是人的精神活動，而非音響形式。可能的情況只是：作曲家、演奏家在自己的音樂形式中只是留下自己思想感情或動機意圖的痕跡或信息，而非思想感情動機意圖本身，就好像莊子所說的跡為履之所生，但跡不是履一樣。就這個意義上說，當然是所有的音樂都是如此，即使是一些聽上去情感十分明朗、主題十分清晰的樂曲，也只是你「聽起來」很明朗，很清晰，並不意味著裏面表現著某種「音樂之外的」內容。所以，在真正的他律論和自律論者那裏，音樂要麼被認為都是他律的，要麼就都是自律的，現實中不存在有他律音樂和自律音樂這兩種音樂類型。

4. 並非所有理論都可以歸入自律論和他律論

自律與他律是兩種論證思路、方式和觀念，其中涉及許多環節。有些環節在自律論和他律論中都存在，所以，孤立地看，是無法判斷其為自律論還是他律論的；還有些理論並不涉及或並不辨析音樂內容是什麼，不涉及音樂內容與形式的關係問題，故而也難以判斷它們是自律論還是他律論。例如嵇康的《琴賦》，雖屬文學作品，但裏面包含著豐富而深刻的美學內容，故而完全可以將其視同琴論著作。由於嵇康另有一篇《聲無哀樂論》，集中表述了他的自律論思想，所以我們也能夠從自律論的意義上來理解《琴賦》，因為後者對相關音樂問題的闡述同前者是一致的，至少是不矛盾。但是，《琴賦》並未正面討論音樂的內容及其與形式的關係問題，因此，如果孤立地，即撇開《聲無哀樂論》而單獨考察《琴賦》，實際上是難於判定自律、他律的。《聲無哀樂論》強調聽樂的感受源於聽者自身，《琴賦》中也有此類表述，如「是故懷戚者聞之，則莫不憯慄慘淒，愀愴傷心，含哀懊咿，不能自禁；其康樂者聞之，則欹愉歡釋，抃舞踴溢，留連瀾漫，嗢噱終日；若和平者聽之，則怡養悅愉，淑穆玄真，恬虛樂古，棄事遺身。」但僅僅依此就可以斷定它是自律論嗎？《聲無哀樂論》強調音樂的感染力來自音樂的形式，因此，理解音樂也要從形態如「單復」「高

埠」「舒疾」入手；同樣《琴賦》亦特別強調要「解音聲」，指出「器和故響逸，張急故聲清，間遼故音庳，弦長故徽鳴。」但僅依此即可斷定它為自律論？都不能。因為這樣的觀念，在他律論中也同樣可以存在，他律論同樣也強調審美中主體條件的重要，也同樣肯定音聲形態對音樂美的影響。當一個理論沒有涉及音樂內容及其與形式的關係時，儘管它表述了與自律論或他律論相近的內容，我們還是無法判斷它們到底是自律還是他律。也正因為此，伽茨在編選這部文獻集時也感到分類的困難，但他還是將所有的文獻都分別歸入自律和他律兩個大類中。他的做法是：「如果一位作者在其不同的著作中，對某一問題有多種看法時，我就把這些看法安排在本書的不同章節裏。……我也會根據實際情況，毫不猶豫地拆開一篇文章，並把它們歸入各自的類別裏。……如果在一位作者的一部著作中，出現有多種看法，而其中的一種思想是其代表性的和基本的思想，我就將這些看法（它們甚至是對立的）安排在本書的某一處。」〔註21〕可見，伽茨關注的是一個個具體的、在同一篇中可以是相互對立的論述，所依據的又是前面介紹的、實際上並非同樣反映了自律與他律本質特徵的四條標準，故而必然有削足適履之嫌。而在我們通常的理解中，也常常會將自律、他律「泛化」，形成非此即彼的判斷模式。這也是自律論與他律論的一個常見的誤區。

二、自律論與他律論的學理依據

現實中不存在他律音樂和自律音樂這兩種音樂類型，卻存在他律論和自律論這兩種音樂觀，並且這兩種音樂觀都能夠成立，儘管它們是互相對立的。為什麼？因為兩者都有自己的學理依據。

1. 他律論的學理依據

對他律論的質疑主要來自自律論，其質疑又主要在於：他律論認為音樂形式之中表現著一定的思想情感內容，但對音樂形式的分析表明，當形式一層一層地被分解之後，最終找不到任何與內容有關的元素。這一點，同文學乃至美術很不相同。文學是語言的藝術，一首詩，一篇散文，一部小說，當它被分解到最後時，總有文學的最小單元——字詞存在，而字和詞都是有意義的。這就

〔註21〕 〔德〕伽茨：《德奧名人論音樂和音樂美——從康德和早期浪漫派時期到20世紀20年代末的德國音樂美學資料集》序言，金經言譯，人民音樂出版社2015年，第XI頁。

可以解釋，文學作品的內容正是通過這些最小單元的字義詞義組合而成的。即使不用語言的美術，如繪畫，它的最小或最基本的單元，也是有意義的。一幅畫總是一筆一筆形成的，但它的每一筆也都同所要描繪的形象直接相關，比如畫一隻大公雞，有的筆觸畫的是雞的喙，有的是雞的爪，有的是雞的尾羽等。正是通過這些有意義的元素，組成公雞的形象，並在此基礎上形成一幅畫的表現內容。而音樂則不然。音樂的最小元素是音，但這個音是沒有任何意義的，甚至由音所組成的單個樂句，我們往往也很難說出它的內容來。這樣，當我們面對一首完整的樂曲時，說它表現了什麼內容，就變成純粹的「無中生有」。如何從「無」中生出「有」來？是需要學理來證明的。在相當長的時間裏，我們沒有試圖去證明它，因而也就沒有獲得學理的支撐，自律論便以此為攻擊的突破口。

那麼，他律論的思想究竟有沒有自己的學理基礎呢？回答是：有，但也只是到了現代才被闡釋出來。比較有代表性的，哲學上是現代整體觀（包括系統整體觀）的形成，音樂美學上則有心理學的解釋。

傳統哲學的整體觀是機械論的，認為整體是由部分組成，並且整體也就是部分之和。這就意味著，從部分到整體，只是各個部分按照一定的方式相加，相加的結果並不多出什麼，前後是相等的。按照這樣的整體觀，就無法解釋音樂在其音的組合中能夠產生內容和意義。現代整體觀的一個核心概念是：整體大於部分之和。整體是由部分組成，但當部分組成整體之後，其整體總是要出現部分中沒有的成分、性質、信息或意義。例如，二十個學生組成一個班級，作為整體的班級具有自己特定的內涵、性質和意義，但這些內涵、性質和意義卻是二十個學生本身所沒有的，只是在按照一定的方法組成班級這個整體之後，它們才出現。這個出現，正是「無中生有」，是組合過程當中的新的創造。其實，這個道理在邏輯學中也早有體現，那就是集合概念的特性。邏輯學中的概念可分為兩大類：集合概念和非集合概念。非集合概念包括普遍概念和個別概念，在一個普遍概念屬下的個別概念必然包含著普遍概念的內涵，無數個別概念相加，內涵永遠不會超越它們的普遍概念。集合概念則不是如此，它雖也由許多個別概念組成，但一旦形成集合關係，則集合後的整體即集合概念本身就一定會產生大於個別概念的內涵。例如「艦隊」是一個集合概念，它是由不同的「軍艦」這些個別概念按照特定的方式組成的。但當它們組成集合概念之後，其「艦隊」所特有、原軍艦所無的內涵便產生出來，亦即「無中生有」，創造出新的屬

性、特點和內涵。這個道理在音樂上完全適用。組成樂曲的單個的音沒有思想情感等內容的要素，並不意味著由音組成樂曲以後仍然沒有思想情感等內容的成分。整體之所以為整體，就在於它有自己的創造，有自己的獨特內涵，音樂中單個的音經過特定的方式組織成一個有內容有意義的樂曲，完全符合邏輯。

正因為現代哲學、邏輯學都持有這樣的觀念，所以它必然也要在音樂美學中體現出來，循著這一思路來作他律論的學理論證。這方面做得最有成效的，當數 20 世紀中期美國音樂美學家倫納德・邁爾。他的論著《音樂的情感與意義》〔註 22〕就是從心理學的角度來解釋音樂的內容亦即情感和意義是如何從一個個音的排列組合中被創造出來的。心理學告訴我們，人在受到刺激之後會產生趨向反應，它有兩種情況：一是反應正常實現，因其及時地得到實現，故而常常是無意識的，自動的。二是反應受到阻礙或抑制，這時它就會進入意識層，變成有意識的了。但無論是有意識的還是無意識，趨向反應都表現為一種「期待」。如想抽煙時不自覺地將手伸到口袋裏掏煙，即包含著並未進入意識層的期待。如果身邊沒有煙，一時又無法買到煙，則會進入有意識的期待。所以，期待包含著兩種類型：有意識的與無意識的。當期待未受阻礙、趨向未受抑制時，儘管此時理智清楚並參與了對刺激物情景的感知和理解，但其反應依然是在無意識中進行，故而是無意識的。當趨向遭到抑制，內省和理智都參與到反應模式中時，即自動的行為因為一個趨向受抑制而被干擾時，期待往往變成有意識的了。正是在這「趨向」轉變為「期待」時，那趨向的刺激物便獲得了意義，因為人的「期待」就是意義。在音樂中亦如此，當一個音出現時，它會引起你的注意，注意即有了感覺。在注意中同時也會形成對下一個音的期待，期待便是意義。當下一個音出現時，有兩種可能：一是正好符合你的期待，那麼便獲得一種滿足，然後再形成新的期待；二是不符合你的期待，則會出現心理的抑制，產生一定的壓強，同時也強化著原來的期待，或者產生新的期待。這樣期待就會一步步地放大、加強，它所包含的意義也會越來越豐富，越來越清晰，最後，便形成樂曲表現的完整內容。

由此可見，他律論雖然長期建立在經驗的基礎之上，但也有其學理依據。特別是到了現代，探索其學理已成為音樂美學的一個重要課題，並已取得重要成果。有學理依據，故他律論是能夠成立的。

〔註22〕〔美〕倫納德・邁爾：《音樂的情感與意義》，何乾三譯，北京大學出版社，1991年。

2. 自律論的學理依據

他律論有自己的學理依據，是否意味著自律論將失去自己的學理依據？當然不是。自律論遭受質疑的往往在這些方面：其一，幾乎在每個人的經驗中，我們都能夠感知到音樂作品所表現的內容，都能夠引起我們相似的情感體驗。其二，音樂作品都是音樂家的有為而作，音樂家在創作這些作品時，都是有著某種動機、目的，大多數也是明確自己在創作過程中將要表現什麼的，甚至努力地去表現它們的。待作品完成後，他們也通常認為自己的目的實現或基本實現了，任務完成或基本完成了。既然如此，怎麼還說音樂作品當中沒有內容，音樂不可能表現音樂以外的東西呢？而且，以前所質疑的「無中生有」，強調音樂的非語義性等，現在也都已經被證明了，憑什麼還是認為自律論是能夠成立的呢？這是因為，自律論也有自己的學理依據。

自律論的學理就是它的分析方法和實證精神。對於他律論的論證，自律論者是很不以為然的，因為在他們看來，他律論的那些論證，並不是完全、徹底的論證，而是還存在這樣那樣的「缺口」。

首先，現代哲學的整體觀是闡述了由部分組成整體時存在著「無中生有」的創造，但這並不能證明它就是情感內容的從無到有。在自律論者看來，不同的音按照一定的規則排列組合，形成特定的曲調，確實能夠產生出原來所沒有的性質、要素、信息和特點。例如在不同的音相繼出現時，便有了上行或下行、快或慢、疏或密、強或弱、虛或實等等音樂運動形態的性質和特點，亦即嵇康所說的「皆以單復、高埤、善惡為體」，「此為聲音之體盡於舒疾，情之應聲亦止於躁靜耳」；也是漢斯立克所謂「音樂只能表達那些各種各樣附加的形容詞」，如「優美、溫柔、激烈、剛強、纖麗、清新等」，它們「都可以在樂音的組合中找到相應的感性表現。」〔註23〕這裡的單復、高埤、善惡、舒疾、躁靜以及優美、溫柔、激烈、剛強等，它們在分散的單個音中是沒有的，但當其組織成樂句後，它就從無中產生了。這些形態的特點是可以分析，可以證明的，所以是可信的。但是，這裡沒法證明出思想、情感等音樂以外的生活內容。沒法確證的東西在理論上是沒法肯定的，所以，在自律論看來，只能存疑。

其次，不可否認的是，創作者在創作過程中確實不可能是一張白紙，而是總有著這樣那樣的主觀內容，如動機、目的、思想、情感、個性、思維方法、

〔註23〕〔奧〕漢斯立克：《論音樂的美——音樂美學的修改芻議》（增訂版），楊業治譯，人民音樂出版社1980年第2版，第29頁。

文化背景等，甚至也基本上都有著或隱或顯的內容表現意識，有其明確的規劃並作反覆的斟酌、修改，使之達到最優狀態。這說明，任何一首樂曲的創作都是在創作者主觀用意的支配下完成的。但是，這個事實並不意味著你的用意都能夠移置、實現在音響形式之中。有一些關於音響的設計和安排確實能夠實現在形式之中，因為它可以通過分析得到確證；但另一些非音樂性的內容如思想、情感、事物形象等，我們無法通過分析確證其在形式中得到表現。儘管創作者努力地試圖表現某種現實內容，但是，在音樂形式中，我們找不到諸如愛情、國家、革命、山河、大海、藍天等觀念性或形象性的內容。這些現實內容沒有能夠表現在音響形式之中，並不意味著創作者的上述努力是白費了力氣，那種千方百計的表現性處理毫無意義。實際上，正是因為有了這些表現性處理，才能夠在音響形式中留下它們的印跡，顯示出音樂所表現內容的特征和信息。所以我們前面說，音樂家在其創作中無法表現其思想情感內容，但卻可以在形式中留下思想情感表現的形跡、信息和特點。但我們也說過，形跡、信息和特點只是思想情感內容的外在形式，不是思想情感內容本身，就好像「跡」為「履」所留，故而能夠反映出履的部分信息和特點，但它畢竟不是履，不能等同於履一樣。

此外，邁爾的期待說，前面講了，它為他律論提供了詳細的學理論證。但這也只是他律論者的看法，自律論者可能並不這麼看。邁爾細緻地論述了不同的音如何在排列組合的過程中產生意義，其中關鍵機制就是刺激引起期待，期待即是意義的胚胎。但是，在自律論者看來，這個論述不是幫了他律論的忙，而是幫了自律論的忙。為什麼？我們只需注意一下：期待產生意義，其主體是誰？是聽賞者。那麼就是，客觀的音響刺激引起人的主觀的情感反應，這情感是聽者自身固有的，而非音響本身的。這不正是自律論者嵇康所反覆強調的觀點嗎？例如他說：「夫哀心藏於內，遇和聲而後發；和聲無象，而哀心有主。」又說：「至夫哀樂，自以事會先遘於心，但因和聲以自顯發」。由聲所引發的情感在聽者自身，同樣，由一個一個音的連接所產生的期待，也是在聽者自身，而非聲音本身。漢斯立克也清楚地表述過這個意思，他說：「一首樂曲與它所引起的情感波動之間並不存在一種絕對的因果關係，我們的情調是跟我們的經驗和印象的不斷變化的觀點而轉變的。」〔註24〕他特別強調聽者的「經驗和

〔註24〕〔奧〕漢斯立克：《論音樂的美──音樂美學的修改芻議》（增訂版），楊業治譯，人民音樂出版社 1980 年第 2 版，第 21 頁。

印象」對於引發情感體驗的重要，也說明它實際上是聽者自己的，且「自以事會先遘於心」，而非聲音本身的。既然證明了聲音所引發的情感是聽者自身，而非聲音的，那麼，這個理論也可以看成是自律論的學理依據了。

　　總之，音樂美學的他律論與自律論只是人們理解音樂時所產生的兩種不同觀念，它們均有自己的學理依據，故都能夠成立。一種觀念往往伴隨著特定的方法，它們都是學術的工具。工具本身無所謂好壞和對錯，只有是否適用。所以，與之直接相關的應該是研究的對象和目的，即根據不同的對象和目的選用不同的觀念和方法。就這兩種觀念而言，它們確實在一些觀點上是對立的，但並不一定相矛盾。相對來說，他律論更多地建立在經驗感受的基礎上，而自律論更多建立在實證分析的基礎上〔註25〕。這兩個基礎都是現實的、真實的，所以，這兩種理論才都是合法的、有效的。就這個意義上說，過分地絞繞其中，並意欲辨出是非優劣高下，意義並不大。但是，有了這兩種對立的音樂觀，可以使我們對音樂的本質、結構和功能看得更清楚，理解更深刻。

〔註25〕伽茨在該書的導讀中最後說：「形而上學地把握自律美學不再是音樂的藝術的體驗問題，而是抽象推論和信念問題了」，說的就是這個意思。